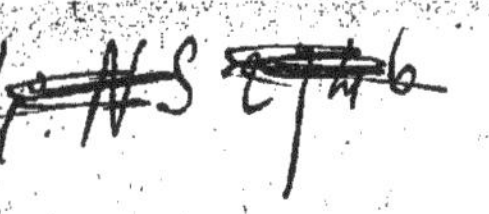

PUBLICATIONS
DE L'INSTITUT FRANÇAIS D'ARCHÉOLOGIE ORIENTALE

BIBLIOTHÈQUE D'ÉTUDE

PUBLIÉE SOUS LA DIRECTION

DE M. PIERRE LACAU

DIRECTEUR DE L'INSTITUT FRANÇAIS D'ARCHÉOLOGIE ORIENTALE

TOME SIXIÈME

LES ENSEIGNEMENTS

D'AMENEMHAÎT IER À SON FILS SANOUASRÎT IER

PAR

M. GASTON MASPERO

LE CAIRE

IMPRIMERIE DE L'INSTITUT FRANÇAIS

D'ARCHÉOLOGIE ORIENTALE

M DCCCC XIV

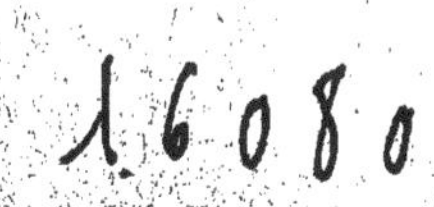

BIBLIOTHÈQUE D'ÉTUDE

TOME SIXIÈME

PUBLICATIONS
DE L'INSTITUT FRANÇAIS D'ARCHÉOLOGIE ORIENTALE

BIBLIOTHÈQUE D'ÉTUDE

PUBLIÉE SOUS LA DIRECTION

DE M. PIERRE LACAU

DIRECTEUR DE L'INSTITUT FRANÇAIS D'ARCHÉOLOGIE ORIENTALE

TOME SIXIÈME

LE CAIRE
IMPRIMERIE DE L'INSTITUT FRANÇAIS
D'ARCHÉOLOGIE ORIENTALE

M DCCCC XIV

LES ENSEIGNEMENTS

D'AMENEMHAÎT IER À SON FILS SANOUASRÎT IER

TRANSCRITS ET PUBLIÉS

PAR

M. GASTON MASPERO

LE CAIRE

IMPRIMERIE DE L'INSTITUT FRANÇAIS

D'ARCHÉOLOGIE ORIENTALE

—

1914

N° 36. JUIN 1914.

MINISTÈRE DE L'INSTRUCTION PUBLIQUE ET DES BEAUX-ARTS.

INSTITUT FRANÇAIS D'ARCHÉOLOGIE ORIENTALE
DU CAIRE.

CATALOGUE DES PUBLICATIONS.

MÉMOIRES PUBLIÉS PAR LES MEMBRES DE L'INSTITUT FRANÇAIS D'ARCHÉOLOGIE ORIENTALE DU CAIRE (Pour faire suite aux *Mémoires publiés par les Membres de la Mission archéologique française du Caire*) :

Tome I. — V. Scheil. *Une saison de fouilles à Sippar,* avec 7 planches hors texte et 88 figures dans le texte.......................... 30 fr.

Tome II. — É. Vernier. *La bijouterie et la joaillerie égyptiennes,* avec 25 planches hors texte et 200 figures dans le texte (ouvrage couronné par l'Académie des inscriptions et belles-lettres, prix Delalande-Guérineau)................................ 45 fr.

Tomes III-V. — P. Casanova. *Maḳrîzî, Description topographique et historique de l'Égypte.* Tome III.......................... 40 fr.
Tomes IV et V........................(En préparation.)

Tome VI. — J.-É. Gautier et G. Jéquier. *Mémoire sur les fouilles de Licht,* avec 30 planches hors texte et 144 figures dans le texte...... 50 fr.

Tome VII. — G. Salmon. *Études sur la topographie du Caire. La Ḳalʿat al-Kabch et la Birkat al-Fîl,* avec 3 planches hors texte......... 20 fr.

Tome VIII. — U. Bouriant, G. Legrain et G. Jéquier. *Monuments pour servir à l'étude du culte d'Atonou en Égypte.* Tome Ier, avec 65 planches hors texte et 47 figures dans le texte.................. 80 fr.

Tome IX. — P. Lacau. *Fragments d'apocryphes coptes,* avec 6 planches hors texte...................................... 30 fr.

Tome X. — A. Deiber. *Clément d'Alexandrie et l'Égypte,* avec 48 figures dans le texte...................................... 35 fr.

Tome XI. — D. Mallet. *Le Kasr el-Agoûz,* avec une planche hors texte et 53 figures dans le texte.......................... 35 fr.

I. F. A. O. C. — S[ie] A, n° 32. — 750 ex. in-8° raisin. — 4-6-1914. [*]

Mémoires (*suite*) :

Tome XII. — J. Clédat. *Le monastère et la nécropole de Baouît.* Premier fascicule, avec 38 planches hors texte, dont 17 en couleurs, et 43 figures dans le texte.. 80 fr.
Deuxième fascicule, avec 76 planches hors texte, dont 30 en couleurs, et 27 figures dans le texte.......................... 120 fr.

Tome XIII. — É. Chassinat. *Fouilles à Baouît.* Tome Ier, premier fascicule, avec 110 planches hors texte............................ 85 fr.
Le deuxième fascicule est sous presse.

Tome XIV. — É. Chassinat, H. Gauthier et H. Pieron. *Fouilles de Qattah,* avec 18 planches hors texte et 17 figures dans le texte....... 32 fr.

Tome XV. — F. Guilmant. *Le tombeau de Ramsès IX,* 96 planches hors texte... 72 fr.

Tome XVI. — É. Chassinat. *Le mammisi d'Edfou.* Premier fascicule, avec 52 planches hors texte.................................. 80 fr.

Tome XVII. — H. Gauthier. *Le Livre des rois d'Égypte.* Tome Ier «Des origines à la fin de la XIIe dynastie»...................... 55 fr.

Tome XVIII. — H. Gauthier. *Le Livre des rois d'Égypte.* Tome II, premier fascicule «De la XIIIe à la fin de la XVIIe dynastie»...... 35 fr.
Deuxième fascicule «La XVIIIe dynastie»...................... 35 fr.

Tome XIX. — H. Gauthier. *Le Livre des rois d'Égypte.* Tome III, premier fascicule «XIXe et XXe dynasties»........................ 30 fr.
Deuxième fascicule............................. (Sous presse.)

Tomes XX-XXI. — H. Gauthier. *Le Livre des rois d'Égypte.* Tomes IV et V.................................... (En préparation.)

Tome XXII. — É. Galtier. *Foutouḥ al-Bahnasâ*.............. 30 fr.

Tome XXIII. — É. Chassinat. *Le quatrième livre des entretiens et épîtres de Shenouti,* avec deux planches hors texte................. 40 fr.

Tome XXIV. — É. Chassinat et C. Palanque. *Une campagne de fouilles dans la nécropole d'Assiout,* avec 40 planches hors texte, dont 3 en couleurs, et 7 figures dans le texte................................ 90 fr.

Tome XXV. — M. van Berchem. *Matériaux pour un* Corpus inscriptionum arabicarum. Deuxième partie, Syrie du Nord, par M. Moritz Sobernheim. Premier fascicule : «ʿAkkâr, Ḥiṣn al-Akrâd, Tripoli», avec 15 planches hors texte et 14 figures dans le texte......... 35 fr.

Tome XXVI. — J.-Ét. Gautier. *Archives d'une famille de Dilbat au temps de la première dynastie de Babylone,* avec une planche hors texte... 20 fr.

BULLETIN DE L'INSTITUT FRANÇAIS D'ARCHÉOLOGIE ORIENTALE.

Le Bulletin de l'Institut paraît par fascicules de neuf à dix-huit feuilles de texte ou planches hors texte, qui forment, chaque année, un ou plusieurs volumes de deux cent cinquante à trois cents pages ou planches hors texte environ.

Le prix du volume est de 30 francs pour l'Égypte et de 32 francs pour l'extérieur. Aucun fascicule n'est vendu séparément.

Les tomes I à XI sont en vente. Le 1er fascicule du tome XII est sous presse.

Bulletin — Tirages à part :

ÉMILE CHASSINAT. — *Une tombe inviolée de la XVIIIe dynastie découverte aux environs de Médinet el-Gorab, dans le Fayoûm* (avec 3 planches et 4 figures dans le texte) .... 5 fr.

— *Fragments de manuscrits coptes en dialecte fayoumique* ..... 6 fr.

— *Sur une représentation du dieu Oukh* .... } 1 fr. 25

— *Note sur le titre* .... }

— *Note sur un nom géographique emprunté à la grande liste des nomes du temple d'Edfou* .... 0 fr. 50

PAUL CASANOVA. — *Notes sur un texte copte du XIIIe siècle. — Les noms coptes du Caire et des localités voisines* (avec une carte en couleurs). 12 fr.

— *De quelques légendes astronomiques arabes considérées dans leurs rapports avec la mythologie égyptienne* (avec une planche) .. 6 fr.

J. CLÉDAT. — *Notes archéologiques et philologiques* (avec 7 planches et nombreuses figures) .... 10 fr.

G. SALMON. — *Rapport sur une mission à Damiette* .... 2 fr.

— *Note sur un manuscrit du fonds turc de la Bibliothèque nationale.* 1 fr.

— *Notes d'épigraphie arabe* (avec une planche) .... 4 fr.

— *Un texte arabe inédit pour servir à l'histoire des Chrétiens d'Égypte* .... 5 fr.

P. JOUGUET. — *Ostraka du Fayoum* .... 2 fr.

V. SCHEIL. — *Deux nouvelles lettres d'El-Amarna* (avec une planche). 2 fr.

É. GALTIER. — *Sur les mystères des lettres grecques* .... 3 fr. 50

— *Notes de linguistique turque* .... 2 fr.

— *Les Fables d'Olympianos* .... 2 fr. 50

— *Sur une forme verbale de l'arabe d'Égypte* .... 1 fr.

— *Contribution à l'étude de la Littérature arabe-copte* .... 12 fr.

— *Coptica-Arabica* (1er fascicule) .... 9 fr.

V. LORET. — *Horus-le-Faucon* (avec 2 planches en couleurs) ..... 6 fr.

G. LEFEBVRE. — *Inscriptions chrétiennes du Musée du Caire* .... 4 fr.

— *Fragments grecs des Évangiles sur ostraka* (avec 3 planches). 4 fr. 50.

Bulletin. — Tirages à part (*suite*) :

C. Palanque. — *Rapport sur les fouilles d'El-Deir* (1902)........ 2 fr.
— *Notes sur quelques jouets coptes en terre cuite* (avec 2 planches). 4 fr.
— *Notes de fouilles dans la nécropole d'Assiout*............. 2 fr.
— *Rapport sur les recherches effectuées à Baouit en 1903* (avec 17 planches)................................ 15 fr.
— *Un moule égyptien trouvé à Lectoure*.................. 1 fr.

H. Gauthier. — *La déesse Triphis*.................. 2 fr. 50
— *Notes géographiques sur le nome Panopolite* (avec une carte). 7 fr.
— *Quelques remarques sur la XIe dynastie*............... 2 fr.
— *Notes et remarques historiques, § I-VII*............ 2 fr. 25
— *Un précurseur de Champollion au XVIe siècle*........... 2 fr.
— *Rapport sur une campagne de fouilles à Drah Abou'l Neggah, en 1906* (avec 13 planches)........................ 10 fr.

L. Barry. — *Un papyrus grec*........................ 3 fr.
— *Sur une lampe en terre cuite.* — Le culte des Tyndarides dans l'Égypte gréco-romaine (avec une planche)........... 2 fr.

A. Deiber. — *Notes sur deux documents coptes*.............. 2 fr.

G. Jéquier. — *De l'intervalle entre deux règnes sous l'ancien empire*........................... }
— *Les nilomètres sous l'ancien empire*............. } 1 fr.

H. Pieron. — *Un tombeau égyptien à coupole sur pendentifs* (avec une planche)................................ 1 fr. 25

J. Couyat. — *La route de Myos-Hormos et les carrières de porphyre rouge* (avec 2 planches)................ }
— *Sur la nature et le gisement de la pierre des statues de Khéphren du Musée égyptien du Caire*........... } 2 fr. 50
— *Remarques sur l'origine égyptienne des roches employées dans les monuments de Spalato et de Salone*........ }
— *Alexis Bert. Description du désert de Siout à la mer Rouge* (d'après un manuscrit de la Bibliothèque de Turin)........... 10 fr.

Fr. W. von Bissing. — *Encore la XIe dynastie* (avec une planche).. 3 fr.

L. Massignon. — *Notes sur le dialecte arabe de Bagdad* (avec 2 planches) .... 4 fr.

BIBLIOTHÈQUE DES ARABISANTS FRANÇAIS.

Première série. *Silvestre de Sacy*, par M. G. Salmon. Tome Ier..... 15 fr.
Le tome II est en préparation.

BIBLIOTHÈQUE D'ÉTUDE.

Tome I. — G. Maspero. *Les Mémoires de Sinouhît* . . . . 20 fr.
Tome II. — W. Golénischeff. *Le Conte du Naufragé* . . . . 26 fr.
Tome III. — V. Loret. *L'Inscription d'Ahmès fils d'Abana* . . . . 3 fr.
Tome IV. — H. Gauthier. *La grande inscription dédicatoire d'Abydos*. 16 fr.
Tome V. — G. Maspero. *Hymne au Nil* . . . . 20 fr.
Tome VI. — G. Maspero. *Les Enseignements d'Amenemhaît Ier à son fils Sanouasrît Ier* . . . . 20 fr.
Tome VII. — J. Lesquier. *Grammaire égyptienne* . . . . 20 fr.

TEXTES ARABES.

H. Massé. — *Ibn Muyassar* (*Ibn Mîsar*). *Chronique* . . . . . . (Sous presse.)
— *Ibn ʿAbd el Ḥakam. Le Livre de la conquête de l'Égypte, du Magreb et de l'Espagne*, premier fascicule : 1re et 2e parties . . . . . 11 fr.

DIVERS.

Émile Chassinat. — *Catalogue des signes hiéroglyphiques de l'Imprimerie de l'Institut français d'archéologie orientale du Caire* . . . . . . 7 fr. 50
— *Supplément au Catalogue des signes hiéroglyphiques de l'Imprimerie de l'Institut français d'archéologie orientale du Caire* . . . . 2 fr.
Albert Geiss. — *De l'Établissement des manuscrits destinés à l'impression. Conseils pratiques aux auteurs* (avec les spécimens des signes de correction typographique et des caractères étrangers en usage à l'Imprimerie de l'Institut français du Caire) . . . . 3 fr. 50

CES PUBLICATIONS SONT EN VENTE :

AU CAIRE : à l'Institut français d'archéologie orientale et chez H. Finck et Baylænder, ancienne librairie F. Marschner;
A PARIS : chez A. Fontemoing et Cie, 4, rue Le Goff;
A LEIPZIG : chez Otto Harrassowitz, 14, Querstrasse;
A LONDRES : chez Bernard Quaritch, 11, Grafton Street.

LE CAIRE. — IMPRIMERIE DE L'INSTITUT FRANÇAIS D'ARCHÉOLOGIE ORIENTALE.

Mémoires (*suite*) :

Tome XXVII. — É. Galtier. *Mémoires et fragments inédits*, réunis et publiés par M. É. Chassinat . . . . 35 fr.

Tome XXVIII. — L. Massignon. *Mission en Mésopotamie* (1907-1908). Tome premier «Relevés archéologiques», avec 63 planches hors texte, dont une carte, et 11 figures dans le texte . . . . 60 fr.

Tome XXIX. — M. van Berchem. *Matériaux pour un* Corpus inscriptionum arabicarum. Troisième partie, Asie Mineure. Premier fascicule : «Siwas et Diwrigi», avec 46 planches hors texte et figures dans le texte, par MM. van Berchem et Halil Edhem . . . . 65 fr.

Tome XXX. — G. Wiet. *El-Mawâʿiz wa'l-Iʿtibâr fi dhikr el-Khiṭaṭ wa'l-Âthâr*. Tome Ier, premier fascicule . . . . 24 fr.

Deuxième fascicule . . . . 26 fr.

Tome XXXI. — L. Massignon. *Mission en Mésopotamie* (1907-1908). Tome II «Épigraphie et topographie historique», avec 28 planches hors texte, dont deux plans, et 19 figures dans le texte . . . . 46 fr.

Tome XXXII. — É. Chassinat. *Fouilles à Baouît*. Tome II . (Sous presse.)

Tome XXXIII. — G. Wiet. *El-Mawâʿiz wa'l-Iʿtibâr fi dhikr el-Khiṭaṭ wa'l-Âthâr*. Tome II . . . . 30 fr.

Tome XXXIV. — J. Couyat et P. Montet. *Les inscriptions hiéroglyphiques et hiératiques du Ouâdi Hammâmât*. Premier fascicule . . . . 26 fr.

Deuxième fascicule, avec 45 planches hors texte . . . . 34 fr.

Tome XXXV. — P. Casanova. *Essai de reconstitution topographique de la ville d'al Fousṭâṭ ou Miṣr*. Tome Ier, premier fascicule, avec 32 figures dans le texte . . . . 20 fr.

Deuxième fascicule . . . . (Sous presse.)

Jean Maspero et Gaston Wiet. — *Matériaux pour servir à la géographie de l'Égypte*. — Première série, premier fascicule . . . . 19 fr.

Max van Berchem et Edmond Fatio. — *Voyage en Syrie*. Tome Ier, premier fascicule, avec 3 cartes et 33 figures dans le texte . . . . 22 fr.

Deuxième fascicule, avec 147 figures dans le texte . . . . 30 fr.

Tome II, premier fascicule, 78 planches hors texte . . . . 38 fr.

Deuxième fascicule . . . . (Sous presse.)

J. Clédat. — *Le monastère et la nécropole de Baouît*. Premier fascicule . . . . (Sous presse.)

LES ENSEIGNEMENTS
D'AMENEMHAÎT IER À SON FILS SANOUASRÎT IER.

INTRODUCTION.

I

Les *Enseignements d'Amenemhaît Ier* nous sont parvenus complets ou mutilés dans quatre papyrus, les *Papyrus Sallier I* et *II*, le *Papyrus Millingen*, le *Papyrus 3010 de Berlin*, et sur une tablette Carnarvon : ils couvraient le rouleau de cuir n° 4920 du Musée du Louvre [1], où l'on distinguait encore plusieurs mots des premières lignes quand je l'examinai il y a près de quarante ans, et le texte s'en rencontrait certainement dans la partie aujourd'hui perdue du *Papyrus Anastasi VII*. C'est à coup sûr, en dehors du *Livre des Morts* et de quelques autres écrits religieux, l'ouvrage dont nous connaissons le plus d'exemplaires. C'est aussi un de ceux dont il a été fait dans l'antiquité le plus d'extraits sur ostraca, car nous en possédons actuellement vingt-trois, deux grands dans le vieux fond du Musée Britannique, onze qui proviennent des fouilles de Quibell au Ramesséum, trois chez Flinders Petrie à Londres, un à Leipzig, un à Toronto, et cinq au Musée du Caire non compris l'Ostracon palimpseste n° 25218 [2]. Tous ces documents appartiennent, excepté peut-être la tablette Carnarvon, à l'âge des Ramessides, plus précisément aux derniers règnes de la XIXe dynastie.

Le *Papyrus Sallier II*, le seul qui nous ait conservé les *Enseignements* en leur entier, est désigné ici comme S^2. Ils y occupent les trois pages du

---

[1] Th. Devéria, *Catalogue des Manuscrits égyptiens*, p. 199-200, n° XI, 1.

[2] W. Spiegelberg, *Eine neue Sammlung Liebesliedern*, dans les *Ægyptiaca* en l'honneur de Georges Ebers, p. 117, note 2, et G. Daressy, *Ostraca*, p. 48.

début, à raison de dix lignes pour les deux premières et de huit pour la troisième, soit les planches X-XII du premier volume des *Select Papyri*. L'écriture y est lourde, grasse, un peu plus serrée qu'elle ne l'est vers la fin : ainsi que je l'ai indiqué ailleurs[1], elle est apparentée de très près à celle du *Papyrus d'Orbiney*, du *Papyrus Sallier IV*, des *Papyrus Anastasi IV* et *V*. Le livre fut édité au Ramesséum de Thèbes, l'an I de Sétouî II, le 20 de Méchir, et dédié «au double des honorables instruits, «merveilleusement bons, — le scribe du double trésor Qagabouî, — le «scribe du double trésor Haraouî, le scribe Annana», [2]. En le révisant, le libraire en chef jeta sur la marge supérieure des pages les formes justes de plusieurs signes que son subordonné avait mal rendus, ainsi, à la ligne 2 de la page 1, le crocodile repliant sa queue sous son ventre, déterminatif du mot, *sâqou* «réunir, rassembler», à la ligne 8 l'idéogramme de la bataille, à la ligne 10 le groupe, puis à la ligne 1 de la page 2 l'oiseau, à la ligne 5 le complexe et à la ligne 6 le crocodile à queue droite. Le texte est divisé en versets dont les mots initiaux sont tracés à l'encre rouge, et dont les membres sont séparés par des points rouges dans l'entre-ligne. Quelques-uns de ces points ont été marqués à l'encre noire par le scribe qui oublia de changer de calame, et cette négligence échappa à l'attention du libraire en chef, par exemple à la ligne 6 de la page 3; il en fut de même aux lignes 2 et 7 de la page 1, 1 de la page 2, 1 et 5 de la page 3, où des portions qui exigeaient une rubrique sont demeurées noires. En relisant son œuvre, le scribe s'est aperçu qu'il avait passé des mots, et il les a intercalés entre les lignes, au-dessus de la place qu'ils auraient dû remplir. C'est ainsi qu'à la ligne 2 de la page 1, le membre de phrase ayant été omis, il en

[1] G. Maspero, *L'Hymne au Nil* (t. V de la *Bibliothèque d'étude*), p. III-IV.

[2] *Papyrus Sallier II*, pl. 12, l. 8; cf. Maspero, *L'Hymne au Nil*, p. VI-XII.

traça rapidement les deux premiers mots au-dessus de , mais qu'il laissa de côté le dernier, s'en fiant pour le suppléer à l'intelligence de ses lecteurs. A la ligne 5 de la page 2, il inséra d'abord à l'encre noire le qui manquait derrière , puis, comme il craignait qu'on n'en tînt pas compte à cause de sa petitesse, il le doubla d'un deuxième de même taille, mais à l'encre rouge. A la page 3, le de la ligne 2 a été restitué également derrière , et à la ligne 7, un , qui a été considéré parfois comme une simple variante, au-dessus de . L'usure superficielle des feuillets et les petits trous dont ils sont percés par endroits ont endommagé des lettres ou même les ont détruites, aux lignes 3, 4, 5, 6, 7, 10 de la page 1, puis 1, 2, 3, 4, 5, 9, 10 de la page 2, et 1, 5 et 7 de la page 3 : les lacunes sont insignifiantes, et nous les aurions comblées sans peine, quand même nous n'aurions pas eu pour nous y aider les passages correspondants des autres manuscrits.

Le *Papyrus Sallier I*, coté ici S[1], contient, dans ses sept lignes, le tiers environ des *Enseignements*, du et y compris le titre à la ligne 10 de la première page du texte de Sallier II. Elles y ont été transcrites au verso de la page 8, qui correspond à la planche VIII des *Select Papyri*. C'est, selon toute apparence, une copie que le scribe de Sallier I commença pour son usage personnel et qu'il interrompit au début d'un membre de phrase, comme il avait fait auparavant pour le *Conte d'Apôpi et de Saqnounrîya*[(1)]. L'écriture est rapide mais bien lancée et lisible : on y sent la main d'un copiste exercé. Le texte ne diffère de celui de Sallier II que par de légères variantes orthographiques, et il dérive du même exemplaire : il présente aux lignes 2 et 6 des leçons et qui nous rendent la rédaction primitive de ces passages. Les déchirures ont fait disparaître aux lignes 6 et 7 quelques lettres qu'il est aisé de rétablir. Il semble que Sallier I soit antérieur de peu d'années à Sallier II; le recueil des lettres d'Amanemanît y est daté en effet de l'an X d'un Pharaon non nommé explicitement, mais que le contexte nous

---

(1) *Papyrus Sallier I*, pl. 3, l. 3 et pl. 2 verso l. 2.

porte à identifier avec Ménéphtah, alors en résidence au Ramesséum, [hiéroglyphes][1]. Le *Papyrus Sallier III*, qui est de la même écriture, offre une date de l'an IX du règne, puis, bientôt après, un autre libraire, peut-être celui de Sallier II ou d'Anastasi IV, grossoya au verso de la page 6, sans doute pour se faire la main avant d'attaquer un acte officiel, un commencement de protocole royal avec une date d'un an I, [hiéroglyphes][2] : c'est, à quelques jours près, le moment même où les *Enseignements* furent écrits sous Sétouî II.

Le *Papyrus Millingen* — chez nous PM — fut acquis on ne sait où ni de qui par James Millingen, dans la première moitié du XIXe siècle, et communiqué par lui, vers 1844, au savant Amédée Peyron. Celui-ci en exécuta une copie cursive, dont il fit cadeau à Emmanuel de Rougé pendant un séjour de ce dernier à Turin en 1850 ; le fils d'Emmanuel, le vicomte Jacques de Rougé, me la prêta en 1874 tandis que je traduisais les *Enseignements* au Collège de France. L'original n'était plus chez Millingen, lorsque, en 1847, le Musée Britannique acquit sa collection après décès : il est probable que son possesseur le donna ou le vendit à quelque amateur, pendant un séjour en Italie[3]. En attendant qu'il reparaisse, nous devrons nous contenter de la copie de Peyron dont j'ai publié le fac-similé à deux reprises, dans le *Recueil*[4] et dans les *Études de mythologie*[5]. Elle est heureusement très nette, et si elle ne nous fournit pas complètement la forme de l'écriture ancienne, du moins elle en conserve

---

(1) *Papyrus Sallier I*, pl. 3, l. 4-5; pour les corrections à apporter au texte et pour le sens de la formule, voir l'*Hymne au Nil*, p. IX-X.

(2) *Papyrus Sallier I*, pl. 6 verso.

(3) Griffith, *the Millingen Papyrus (Teaching of Amenemhat), with Note on the Compounds formed with substantivised N*, dans la *Zeitschrift*, 1896, t. XXXIV, p. 35, note 1.

(4) *Recueil de travaux*, t. II, p. 70, pour les deux premières pages, et, pour les débris de la troisième, t. XVII, p. 64.

(5) Maspero, *Études de mythologie et d'archéologie égyptiennes*, t. III, p. 170-171 et pl. I-II.

assez le caractère général pour que nous puissions nous figurer ce qu'était le manuscrit perdu. Le type en était celui que nous rencontrons, par exemple, au *Conte du Prince Prédestiné*, et, comme j'attribue celui-ci aux derniers règnes de la XIXe dynastie ou aux premiers de la XXe, c'est au même temps que je ramènerai le *Papyrus Millingen*[1]. L'écriture en est menue, mais ferme et claire, et les caractères y sont espacés assez régulièrement presque partout. Les points rouges et les rubriques y tombent à leur place naturelle, ce qui m'engage à me demander si, dans les endroits où les points manquent ou sont mal situés, ainsi aux lignes 1 de la page 1, et 1 et 5 de la page 2, la faute n'en est pas au copiste moderne plutôt qu'au libraire ancien. On n'y voit ni additions dans les entre-lignes de signes oubliés, ni dans les marges corrections de signes : le 𓊌 du bas de la page 1 est un mémorandum de Peyron qui, ayant mal dessiné le signe à son poste dans la ligne, en a noté la forme vraie au-dessous de la ligne. Quelques mots ont disparu par usure superficielle ou par déchirure, ainsi aux lignes 2, 8, 9, 10, 11 de la page 1, puis aux lignes 1, 3, 4, 6, 8, 10-12 de la page 2, et parfois le moderne n'a pas exprimé correctement les traces de signes qu'il distinguait sur l'original : rien de cela n'est grave, et la comparaison avec les autres manuscrits rend partout la restitution certaine. Le *Papyrus Millingen* comptait à l'origine trois pages entières, de douze lignes chacune, dont deux seulement nous sont arrivées à peu près intactes : il ne demeure plus de la troisième que le premier quart environ de toutes les lignes.

Le *Papyrus de Berlin n° 3019*, que nous désignerons par PB, a été utilisé pour la première fois en 1896 par Griffith, d'après une transcription en hiéroglyphes qu'Erman lui avait envoyée en 1890[2] : Erman en

---

[1] Möller (*Hieratische Lesestücke*, t. II, p. 21) relève la date aux premiers temps de la XIXe dynastie, et Schack-Schackenborg (*die Unterweisung des Königs Amenemhat I*, 2te Hälfte, p. 21) la repousserait jusque sous la XVIIIe dynastie, avec doute il est vrai. Breasted (*Ancient Records of Egypt*, t. I, p. 228, note 1) et Griffith (*the Millingen Papyrus*, p. 36-37) l'abaissent à la même époque que moi.

[2] Griffith, *the Millingen Papyrus*, dans la *Zeitschrift*, 1896, t. XXXIV, p. 35-36.

inséra depuis lors une notice dans son ouvrage sur les papyrus du Musée de Berlin[1], mais il n'y en a pas encore de fac-similé. Je me bornerai donc à mentionner ici que, selon Griffith et Erman, il est sensiblement du même âge que les *Papyrus Sallier I* et *II* et que le *Papyrus Millingen*. Tout le début des *Enseignements* y est perdu, et les portions conservées du texte ne commencent que vers le milieu de la ligne 7 dans la première page du *Papyrus Sallier II;* elles s'arrêtent, après beaucoup de lacunes aux extrémités des lignes, vers le premier tiers de la ligne 8 de la page 2.

La *Tablette Carnarvon n° 5* a été découverte à Drah abou 'l-Neggah, dans les premières semaines de 1913, par le Comte de Carnarvon et par Howard Carter. C'était une tablette d'écolier en bois recouvert sur ses deux faces d'une couche de stuc d'un blanc crémeux, mais le bois a été dévoré par les fourmis blanches qui abondent dans ces parages, et les deux parements de stuc, n'étant plus soutenus, se sont brisés sous le poids des terres et des débris sous lesquels le tombeau était enseveli : c'est à grand'peine si Carter a réussi à en recueillir une vingtaine de fragments portant des lambeaux de phrase ou des signes isolés. Un examen minutieux permet de constater que la tablette pouvait mesurer environ o m. 18 cent. de long sur environ o m. 12 cent. de haut, et que l'une des faces devait porter huit ou neuf lignes assez espacées en gros caractères, l'autre dix ou onze lignes plus serrées que celles du recto et tracées en caractères un peu plus fins. Certains fragments appartiennent à la partie supérieure de la tablette, tandis que d'autres ont conservé une portion de la marge droite au recto, ce qui m'a permis de calculer approximativement la longueur des lignes, et de déclarer que la partie du texte transcrite sur cette tablette commençait à la première page de Sallier II, vers le second quart de la ligne 7, avec le mot [hieroglyphs]; les derniers mots [hieroglyphs] lisibles au verso se trouvent à la page 2, l. 6 de Sallier II, si bien que l'ouvrage complet ne comptait pas moins de trois tablettes de même taille que celle dont lord Carnarvon a procuré les restes au Musée du Caire.

---

[1] ERMAN, *Aus den Papyrus der Königlichen Museen*, 1899, p. 43-46.

L'écriture est une écriture de libraire, rapide mais régulière, qui rappelle celle des scribes vers le milieu ou dans la seconde moitié de la XVIIIe dynastie. Les membres de chaque verset étaient séparés par des points rouges dont quelques-uns subsistent, mais les versets ne sont pas introduits par des rubriques, et les seules traces qu'on remarque d'une phrase à l'encre rouge paraissent se rapporter à une date de copie, du genre de celles que nous rencontrerons sur les *Ostraca*. Autant que le décousu des parties sauvées permet d'en juger, le texte se rattachait de près à celui du *Papyrus Millingen*, et il ne présentait ni les fautes, ni la surabondance de déterminatifs superflus qui caractérisent *Sallier II*. La tablette est désignée ici comme TC[5].

Les vingt et un *ostraca* sont de valeur fort inégale, car plusieurs ne portent que deux ou trois lignes ou quelques mots à peine. L'*Ostracon 25223 ter du Caire* excepté qui fut recueilli à Dendérah (1), ceux dont nous connaissons l'origine proviennent du Ramesséum, c'est-à-dire de la ville où fonctionnait l'atelier auquel nous devons les *Papyrus Sallier I* et *II*. Les onze de Quibell furent découverts dans la butte de ruines qui s'élevait naguère au sud-est de l'enceinte, et Spiegelberg en a conclu qu'elle marquait le site de l'école où les enfants du temple fréquentaient (2), disons plutôt de l'officine où les libraires travaillaient. La plupart d'entre eux sont ou des essais de plume, ou, comme le prouvent les dates qu'on y lit d'espace en espace, des devoirs d'étudiants. L'écriture, qui tantôt diffère, tantôt se ressemble assez d'une pièce à l'autre pour qu'on incline à y reconnaître une même main, est celle des derniers temps de la XIXe dynastie, et nous ne nous tromperons pas beaucoup si nous l'assignons, dans le gros, au règne de Sétouî II et des souverains qui le précédèrent ou qui le suivirent immédiatement.

Quatre des vingt et un renferment des portions étendues du texte, les deux *Ostraca 5623* et *5638* du Musée Britannique, publiés il y a plus

(1) G. Daressy, *Ostraca*, p. 52.

(2) W. Spiegelberg, *Hieratic Ostraka and Papyri found by J. E. Quibell in the Ramesseum, 1895-1896*, Introduction, p. I-II.

de quarante ans dans les *Inscriptions in the Hieratic and Demotic Characters*, pl. IX-IX, puis l'*Ostracon 7 de Leipzig* et l'*Ostracon 29 de Petrie*, qui sont encore inédits, mais dont Gardiner a eu l'obligeance de me communiquer sa transcription en hiéroglyphes. Les deux *Ostraca* du Musée Britannique — OB[1] et OB[2] — sont couverts sur les deux faces d'une grosse écriture noire, entremêlée de rubriques et tracée rapidement par des scribes habiles, que la nature et les rugosités de la matière ont condamnés à déformer beaucoup de groupes ou de caractères. Le dessinateur moderne, que les rugosités gênaient lui aussi et qui, de plus, ne distinguait pas toujours les jambages à demi effacés par l'usure, a joint aux défauts anciens un contingent nouveau d'erreurs et de lacunes qui n'est pas médiocre, surtout dans OB[2]. Les portions conservées correspondent pour OB[1] à Sallier II p. 1 l. 1—p. 2 l. 4 et pour OB[2] à Sallier II p. 2 l. 3-8. L'*Ostracon 7 de Leipzig* — OL, — également en calcaire, mesure 0 m. 16 cent. de large sur 0 m. 14 cent. de haut, et nous y trouvons le texte de Sallier II p. 1 l. 1—p. 2 l. 4; il est, d'après Gardiner, d'une écriture ramesside, petite, nette, soignée, toutefois l'encre a pâli beaucoup, ce qui y rend le déchiffrement pénible. Les lignes y sont mutilées des deux bouts, mais il y manque peu sur la droite, de quatre à six caractères seulement, tandis que le côté gauche a perdu le quart ou le cinquième de chaque ligne : le verso porte l'esquisse d'une tête de roi, l'uræus au front, et rien de plus. Le texte du recto a ses rubriques, mais les membres des versets n'y sont pas scandés par les points rouges; on y voit seulement des corrections à l'encre rouge, à la ligne 5 [hiéroglyphes] en surcharge sur [hiéroglyphes], et à la ligne 14 [hiéroglyphes] surajointé à la lacune qui commence par [hiéroglyphes]. Les *Ostraca 29, 56* et *57 de Petrie* — OP[1], OP[2], OP[3] — me sont accessibles, comme celui de Leipzig, par la transcription hiéroglyphique de Gardiner. J'y compte dans OP[1] neuf lignes, dans OP[2] cinq lignes et quatre dans OP[3], qui sont tronquées inégalement aux deux bouts et qui vont, chez OP[1] de la page 2 ligne 3 à la page 3 ligne 3 de Sallier II, chez OP[2] de la ligne 7 à la ligne 9 de la page 1, et chez OP[3] de la ligne 4 à la ligne 8 de la page 2. Les versets y sont ponctués de rouge et séparés à l'encre rouge par le signe ⤳ des paragraphes. Ce sont là les plus importants de nos Ostraca. Il ne nous reste plus en effet de celui de Toronto[(1)] — OT — que la fin de sept lignes équivalant à Sallier II p. 2 l. 3-7. Ceux du Caire nous fournissent, le n° 25223 *ter* — OC^1 — le titre et le début, soit à peu près les lignes 1-2 de la première page[(2)], le n° 25217 — OC^2 — des portions des lignes 5-7[(3)] de la page 2[(3)], les n°s 25233 et 25233 *bis* — OC^3 et OC^4 — les débris des lignes 7-8[(4)]. Quant à ceux qui proviennent des fouilles de Quibell au Ramesséum, on y lit sur le n° 55 — OQ^1 — le titre seul[(5)], sur le n° 56 — OQ^2 — les lignes 4-5 de la page 1 de Sallier II[(6)], sur les n°s 57, 58, 59, 61, 62 — OQ^3, OQ^4, OQ^5, OQ^6, OQ^7 — les lignes 9-10 de la page 1 et la ligne 1 de la page 2[(7)], sur le n° 60 — OQ^8 — les lignes 4-6 de la page 2[(8)], sur le n° 63 — OQ^9 — les lignes 7-8 de la page 2[(9)], sur le n° 102 — OQ^{10} — les lignes 8-10 de la page 2[(10)], et sur le n° 97 — OQ^{11} — quelques mots des lignes 2 et 3 de la page 3[(11)], mais tout cela dans un état lamentable. Les étudiants ont noté parfois le jour où ils avaient écrit leur leçon : la date de OB^1 est effacée ainsi que celle de OQ^{11}, mais OC^2 en a une du 14 de Pachons, OQ^{10} une du 13 de Phaménôth, OQ^8 une du 28 Athôr, OP^1 une du 18 Pauni, OP^2 une du 4 Mésori. Il est fâcheux que ni l'année, ni le nom du roi ne soient jamais mentionnés.

---

(1) Il est décrit, mais non reproduit, par Alan H. Gardiner, sous le n° A 91, dans le volume de *Theban Ostraca*, p. 7, publié en 1913 par les soins de l'Université de Toronto.

(2) Daressy, *Ostraca*, p. 52.

(3) Daressy, *Ostraca*, p. 47, où le texte n'est pas identifié.

(4) Daressy, *Ostraca*, p. 51.

(5) W. Spiegelberg, *Hieratic Ostraka and Papyri*, pl. VI-VI^a, n° 55.

(6) W. Spiegelberg, *Hieratic Ostraka and Papyri*, pl. VI-VI^a, n° 56.

(7) W. Spiegelberg, *Hieratic Ostraka and Papyri*, pl. VI-VI^a, VII-VII^a, n°s 57-59, 61-62.

(8) W. Spiegelberg, *Hieratic Ostraka and Papyri*, pl. VII-VII^a, n° 60.

(9) W. Spiegelberg, *Hieratic Ostraka and Papyri*, pl. VII-VII^a, n° 63.

(10) W. Spiegelberg, *Hieratic Ostraka and Papyri*, pl. XI-XI^a, n° 102.

(11) W. Spiegelberg, *Hieratic Ostraka and Papyri*, pl. XI-XI^a, n° 97.

J'ai donné dans l'*Appendice* les transcriptions parallèles, en lignes superposées, d'abord de tous les papyrus, ensuite de tous les *Ostraca*, puis isolément les fragments de la *Tablette Carnarvon*. J'ai cru que cette disposition faciliterait au lecteur la comparaison des textes que nous possédons, et qu'elle lui permettrait d'en apprécier plus aisément la valeur.

II

De même que l'*Hymne au Nil*, les *Enseignements d'Amenemhaït* sont beaucoup plus anciens que leurs manuscrits. Les premiers des Égyptologues qui essayèrent d'en tirer de l'histoire, Maspero [1], Dümichen [2], Brugsch [3], en attribuèrent unanimement la rédaction aux premiers temps de la XIIe dynastie, et ce fut en 1883 seulement que Wiedemann, les rajeunissant de huit siècles plus ou moins, en abaissa la composition à la XVIIIe [4], mais dès l'année suivante, Schack-Schackenborg en revint à l'ancienne opinion [5], qui est acceptée généralement aujourd'hui. Toutefois on s'accorde à considérer que toutes les copies sont corrompues et qu'on y rencontre des erreurs et des abus de déterminatifs sans nombre, des changements injustifiés de personnes, des additions inutiles de prépositions ou d'indices de flexion; exception n'est faite que pour le Papyrus Millingen, dont l'orthographe plus simple semblerait prouver l'emploi par le scribe d'un livre de style archaïque [6]. La critique est vraie à la première vue, et les Papyrus de Londres et de Berlin, de même que les *Ostraca*, prêtent au soupçon par tous ces points; il convient pourtant d'ajouter qu'une fois dépouillés de l'orthographe redondante ou capricieuse dont les scribes du Ramesséum les ont gratifiés, le texte n'y offre

---

(1) Maspero, *Du genre épistolaire chez les anciens égyptiens*, p. 73 note.

(2) Dümichen, *Bericht über eine Haremverschwörung unter Amenemhat I*, dans la *Zeitschrift*, 1874, t. XII, p. 30-35.

(3) Brugsch, *Geschichte Ægyptens*, p. 118-121.

(4) A. Wiedemann, *Ægyptische Geschichte*, p. 234-235.

(5) Schack-Schackenborg, *Die Unterweisung des Königs Amenemhat I*, 2te Hälfte, 1884, p. 21.

(6) Griffith, *the Millingen Papyrus*, dans la *Zeitschrift*, 1896, t. XXXIV, p. 36-37.

plus que peu de différences avec celui de Millingen. Nous n'avons donc pas ici, comme ç'avait été le cas de l'*Ostracon Golénischeff* pour l'*Hymne au Nil,* un exemplaire à peu près correct dont l'étude nous fournirait le moyen de discerner, du premier coup, les endroits qui étaient corrompus dans la vulgate et de rétablir presque partout la leçon primitive. Nos documents se ressemblent trop pour qu'on hésite à les déclarer dérivés d'un même exemplaire assez ancien, probablement d'une copie exécutée au début de la XVIIIe dynastie si l'on peut s'en rapporter à ce que nous savons de Millingen, et dont Millingen se rapprocherait plus que le reste. Jusqu'à quel point cet exemplaire lui-même était conforme à la rédaction originale, nous serons peut-être autorisés à le dire à la fin de cette *Introduction*. Pour le moment, nous devons confesser qu'ici la constitution du texte résultera moins de la confrontation des manuscrits entre eux que de l'analyse littéraire du morceau et de la critique historique des faits qui y sont contenus. Malheureusement l'auteur n'a guère procédé autrement que par allusion à ces faits, avec lesquels ses contemporains étaient familiers. Les Égyptiens de l'âge ramesside les connaissaient encore suffisamment et ils saisissaient probablement le sens exact de toutes les phrases : nous qui ignorons le détail des événements, nous sommes contraints de deviner en plus d'un endroit. Si, au cours de notre travail, il nous arrive de rencontrer des passages dont la valeur demeure incertaine, il sera prudent de ne pas les déclarer nécessairement corrompus, et de ne pas chercher à leur substituer des formules plus conformes aux données que nous possédons actuellement sur la grammaire : il y aura avantage à respecter la leçon des manuscrits et à patienter jusqu'à ce que des découvertes nouvelles viennent nous l'expliquer.

Prenons donc l'un après l'autre les quinze versets dont les *Enseignements* se composent. Écartons d'abord une faute curieuse d'OL qui les attribue non pas à Amenemhaît Pharaon, mais à Amenemhaît prince royal, [hiéroglyphes][1] : le scribe, se dictant mentalement à

[1] *Ostracon de Leipzig*, l. 1 ; cf. p. 19 l. 3 du présent volume.

lui-même la phrase du début[1], a fondu en un les deux noms du souverain, et transformé le [hieroglyphs] du cartouche-nom en un [hieroglyphs] tout court, qu'il a soudé à l'élément [hieroglyphs] du titre [hieroglyphs] qui précède le cartouche-prénom. Il y a là simple étourderie de sa part, car, si peu instruit qu'on le suppose, il ne pouvait guère ignorer, qu'au moment où Sanouasrît Ier régnait, il y avait longtemps que son père Amenemhaît n'était plus appelé «fils de roi» [hieroglyphs]. La leçon courante [hieroglyphs] «la Majesté «du roi des deux Égyptes, Sahatpiabrîya, fils du Soleil, Amenemhaît», doit donc être maintenue, et j'en dirai autant du [hieroglyphs] «tu es roi de la terre, tu es prince des territoires» par lequel il commence son discours[2]. Griffith pense qu'ici le parallélisme est incomplet : «on attendrait [hieroglyphs] et [hieroglyphs], ou, au contraire, le pluriel des deux «termes[3]». Je ne partage pas son avis. L'Égypte est considérée par ses habitants comme la Terre Entière [hieroglyphs], ou plus brièvement la terre [hieroglyphs]. Prise en elle-même, au sens géographique du mot, elle se divise en deux pays [hieroglyphs] et en deux [hieroglyphs] *adebout*, selon qu'on oppose le Nord et le Sud aux deux régions qui courent à l'Est et à l'Ouest, mais Amenemhaît, s'adressant à son fils et voulant lui mettre sous les yeux l'étendue de sa puissance, devait-il employer des expressions qui, par leur précision même, auraient semblé avoir une valeur restrictive? Il me paraît qu'en écrivant [hieroglyphs] «tu es roi de la terre», [hieroglyphs] «tu es prince des régions», l'auteur exprimait plus pleinement l'idée de domination universelle, que s'il eût écrit [hieroglyphs] «tu es roi du Delta et du Saïd, tu es prince de l'Est et de l'Ouest», c'est-à-dire de l'Égypte seule, ou même [hieroglyphs] «tu es roi

(1) Sur la dictée interne des libraires et des étudiants, voir ce qui est dit dans l'*Introduction* de l'*Hymne au Nil*, p. XVII-XVIII.

(2) Cf. p. 1 l. 3 du présent volume où le texte est donné dans une forme plus ancienne : tous les textes sont d'accord en cet endroit, cf. p. 6 l. 3-4 et p. 20 l. 8-9 du présent volume, mais Sallier II (p. 10 l. 2; cf. p. 6 l. 3 du présent volume), ayant passé la première partie de la phrase, n'a rétabli dans l'interligne que le début [hieroglyphs].

(3) GRIFFITH, *the Millingen Papyrus*, p. 39, note 4.

«des terres, tu es prince des régions». Dans cette dernière combinaison «les terres» et «les régions» auraient fait pléonasme : avec la vulgate, «tu règnes sur la terre et tu en possèdes les régions», il renforce la pensée en la divisant. Je maintiendrai donc ici la leçon des manuscrits. Aussi bien la difficulté réelle réside dans l'expression [hiéroglyphes] que j'ai traduite par «songe», après Brugsch[(1)], admettant, comme Chabas l'avait fait[(2)], qu'elle désignait un de ces songes prophétiques, par lesquels les dieux, — et les Pharaons morts étaient des dieux, — révélaient leur pensée aux hommes : c'était donc après sa mort qu'Amenemhaît, [hiéroglyphes] «se levant en dieu», aurait donné des conseils à son fils. Griffith, sans repousser résolument cette manière de voir, préfère penser qu'Amenemhaît Ier était vivant encore au moment où il parla[(3)], et les derniers versets prouvent qu'il a raison. D'ailleurs, si l'on admet que, s'agissant ici d'une sorte de mémoire adressé à Sanouasrît, [hiéroglyphes] *ouápouît, ìápouît,* désigne vraiment «un message», une déclaration envoyée, soit de vive voix par l'intermédiaire d'un messager, soit par écrit dans une lettre, la difficulté disparaît. L'exorde complet se traduira donc : «Commencement des Enseignements que fit le roi Amenemhaît Ier, juste de voix. Il dit en massage sincère à son fils le Maître de tout, disant : «Toi qui te lèves en «dieu, écoute ce que je te dis pour que tu sois roi de la terre, pour que «tu sois prince des territoires, pour que tu sois dans l'extrême de la prospérité». La simplicité avec laquelle les idées se suivent montre qu'il n'y avait rien à changer dans ce premier verset.

De même dans le second. Je noterai pour acquit de conscience que le scribe de Sallier I y introduisit [hiéroglyphes] pour [hiéroglyphes] au premier membre[(4)], et celui de OB[1] [hiéroglyphes] pour [hiéroglyphes] au troisième[(5)]; ils ont agi sous

(1) Brugsch, *Dictionnaire hiéroglyphique*, t. I, p. 59.

(2) Chabas, *Réponse à la critique*, § XL, p. 43-44, reproduit dans les *Œuvres diverses*, t. III, p. 259.

(3) Griffith, *the Millingen Papyrus*, p. 38.

(4) *Papyrus Sallier I*, l. 2; cf. p. 6, note 5 du présent volume.

(5) *Ostracon 3623 de Londres*, l. 5; cf. p. 21 l. 2 du présent volume.

l'influence de la langue parlée à leur époque, et les autres manuscrits se contentent de la forme ancienne. La variante pour que Sallier I présente au troisième membre est plus grave[1], car, si on la rapproche de la variante de Millingen[2], elle semble indiquer que la plupart des copistes ramessides ne comprenaient plus bien la phrase. Traduite littéralement, elle signifie : «Ne pénètre point dans le peuple, à l'état de «tu as été seul», et c'est l'idiotisme qui a été la cause de leur erreur. Cette manière d'employer comme régime d'une préposition, ici d'état, un verbe conjugué au temps en , ne semble plus avoir été d'usage courant sous le second empire thébain. Les scribes, entraînés d'ailleurs par le mouvement général du verset où les membres sont régis par un prohibitif, ont coupé ce troisième membre en deux et ils l'ont interprété : «Ne pénètre point dans le peuple, n'y sois pas seul»; celui de Sallier I n'a fait qu'accentuer ce contre-sens de ses confrères, lorsqu'il a remplacé le d'état par la négation commune . Si sa fausse correction ne passa pas dans la vulgate, c'est qu'elle rompait la construction des phrases si fortement qu'elle devait blesser le sens du rythme très impérieux chez les Égyptiens : c'en était déjà bien assez d'avoir ainsi un temps en , au milieu d'un développement où l'auteur n'avait admis que des temps sans . La leçon de Millingen , où est la fantaisie orthographique ordinaire pour , supprima cette irrégularité. Il se pourrait d'ailleurs que j'attribue ici à ce document une erreur qui ne s'y trouve pas. L'adjectif prenait déjà sous les Ramessides les pronoms suffixes des personnes[3], comme il les prit en copte[4], et rien n'empêche d'admettre qu'il se soit borné à rajeunir la vieille forme en la

---

(1) *Papyrus Sallier I*, l. 2-3; cf. p. 6, note 8 du présent volume.

(2) *Papyrus Millingen*, p. I l. 4; cf. p. 6 l. 10 du présent volume.

(3) E. de Rougé, *Chrestomathie égyptienne*, t. II, § 206, p. 81, d'où cet emploi n'est point passé dans les Grammaires venues par la suite.

(4) Peyron, *Lexicon*, p. 136; cf. Steindorff, *Koptische Grammatik*, p. 84, § 173.

forme de son temps : «Ne pénètre pas dans le peuple à l'état «de seul de toi». Griffith, qui a relevé ces leçons diverses, rejette avec raison le de Sallier I, mais il méconnaît la valeur grammaticale de , et il propose avec quelque réserve de lire dans ce passage [(1)]. Je serai plus conservateur que lui, et je ne changerai rien à la vulgate, dont tous les termes sont conformes à l'usage grammatical du premier empire thébain.

Elle supporte heureusement la contre-épreuve de la traduction, pourvu qu'on y laisse à chaque mot son sens habituel. Griffith ne l'a pas fait pour le mot du début , et, pour ce motif, il me paraît avoir mal rendu le sens général du morceau et son développement : «Le déterminatif usuel de , dit-il, comporte les deux significations de *compact* et *prudent;* il fait allusion à la cuirasse bien ajustée du crocodile». Il traduit donc : «Qu'on soit cuirassé contre les subordonnés»[(2)], et cette valeur, dont il n'y a pas d'exemple autre jusqu'à présent, a été adoptée avec des nuances par d'autres Égyptologues[(3)]. Ainsi que le prouve la correction du libraire-maître dans Sallier II[(4)], le déterminatif réel n'est pas à cette époque le crocodile à queue droite , mais le crocodile qui, ramenant sa queue sous son ventre , paraissait dès lors être un déterminatif plus juste des idées de *réunion :* ce n'est là toutefois à mon avis qu'une idée venue après coup et, si le crocodile à queue droite ou repliée détermine le radical , c'est à titre d'homophone, parce qu'un des noms du crocodile, ou *sabakou* ou *Sabaqou*, avait de très bonne heure vocalisé son -v et pris la prononciation *Saouqou-Σοῦχος*[(5)].

---

(1) Griffith, *the Millingen Papyrus*, p. 39, note 9.

(2) «Let one be armoured against his subordinates» (Griffith, *the Millingen Papyrus*, p. 39 et note 9).

(3) Breasted, *Ancient Records of Egypt*, t. I, p. 131, où le mot est rendu : «Harden thyself», et Erman, *Aus den Papyrus*, p. 44, où il est traduit : «Wappne dich (?)» avec doute.

(4) *Papyrus Sallier II*, p. 1 l. 2; cf. p. II de cette *Introduction.*

(5) Comme exemple de ces emplois phonétiques, voir au tombeau de Phtahhotpou (Dümichen, *Resultate*, Theil I, pl. VIII) «petit».

Laissons donc de côté les traductions «cuirassé», «durci», «raidi», et, nous en tenant à la valeur ordinaire «réunir, rassembler, se réunir à...», traduisons ce premier membre : «Sois réuni, réunis-toi aux [hiéroglyphes]», ce qui trouvera un peu plus bas sa contre-partie dans le troisième membre : «Ne pénètre point parmi le peuple tout seul». La pensée de l'auteur, qu'on est tenté de trouver obscure au premier abord, s'éclaircit dès qu'on précise le sens des deux termes [hiéroglyphes] et [hiéroglyphes] qu'il oppose l'un à l'autre dans ce passage. Le collectif féminin [hiéroglyphes], dont je n'ai pas d'autre exemple, est un doublet du collectif masculin [hiéroglyphes], abréviation lui-même de [hiéroglyphes] l'ensemble de la population de l'Égypte, «le peuple», «le populaire»[1]. Les [hiéroglyphes] constituent une classe spéciale de la population. Devéria qui, le premier, essaya de la définir, y reconnut les serviteurs et les servantes attachés au service d'un temple et des dieux qui y étaient adorés[2] : ce sens fut adopté par toute l'école, et Brugsch lui donna plus de précision en traduisant le mot par *serfs*, «Leibeigene», dans la Grande Inscription d'Abydos[3]. Les renseignements que nous fournit un papyrus de Leyde sur ces gens prouvent qu'on y comptait beaucoup de métiers divers, et de tous ceux qu'on a recueillis dans des documents divers, il résulte que Devéria avait vu juste pour le gros, mais qu'il avait trop restreint l'extension : il aurait dû ajouter le Pharaon aux dieux et comprendre les serfs royaux parmi les [hiéroglyphes]. Les [hiéroglyphes] de notre texte sont donc, non pas des subordonnés quelconques, mais la mesnée du roi, ses hommes, ses séides, ceux qui lui appartiennent directement en propre, qui vivent de lui et par lesquels il se maintient riche et puissant. S'ils lui restent fidèles, il est assuré de son pouvoir sur le reste de la population : son intérêt est donc de former bloc

---

(1) Maspero, *Études de mythologie*, t. VII, p. 106, note 1, et *Hymne au Nil*, p. 108; cf. Erman, *Ægyptische Glossar*, p. 142 «alle Leute».

(2) Devéria, *Mémoires et fragments*, t. I, p. 315, n. 44.

(3) Brugsch, *Die Ægyptologie*, p. 266; ailleurs, dans le même ouvrage (p. 223), il donne une traduction moins ferme, *les dépendants*, «die Gehörige».

avec eux, et c'est pour cela qu'Amenemhaît conseille à son fils de se tenir uni [hiéroglyphes] toujours avec eux, car, ainsi il inspirera la peur, et «le «peuple [hiéroglyphes] livre son cœur après avoir peur, après qu'il a eu peur «à cause de cela». Toutefois cette affection ne résisterait pas à la familiarité avec qui l'inspire; si le prince veut être respecté jusqu'à la fin, il convient qu'il «ne se mêle pas au peuple tout seul», sans être escorté de [hiéroglyphes]. La fin du verset complète l'idée en énumérant les catégories principales de personnes, prises même dans l'entourage immédiat, avec lesquelles on ne devra pas entrer en rapports constants : «Ne livre pas «ton cœur à un frère, — ne connais pas un ami, — ne te crée pas des «familiers non longuement éprouvés». C'est là une paraphrase destinée à faire ressortir le gros sens et non pas une traduction littérale : le *Glossaire* fournira les précisions voulues.

Le texte du verset suivant se dégage sans peine de la leçon des manuscrits. Les seules fautes graves appartiennent aux deux Sallier, dont j'ai signalé plus haut la liaison intime[1]. Au premier membre où les autres documents, à l'exception de Millingen, trompés par l'identité de prononciation, avaient admis [hiéroglyphes] pour [hiéroglyphes][2], ils ont cru qu'il s'agissait vraiment de la première personne et ils ont écrit [hiéroglyphes] «passant la nuit à veiller moi sur toi, ton cœur, toi même», sans s'inquiéter de la difficulté qu'il y avait à concilier leur version avec le contexte. Au cinquième membre, [hiéroglyphes][3], ils ont cru voir dans le verbe [hiéroglyphes] la locution [hiéroglyphes] «derrière, après» et ils ont forgé un membre de phrase [hiéroglyphes] «bien que je me fusse «mis à la suite de qui n'était pas comme de qui était». Le reste n'est plus qu'erreur de transcription, comme dans [hiéroglyphes] et [hiéroglyphes], où la forme cursive du pluriel dans les écritures du premier

---

[1] Cf. p. III de cette *Introduction*.

[2] Cf. p. 7 l. 3 et p. 21 l. 5-7 du présent volume.

[3] Cf. p. 7 l. 9-10 et p. 21 l. 12-13—p. 22 l. 3-4 du présent volume.

âge thébain a été interprétée par [hieroglyphs][1], ou substitution d'une forme récente à une forme plus ancienne [hieroglyphs] pour [hieroglyphs] dans la conjonction [hieroglyphs], ou [hieroglyphs] pour [hieroglyphs] entre deux substantifs [hieroglyphs][2] dont le premier est toujours masculin. Le quatrième verset, de même, n'offre, en dehors des variantes de pure orthographe, que trois leçons qui puissent représenter des traditions différentes, encore l'une d'elles, celle de Sallier II et I au dernier membre, me paraît-elle être un simple contre-sens du scribe : celui-ci, ne comprenant plus l'expression [hieroglyphs], a remplacé ce mot [hieroglyphs], qui ne lui disait rien, par le mot [hieroglyphs] «mon magasin»[3], qui ne me paraît pas s'accorder avec le mouvement général du morceau. L'autre leçon, qui se trouve au deuxième membre, mérite la discussion : où les deux Sallier et l'Ostracon de Leipzig portent [hieroglyphs] «celui à qui je donnai *ses deux* «bras» avec [hieroglyphs] «crée la terreur par là», tandis qu'on lit sur Millingen et sur l'*Ostracon 5623 du British Museum* [hieroglyphs] «celui à qui «je donnai *mes* deux bras» avec [hieroglyphs][4]. Les deux leçons conviennent si on les sépare du contexte : que l'auteur ait cru devoir dire : «Le particulier «à qui Amenemhaît avait donné ses deux bras à lui Amenemhaît, à qui «il avait prêté son aide», ou «le particulier à qui Amenemhaît avait donné «ses bras à lui particulier, à qui il avait accordé sa liberté d'action, en «profita pour se faire craindre», cela revient au même. Toutefois si nous considérons la construction générale, nous remarquons bientôt qu'à cette place où nous rencontrons le [hieroglyphs] litigieux, les autres membres du verset ont le pronom [hieroglyphs], [hieroglyphs], [hieroglyphs], [hieroglyphs], [hieroglyphs] : il me paraît que le parallélisme nous conduit à préférer la variante de Millingen [hieroglyphs]. La troisième divergence se rencontre au troisième membre où Sallier I et II, supportés en cela par les

---

[1] *Papyrus Sallier II*, p. 10 l. 5; cf. p. 7 l. 7-9 du présent volume.

[2] Cf. p. 21 l. 8-10 du présent volume.

[3] *Papyrus Sallier II*, p. 10 l. 7; cf. p. 8 l. 9 du présent volume.

[4] Cf. p. 8 l. 2-4 et p. 22 l. 5 du présent volume.

deux Ostraca de Leipzig et de Londres, mettent au lieu de de Millingen[1] : la même raison de parallélisme que je viens d'invoquer me porte à corriger Millingen, qui écrit en qu'ont les autres manuscrits[2].

Le texte ainsi remis sur pied, il faut que la traduction qu'on en donne s'enchaîne suffisamment pour le sens avec celle du verset précédent. De fait, le premier membre du troisième verset résume en un seul aphorisme énergique la substance des phrases antérieures : « Étant toi au lit », même au harem, « garde ton cœur pour toi toi-même », et il fournit aussitôt la raison de cette prudence qui pourrait paraître outrée, « c'est qu'il « n'y a pas de fidèles pour un homme, le jour du malheur ». Jusqu'ici, le conseil a été énoncé de manière générale, sous forme impérative : à partir de cet endroit Amenemhaît revient sur lui-même et il se cite comme exemple, à l'appui du principe qu'il vient de poser. La fin du troisième verset indique ce qu'il a fait de bien à ses sujets, et le quatrième entier montre comment ce bien s'est retourné contre lui : « Étant , quoique « j'eusse donné au mendiant, — que j'eusse fait quelqu'un du pauvre, « — que j'eusse fait arriver celui qui n'était rien comme celui qui « était quelque chose, — C'est celui qui mangeait mon pain qui se souleva, « — celui à qui j'avais prêté mon bras créa la terreur par là, — celui « que j'habillais des fins lins de ma maison me regarda comme la mauvaise « herbe, — celui que je frottais de mes parfums m'éclaboussa d'eau « basse ». Le cinquième verset complète cette exposition en montrant comment ce détachement progressif des sujets aboutit à une révolte ouverte, mais les termes n'en sont pas clairs. Il semble bien que la signification du premier membre en était incertaine pour les scribes ramessides, car nos manuscrits en fournissent plusieurs variantes[3] : j'en ai déduit, par

---

[1] Cf. p. 8 l. 4-6 et p. 22 l. 6-7 du présent volume.

[2] Cf. p. 8 l. 3-5 et note 5 et p. 22 l. 6-7 du présent volume.

[3] Cf. p. 8 l. 9-11—p. 12 l. 1-3 et p. 22 l. 10-13—p. 23 l. 1-7 et p. 33 l. 6 du présent volume.

application de la loi de parallélisme, le texte moyen , ou plutôt dont je ne réponds pas d'avoir saisi la valeur entière, mais qui s'explique en gros si on le compare au membre suivant . Griffith, qui n'a pas la même conception que moi de la façon dont les idées s'enchaînent chez notre auteur, n'a pas été satisfait du sens «chant funèbre, chant de deuil, «lamentation» que les monuments nous ont révélé pour : il le décompose en «exaltation par la main» et il y voit une expression désignant «un acte héroïque», puis le panégyrique d'un acte héroïque[1]. J'estime qu'il est plus sage de nous en tenir à la signification ordinaire : «J'ai fait le chant de deuil, «comme quelqu'un qui n'a jamais été entendu», ou mieux, en supprimant le parallélisme que le membre suivant ne comporte pas, «J'ai «fait le chant de deuil qui n'avait jamais été entendu», et ce chant de deuil c'est celui qu'il chante sur lui-même et sur l'Égypte au moment de la révolte qu'il va décrire. Ce qui rendait ce chant remarquable, c'est que, tandis que celui que l'on y pleurait était mort à l'ordinaire, ici il est vivant et il entonne lui-même la lamentation. Le premier membre du verset le disait expressément, si je l'entends bien : «Mes édits dans «les vivants, mes parts dans les hommes», en d'autres termes, «tandis «que les copies de mes décisions étaient parmi les vivants et que les «deux parts d'Horus et de Sît qui sont les miennes[2] étaient parmi les «*ramîtou*, le peuple d'Égypte». Les membres réunis s'interpréteront donc : «Moi commandant et régnant, — j'ai fait un cri de deuil qui «n'avait jamais été entendu», et le troisième membre «une prouesse de «guerre qui n'avait jamais était vue» annonce déjà le récit de la révolte : c'est le combat même qu'il eut à soutenir seul contre les conjurés et dont le souvenir le trouble encore.

---

(1) Griffith, *the Millingen Papyrus*, p. 41, note 4.

(2) Cf. pour ce sens, le passage classique .

Et en effet on combattit sur l'arène [1], «ignorant hier, — «si bien qu'il n'y avait point parachèvement de bonheur pour l'ignorant «ni pour le savant». Il y a là bien certainement une allusion aux guerres qui avaient désolé l'Égypte avant la XIIe dynastie : Amenemhaît était venu rétablir l'ordre et la prospérité, [2] «détruisant le mal, se levant comme Toumou lui-même, «restituant ce qu'il trouvait en ruines et ce qu'une ville avait pris de sa «voisine, faisant connaître à une ville ses frontières d'avec une ville et «établissant leurs stèles-frontières comme le ciel, répartissant leurs eaux «selon ce qu'il y avait dans les livres, réglant tout d'après l'antiquité, «pour la grandeur de l'amour qu'il portait à la justice». C'était là cet *hier* qu'on ignorait lorsqu'on déchaînait la guerre, cet *hier* de paix qui avait été son œuvre.

III

Le récit de la révolte et les réflexions qu'elle inspire au vieux roi remplissent les quatre versets suivants. Le texte du sixième est correct en général, aux nuances d'orthographe telles que pour [3] : je n'y rencontre d'incertitude qu'au dernier membre. La variété des leçons qu'on y trouve semble prouver que les scribes ramessides le comprenaient mal, dans Sallier II [4],

---

(1) Cf. pour ce mot, Maspero, *Sallier II, p. 1 l. 8*, dans le *Recueil de travaux*, 1914, t. XXXVI, p. 16.

(2) *Grande Inscription de Béni-Hassan*, l. 34-36; cf. *Études de mythologie et d'assyriologie*, t. IV, p. 151-152, 161-162.

(3) Cf. p. 10 l. 7 et p. 25 l. 2 du présent volume.

(4) *Papyrus Sallier II*, p. 10 l. 10–p. 11 l. 1; cf. p. 10 l. 10–p. 11 l. 1 du présent volume.

[hiéroglyphes] dans OQ[3] et OQ[4 (1)], [hiéroglyphes] probablement dans OB[1] et dans OL[(2)] : la difficulté résidait pour eux dans l'assemblage des mots [hiéroglyphes] et [hiéroglyphes], et Millingen l'a résolue d'une façon par trop simple en supprimant [hiéroglyphes] et en écrivant [hiéroglyphes][(3)]. Écartant les éléments inutiles de ces leçons, on reconnaît sans peine que la version primitive était [hiéroglyphes] ou sans abréviation [hiéroglyphes]. Le mot [hiéroglyphes], [hiéroglyphes], ainsi déterminé, est un ἅπαξ λεγόμενον qui paraît désigner la dépouille, la peau morte du céraste[(4)]. Ce sens convient à notre passage et marque avec énergie la nuance de mépris avec laquelle le vieux roi exprime la situation que la révolte lui faisait : elle le réduisait à être comme la dépouille inerte que laisse le serpent à la mue. Le verset peut maintenant s'interpréter comme il suit : « Ce fut après le souper, quand « la nuit fut venue, — je pris une heure de plaisir; — me couchant sur « le lit de mon palais, je me laissai aller, — et mon cœur commença à « suivre mon sommeil; — mais on avait fait circuler des armes pour « comploter contre moi, — si bien que je devenais comme la dépouille de « serpent du sol ». Sallier II écrit [hiéroglyphes] où les autres manuscrits qui ne sont pas endommagés en cet endroit portent [hiéroglyphes] ou [hiéroglyphes] ou [hiéroglyphes] ou [hiéroglyphes][(5)]. Lorsque le mot [hiéroglyphes] ou [hiéroglyphes] est suivi d'un complément désignant l'usage des instruments ou des armes mentionnés, ce complément lui est rattaché directement, et par conséquent, il est introduit par [hiéroglyphe] ou, quand la préposition cesse de prendre le nombre et le genre du premier des deux noms qu'elle reliait, par [hiéroglyphe] : de même qu'on traduit [hiéroglyphes] « les ornements, les instruments « d'action » guerrière ou autre, on doit traduire [hiéroglyphes] « des

---

(1) Cf. p. 25 l. 5-6, 9 du présent volume.

(2) Cf. p. 25 l. 3-4, 7-8 du présent volume.

(3) *Papyrus Millingen*, p. 1 l. 10—p. 2 l. 1; cf. p. 10 l. 11—p. 11 l. 2 du présent volume.

(4) Voir le *Glossaire*, p. 115-116 du présent volume, *s. v.* [hiéroglyphes] *sabsabî*.

(5) Cf. p. 10 l. 10-12 et p. 33 l. 12 *b* du présent volume.

«armes, des instruments de discussion, de complot», et comme on voit dans la première expression des armes de guerre, voir dans la seconde des armes de complot, en un seul mot des machinations contre le souverain. Sallier II en substituant [hiéroglyphe] à [hiéroglyphe] a faussé la relation des mots : il a fait de [hiéroglyphes] le complément de [hiéroglyphes] au lieu de le laisser comme complément à [hiéroglyphes].

De même que le sixième verset, le septième renferme des mots rares, du moins pour nous, et des tournures de langage que nous n'avons pas l'habitude de rencontrer dans les documents qui nous sont connus jusqu'à présent, [hiéroglyphes], [hiéroglyphes], [hiéroglyphes]. Sous ses formes variées [hiéroglyphes], [hiéroglyphes], [hiéroglyphes], [hiéroglyphes], [hiéroglyphes] etc., le premier mot signifie «garde du corps, garde», ainsi qu'il résulte des exemples que nous en avons[1] : à Edfou, par exemple Khonsou est [hiéroglyphes] «le «garde du corps de son père Osiris»[2]. [hiéroglyphes] est une forme redoublée de [hiéroglyphes], [hiéroglyphes], [hiéroglyphes] «houer, frapper avec la houe», et il signifie certainement ici «frapper un ennemi» de la même manière qu'on frappe la terre avec la houe, «frapper à grands coups». Il ne semble pas que le texte des quatre premiers membres du verset, où ces mots figurent, soit vraiment corrompu. Sans doute les fantaisies orthographiques et les fautes d'étourderie abondent, [hiéroglyphes] dans Sallier II, dans le Papyrus de Berlin avec ou sans le déterminatif [hiéroglyphe] au lieu de [hiéroglyphes] ou de [hiéroglyphes][3], [hiéroglyphes] dans le même au lieu de [hiéroglyphes] des autres manuscrits[4], mais on peut les éliminer du premier coup, et lorsqu'elles ont disparu, il reste un texte correct pour la grammaire. Les deux premiers membres forment deux petites phrases coordonnées, au temps en [hiéroglyphe] : «Je m'éveillai étant (seul) de mes membres, — [et] je trouvai que c'était

---

(1) BRUGSCH, *Dict. hiér.*, *S.*, t. VI, p. 536-537, donnait à ce mot le sens «auxiliaire», «gens de secours»; il en dérivait le mot courant [hiéroglyphes].

(2) ROCHEMONTEIX-CHASSINAT, *Le temple d'Edfou*, t. I, p. 278, Ke 2g l. 3; cf. p. 280, Ks 3g.

(3) Cf. p. 11 l. 7, 9 et p. 25 l. 14 du présent volume.

(4) Cf. p. 11 l. 10 et p. 25 l. 13-14 du présent volume.

« une attaque de mes gardes ». Le reste du verset se divise en deux parties, l'une conditionnelle formée des troisième et quatrième membres commençant l'un par l'autre par , la seconde également subordonnée mais négative, comprenant trois propositions introduites par et se terminant par le mot qui est à lui seul la proposition principale : « Si j'avais pris vite les armes à la main, — j'aurais fait « (litt. : « était je faisait ») tourner dos à cet efféminé en le criblant de « coups (litt. : « par être criblé de coups »); — « comme pourtant il n'y a pas moyen d'être toujours brave « dans la nuit, ni de combattre seul, — ni d'engendrer la bonne fortune, « le succès dans mon ignorance (litt. : « à « l'état de j'ignorais » ce qui se passait), me voici », — voici la condition à laquelle je suis réduit présentement. Ainsi qu'on le voit, j'ai adopté au troisième membre la leçon de Millingen[1], bien que le petit signe peu distinct qui suit le mot puisse être un commencement de mutilé et non pas un . Amenemhaît désigne par l'épithète honteuse de les soldats de sa garde qu'il rencontra pendant la nuit de l'attaque. Il excuse son malheur par l'imprévu du soulèvement, par la trahison de sa garde, par l'ignorance où il était demeuré du danger qui le menaçait. Cette explication lui tient tellement à cœur qu'il y revient au début du huitième verset.

Celui-ci présente les fautes d'orthographe ordinaires, [2] pour , [3] pour , [4] pour , qu'on écartera *a priori*, mais de plus quelques variantes qui peuvent modifier le sens des propositions où elles se trouvent. C'est ainsi qu'on lit dans Sallier II, [5] au lieu de

---

(1) Cf. p. 11 l. 8-11 du présent volume.

(2) Cf. p. 12 l. 12-13 et p. 26 l. 5-7 du présent volume.

(3) Cf. p. 12 l. 12-13 et p. 27 l. 6, 9-10 du présent volume.

(4) Cf. p. 12 l. 14 du présent volume.

(5) *Papyrus Sallier n° 2*, p. 11 l. 4; cf. p. 12 l. 13 – p. 13 l. 1 du présent volume.

que Millingen nous donne en cet endroit[1]. Le mouvement général du morceau montre que Millingen nous a conservé la version de l'auteur; en effet, les propositions qui entourent celles-là ont toutes un pronom de la première personne. Il est probable que le copiste du manuscrit duquel Sallier II procède directement ou indirectement, voyant un à cette place l'a pris pour un déterminatif et lui a donné machinalement l'orthographe du pluriel , selon l'habitude des temps ramessides, et d'autre part, le voisinage dans les deux lignes précédentes de la locution lui fit croire qu'elle réapparaissait ici, ce qui le poussa à substituer la préposition à la négation : il résulte de ces modifications un sens, «Il n'y a point de gens qui s'effraient à cause de «tes plans, en ignorance d'eux», qui ne s'accorde pas avec celui du passage. J'adopterai donc la leçon de Millingen, en y intercalant toutefois devant le pronom la préposition de Sallier II : l'allitération est bien dans le goût du premier âge thébain, et l'auteur l'avait employée plus haut, au second verset[2]. Poussant plus loin l'examen, le dernier membre se présente à nous sous trois formes différentes : dans Sallier II[3], dans Millingen[4], et dans l'Ostracon 5638 du Musée Britannique[5]. On peut écarter *a priori* la troisième qui, mettant la phrase au compte de Sanouasrît, ne se concilie en aucune façon avec le développement de l'idée générale, mais que dire des deux autres? Les mots , avec féminin, sont corrects, mais le scribe de qui dépend Sallier II n'étant plus familier avec l'accord des prépositions, ainsi que nous l'avons déjà remarqué[6], a cru qu'il s'agissait du relatif ; il a donc écrit «la paresse *qui est sur*

(1) *Papyrus Millingen*, p. 2 l. 6; cf. p. 12 l. 14–p. 13 l. 2 du présent volume.
(2) Cf. p. 1 l. 5 du présent volume.
(3) *Papyrus Sallier II*, p. 11 l. 4; cf. p. 13 l. 1-4 du présent volume.
(4) *Papyrus Millingen*, p. 2 l. 6-7; cf. p. 13 l. 2-5 du présent volume.
(5) *Ostracon 5638*, l. 3; cf. p. 27 l. 8-11 du présent volume.
(6) Cf. p. XVIII de cette *Introduction*.

les «serviteurs», au lieu de «la paresse, le manque d'énergie des «serviteurs». Dans toutes les versions c'est le mot *tábou* «cœur», qui est le sujet : «Mon cœur, lit. : n'apporte pas» c'est-à-dire ici : «ne m'inspire pas la paresse des serviteurs» : il semble par là que le roi veuille dire, qu'ayant accepté la position secondaire à lui imposée par son abdication ou sa déposition, il servira son nouveau maître activement, sans la négligence et la paresse des serviteurs ordinaires. Cette interprétation me semble la meilleure pour deux raisons. La première est tirée du contexte : tous les verbes depuis y ont un pronom de la première personne pour sujet, , , ici donc . La seconde se déduit de l'usage ordinaire du verbe , qui, dans ce genre de construction a le plus souvent pour régime le substantif qui désigne l'objet apporté en don, en paiement ou en tribut, plus loin, dans le dixième verset, et plus loin encore, dans le douzième , . Je rétablirai donc toute cette fin du huitième verset de la façon suivante : , avec l'orthographe de l'âge ramesside : «Parce que je ne crains pas ces volontés, que je ne les ignore pas, — et que mon cœur ne manifeste pas le manque d'énergie des serviteurs» ordinaires.

Ces points éclaircis, il nous reste à rechercher le sens précis du morceau et le rôle qu'il joue dans le développement de l'idée : ils dépendent du second membre dont je n'ai point parlé encore. Celui-ci se présente à nous sous plusieurs aspects selon les manuscrits, dans Sallier II et dans OB[1], puis dans Millingen , sans la préposition entre le sujet du second verbe et ce verbe lui-même, enfin dans OB[2] (1). On doit, je pense, écarter sans discussion

(1) Cf. p. 12 l. 10 et p. 26 l. 10-11-27 l. 2-3 du présent volume. Millingen a lié le déterminatif de avec la marque du temps, puis celle-ci avec le pronom par un trait en retour qui réduit le signe à n'être plus qu'un point : Griffith (*the Millingen Papyrus*, p. 43) a lu sans tenir compte du retour vers la gauche du signe qu'il lit .

cette dernière version qui supprime derrière le pronom de la première personne et qui remplace celui de la seconde par celui de la troisième : elle trancherait sur le ton général du passage. D'autre part, le de Sallier II et de OB¹ me paraît être un rajeunissement du texte : dans ce genre de constructions la langue du second âge thébain préférait le plus souvent intercaler la préposition , où celle du premier âge se contentait encore de placer le nom sujet directement devant le verbe sans liaison de préposition. C'est la version de Millingen qui sort intacte de cet examen, mais le sens qu'elle fournit lorsqu'on la traduit littéralement «Je n'avais pas entendu les gens de la cour, que je te transmisse [le pou- «voir]», est si décousu, que la plupart des modernes ne l'ont pas accepté : ils ont supposé une faute au début de la phrase et rayé après , ce qui leur a permis de traduire «les gens de cour n'avaient pas entendu «encore que je t'avais transmis (le pouvoir)[1]». Cette traduction s'accorde avec le membre de phrase qui suit immédiatement, «Je n'avais pas «encore siégé avec toi» pour délibérer les affaires communes, mais se concilie-t-elle aussi bien avec le reste? Le premier membre du verset dit clairement : «Or mon abjection se produisit tandis que j'étais dans l'i- «gnorance, — car les gens de cour ne savaient pas encore que je t'avais «associé, — je n'avais pas encore siégé avec toi». Après avoir parlé de sa propre ignorance, il passe sans transition à celle des gens de la cour qu'il n'aurait pas tenus au courant de ses projets en faveur de son fils : il serait plus naturel qu'il continuât comme il avait commencé, à la première personne, et de fait les manuscrits portent vraiment cette personne . Si donc il y a erreur, ce n'est pas dans cette partie de la phrase que je la chercherai, mais dans . Dans l'usage du premier âge thébain, un pronom placé ainsi directement derrière un verbe, est presque toujours le sujet de ce verbe, mais quelquefois, par abus d'orthographe, il est son régime, au lieu de la forme régulière : le

[1] Griffith, *the Millingen Papyrus*, p. 44; Erman, *Aus den Papyrus*, p. 45; Breasted, *Ancient Records of Egypt*, t. I, p. 232.

est traité alors en vraie voyelle et, comme telle, il n'est pas écrit[1]. Rétablissons donc un dans ce membre, et voyons le sens que nous donne la phrase ainsi corrigée, . Le pronom joue derrière le même rôle que le mot dans les *Enseignements d'Akhthoès*, et est à la fois le régime de et le sujet de : «Je n'avais pas entendu (que) «les gens de la cour m'avaient attribué (livré) à toi, — tandis que je ne «siégeais pas avec toi». Replaçons cette portion du développement dans son milieu : «Or, mon ignominie se produisit, sans que je m'en doutasse, «— car je n'avais pas entendu que la cour m'avait livré à toi, — au «moment où je n'étais pas avec toi (à ce sujet). — Ah! que (désormais) «j'agisse selon tes desseins, — car je ne les crains pas, je ne les ignore «pas, — et mon cœur ne me suggère pas la paresse des serviteurs»! Si l'on admet cette interprétation, les conséquences qu'il faut en tirer sont d'importance pour l'histoire. La conjuration dont Amenemhaît fut la victime aurait été tramée par les courtisans au profit de Sanouasrît, et, ce semble, avec la complicité de celui-ci : maintenu dans l'ignorance, surpris pendant la nuit, abandonné par sa garde et saisi après un essai de résistance, il aurait été obligé de subir l'élévation de son fils au trône avec un semblant de co-régence. Cette co-régence des deux souverains, que jusqu'à présent on croyait résulter d'une volonté librement exprimée d'Amenemhaît, aurait été la conclusion forcée d'un drame de palais.

Qu'une péripétie de ce genre ait pu se produire, ceux-là ne s'en étonneront pas qui se rappellent que, dix ans plus tard, à la mort d'Amenemhaît, les gens de la cour rappelèrent en toute hâte Sanouasrît qui guerroyait contre les Libyens : il revint sans retard avec un petit nombre de serviteurs, et la rapidité de son retour prévint ou déjoua les intrigues. Toutefois, le souvenir de la révolution de l'an XX était assez présent encore

[1] Cf. quelques exemples dans les *Mémoires de Sinouhît* (t. I de la *Bibliothèque d'étude*), p. IX, et dans le *Conte du Naufragé* (*ibid.*, t. II), p. 49. Le disparaît assez souvent dans la flexion au premier âge thébain, et elle devient .

chez les peuples étrangers pour que Sinouhît, arrivant chez le prince de Tonou, pût être soupçonné, et requis en termes couverts de dire si le vieux Pharaon n'avait pas disparu de façon tragique[1]. Une tradition, que Manéthon avait peut-être prise dans un conte historique, voulait qu'Amenemhaît II eût été tué par ses eunuques[2]. L'Égypte féodale de la première époque thébaine dut connaître plus d'une conspiration et plus d'une révolte dont les monuments ne nous ont pas conservé la trace. Le terme même qu'Amenemhaît Ier emploie pour qualifier son état après la nuit fatale « mon ordure », et celui dont il se sert pour exprimer sa position vis-à-vis de son fils « j'accomplis tes desseins », prouvent qu'il avait été vaincu et qu'il était tombé au second rang : ainsi que le dit Sinouhît, il demeurait dans le palais , tandis que Sanouasrît dirigeait les affaires. Il était bien obligé de se résigner à son sort, il en était reconnaissant à ce fils qui l'avait épargné pouvant le tuer, et il se pliait volontiers aux projets de celui-ci, puisqu'il en était le confident [3], qu'il n'en ignorait rien , et que n'étant plus dirigés contre lui, il n'avait plus à les craindre, [4]. Toutefois il ne pouvait prendre sur lui de pardonner à ses serviteurs , surtout à sa garde , dont la mollesse, le manque d'énergie pendant la nuit décisive, lui avait coûté le trône. Il consacre donc le verset neuvième à récriminer contre eux, affirmant que rien dans sa conduite passée ne justifiait leurs intrigues ou l'abandon dans lequel ils l'avaient laissé. Les quatre premiers membres du verset sont coulés dans un même moule, et les deux premiers ne paraissent pas avoir embarrassé les scribes ramessides, car ils en donnent tous à peu près le même texte Sallier II introduit la préposition

---

[1] MASPERO, *Les Mém. de Sinouhît*, p. 1-3 et p. 6, l. 9-10 ; cf. p. XXXIII-XXXIV, XXXVII-XXXVIII.

[2] UNGER, *Chronologie des Manetho*, p. 118, 120.

[3] MASPERO, *Les Mémoires de Sinouhît*, p. 7 l. 10-11.

[4] Voir p. 12 l. 13-14 et p. 15 l. 1-2 du présent volume.

entre et , mais la locution est une locution toute faite qui se retrouve dans la Stèle de Piankhi par exemple[1], et le doit être écarté, comme aussi le pronom et la préposition qu'il insère derrière le verbe . Le second membre, tel qu'on le lit chez lui, signifierait «Est-ce que j'ai été pris parmi les troubles dans le palais?», ce qui, adressé à Sanouasrît, serait plus que maladroit; c'en est déjà bien assez demander d'une manière générale : «Des troubles ont-ils été suscités «dans l'intérieur du palais». Le quatrième membre n'est point précédé de chez Millingen, mais c'est évidemment un oubli du scribe : tous les autres manuscrits ont l'interrogation, et le parallélisme l'exige. De même, Millingen et Carnarvon remplacent le verbe par [2] qui devient dans l'Ostracon 5638 du Musée Britannique[3], avec un déterminatif erroné. , qui est une forme orthographique de , signifie «retrancher, soustraire, diminuer». Fréquent dans la langue littéraire du premier âge thébain, il se rencontre dans l'*Hymne au Nil* et dans les *Enseignements d'Akhthoès* aussi bien qu'ici[4]. Immédiatement derrière Millingen et Carnarvon remplacent par [5], ce qui est, à mon sens, la leçon véritable. Je la maintiendrai donc dans le texte et je traduirai : «L'eau «avait-elle été ouverte, couper les digues?[6]». La variante «L'eau avait-elle été retranchée, diminuée» explique ce que c'est que cette *ouverture* de l'eau. Le souverain dépossédé vise une action qui serait funeste dans un pays où la coupure des digues est soumise à une réglementation d'État, et où, par suite, une erreur ou une omission voulue lorsqu'il s'agit de l'ordonner peut entraîner des désastres. Cela posé, je

---

(1) E. de Rougé, *La Stèle du roi Éthiopien Piankhi-Meriamen*, p. 30 l. 54.

(2) *Papyrus Millingen*, p. 2 l. 8; cf. p. 13 l. 14 du présent volume.

(3) *Ostracon 5638*, recto l. 6; et *Tablette Carnarvon*, l. 9; cf. p. 28 l. 13 et p. 34 l. 5 du présent volume.

(4) Maspero, *Hymne au Nil*, p. 80.

(5) Cf. p. 13 l. 11 et p. 34 l. 5 du présent volume.

(6) Pour le sens du mot , voir le *Glossaire*, s. v. *l*.

rendrai comme il suit cette première moitié du verset : «Est-ce que des «femmes avaient (sous moi, avant cela) disposé les armées à l'attaque? «— Est-ce qu'on avait suscité des destructeurs à l'intérieur du palais? — «Est-ce que l'eau avait été ouverte et les digues coupées (avant le temps?) «— Est-ce qu'on avait fait oublier leurs devoirs aux sujets?». Ce n'est pas ici, on le voit, une traduction littérale : c'est une paraphrase en termes modernes qui expriment clairement la signification des termes anciens.

Le premier membre contient peut-être une allusion à la conspiration qui avait détrôné le souverain. Ainsi que Dümichen et Schack-Schackenborg l'avaient pensé il y a longtemps, désigne le harem[1] : le complot qui porta Sanouasrît au trône aurait été tramé par les femmes. Ces troubles dans la famille et dans le palais auraient eu leur répercussion dans le pays, et, comme il arrive toujours en cas pareil, sur le régime de l'inondation. On aurait négligé de couper les digues en certains endroits, et, si cette explication est juste, on peut en tirer une indication sur la date de la révolte : elle aurait eu lieu dans le temps que, le Nil battant son plein, on allait ouvrir les digues, c'est-à-dire vers les premiers jours d'août. Est-ce à cette négligence que songe Amenemhaît quand il parle des choses à faire, des devoirs desquels la révolution aurait détourné le petit peuple? Lui, en tout cas, il n'avait à se reprocher rien de semblable, et il le dit bien haut : «point n'étaient venus à moi des malheurs «derrière moi depuis le jour de ma naissance». Les manuscrits présentent ici des variantes surtout d'orthographe; pourtant Sallier II, OB², OQ⁸ et le papyrus de Berlin, ne comprenant peut-être pas le mot rare, ont cru voir en lui une répétition fautive du verbe et l'ont omis, [2] «il n'y eut point venir, rien ne vint derrière «moi depuis le jour de ma naissance». Le dernier membre offre des fautes

---

(1) Dümichen, *Bericht über eine Haremverschwörung*, dans la *Zeitschrift*, 1873, t. XII, p. 35 et note 1; Schack-Schackenborg, *Die Unterweisung Königs Amenemhat I*, 2te Hälfte, p. 4-5.

(2) Cf. p. 14 l. 1, 3 et p. 29 l. 10-15 du présent volume.

du même genre : le papyrus de Berlin et OB[2] ont omis derrière et Millingen, Berlin, OB[2], OQ[7], OC[1], pensant que l'un des deux était une faute du copiste antérieure, ont écrit ou au lieu de [(1)]. Laissons subsister le nom composé «ceux qui «font des actes de vaillance, des héros, des preux», qui se retrouve à la fin de l'ouvrage[(2)] et traduisons (au lieu de) «il n'est rien arrivé de pareil à cela au temps d'agir des preux». Cela , ou plutôt ces maux , c'est ce qu'il a énoncé dans les quatre premiers membres, les intrigues du harem et de la cour, la négligence des travaux publics, l'insubordination des sujets : tant qu'il a eu la force d'agir et qu'il a été l'Égypte en a été exempte. La mention sommaire de ces hauts faits remplit les versets qui suivent, et elle confirme son assertion.

IV

Les versets dixième, onzième et douzième énumèrent donc les preuves de son activité en Égypte et au dehors. Le dixième énonce les faits d'une manière générale, mais dans des termes emphatiques dont quelques-uns ont déconcerté les libraires. Le premier membre leur a fourni l'occasion de diverses omissions, ainsi dans Sallier II derrière le second verbe, ou de confusions orthographiques dans OB[2] pour et dans Sallier II pour [(3)], mais ce sont là des erreurs sans conséquence, et le sens reste évident : «Après avoir couru à Éléphantine, j'ai abordé Nathô». Nous constatons au second membre l'existence de plusieurs versions différentes : Sallier II donne , le Papyrus de Berlin avec une lacune à la fin [lacune], OB[2] avec omission de la préposition derrière le premier verbe, enfin Millingen

(1) Cf. p. 14 l. 5-8 et p. 30 l. 1, 5, 6 du présent volume.

(2) Voir p. 4 l. 9 du texte critique, et p. XLIII-XLIV de cette *Introduction*.

(3) Cf. p. 14 l. 7 et p. 30 l. 1-3 du présent volume.

et les deux Ostraca du Caire, avec des omissions ou des lacunes que j'ai réparées chez chacun par les autres[1]. Les versions qui contiennent derrière sont forcément fausses, parce qu'elles laissent sans explication le pronom qui accompagne : au contraire, celles de Millingen et des Ostraca cairotes fournissent au texte le nom masculin qui justifie la présence de ce pronom. Nous l'adopterons donc et nous traduirons : «Me tenant sur «les frontières du pays», — à Éléphantine et à Nathô, comme il est dit au membre précédent — «j'ai vu ce qu'il y a en son pourtour». Le troisième membre a été le plus maltraité. Les variantes nous y proposent dans Sallier II, dans Millingen et dans OP^3, OQ^9, avec une forte lacune au commencement [2]. Le verbe se joint à son régime directement sans préposition, et d'ailleurs l'expression est usitée par ailleurs : écrivons donc ici «J'ai acquis, j'ai conquis (lit. : «j'ai apporté»), les frontières des vaillances», avec ou sans ou pour rejoindre ce mot au précédent[3]. Le quatrième membre nous indique les moyens par lesquels Amenemhaît atteignit ce résultat : ce fut «par mes harpès — et par mes formes divines»[4]. La variante de OB^2 est un non-sens : nous retrouvons la locution, suivie d'un pronom suffixe des personnes, trop souvent dans les textes[5] pour que nous puissions douter de sa légitimité dans ce passage des *Enseignements*.

Les deux versets qui suivent reprennent en les précisant les idées qui avaient été indiquées précédemment d'une manière générale, le onzième

---

(1) Cf. p. 14 l. 10-13 et p. 15 l. 1-3 et p. 31 l. 1-8 du présent volume.

(2) Cf. p. 15 l. 1-6 et p. 31 l. 10-13 du présent volume.

(3) Pour le sens de voir au *Glossaire*, p. 109 du présent volume.

(4) Pour le sens de voir au *Glossaire*, p. 108 du présent volume.

(5) Il y en a deux exemples dans *Les Mémoires de Sinouhît*, éd. Maspero, p. 7 l. 11 et p. 11 l. 6, avec le pronom de la première personne; avec le pronom de la seconde, on la rencontre dans *Sallier III*, p. 8 l. 2.

les résultats heureux que l'activité du Pharaon a produits à l'intérieur, le douzième ceux qu'elle a entraînés au dehors. Le onzième contient peu de variantes, et aucune de celles qu'on y trouve ne modifie le sens. La principale se rencontre dans Millingen, au quatrième membre : « on n'a pas eu de famine pendant mes années », au lieu de « on n'a pas eu de famine sous moi » qu'on lit dans Sallier II. La leçon de Millingen est certainement la bonne; celle de Sallier II est due probablement à une distraction du scribe, provoquée par l'assonance du membre suivant « on n'a pas « eu soif sous moi »[1]. L'orthographe curieuse dont Sallier II affuble le nom , du dieu du grain, reparaît sous sa plume dans l'*Hymne au Nil* [2], et la persistance avec laquelle il l'emploie m'a poussé à me demander si elle ne répondait pas à quelque préoccupation de son esprit. Chabas remarqua, il y a un demi-siècle, qu'un des copistes d'Anastasi IV, hanté par la récurrence perpétuelle de dans les cartouches royaux de son temps, avait écrit dans une lettre d'affaires , au lieu de « choisissez quatre poutres »[3]. Le copiste de Sallier II, ou peut-être celui du manuscrit qu'il transcrivait, n'aurait-il pas voulu faire une sorte de calembour, en identifiant le dieu avec la reine , soit la femme de Ramsès II, soit celle d'Aménôthès Ier qui était adorée comme déesse dans la nécropole? Nous savons par les documents cunéiformes que le nom de ces deux reines se prononçait Naftéra, Naptéra[4], et la forme , interprétée signe à signe, répond exactement à cette prononciation. N'insistons pas sur cette hypothèse. L'ensemble du verset est clair et se laisse traduire sans hésitation : « C'est « moi le créateur des grains, l'aimé de Napra, — le Nil m'a béni sur « toutes les plaines, — il n'y a pas eu d'affamé pendant mes années, il

(1) Cf. p. 15 l. 9-11 du présent volume.

(2) Maspero, *Hymne au Nil*, p. 8 l. 5-6.

(3) *Papyrus Anastasi IV*, p. 8 l. 4.

(4) Maspero, *A travers la vocalisation égyptienne*, § XXXVII, dans le *Recueil*, 1911, t. XXXIII, p. 95 sqq.

« n'y a pas eu d'altéré sous moi, — car [hiéroglyphes] on se mettait à agir pour « moi d'après ce qui avait été énoncé par moi, — car [hiéroglyphes] tout ce que « j'ordonnais était bien à propos ». Le douzième verset a trait aux grands exploits de guerre ou de chasse, et il est heureux que le texte n'en soit pas trop déformé, car Millingen commence à nous manquer et les Ostraca nous sont désormais de peu d'utilité. Il débute par un mot que Sallier II et OQ[10] écrivent sans nasale à la seconde radicale [hiéroglyphes] et OP[2] avec une nasale [hiéroglyphes], mais dont le déterminatif, mal compris des scribes, les a induits en erreur (1). C'est en effet, ce curieux signe [hiéroglyphes] dont la forme cursive se confond avec celle du syllabique [hiéroglyphes] ; nous avons pendant longtemps transcrit [hiéroglyphes] le mot [hiéroglyphes], et les Égyptiens eux-mêmes s'y sont trompés, puisque les deux seuls manuscrits où nous lisons le passage au complet, S[2] et OP, écrivent, l'un [hiéroglyphes], l'autre [hiéroglyphes], avec le [hiéroglyphes] complémentaire de [hiéroglyphes]. Il faut supprimer cet [hiéroglyphes] parasite, et, puisque le mot que [hiéroglyphes] détermine se lit [hiéroglyphes] et non [hiéroglyphes], nous devons rétablir le texte de notre passage d'après OP : [hiéroglyphes] « J'ai acculé « dans un angle, j'ai traqué les lions, et conquis les crocodiles ». Le second membre n'existe plus que dans Sallier II. Il y commence par [hiéroglyphes] où la présence de [hiéroglyphes] isolé ne se comprend pas bien : si [hiéroglyphes] était la véritable leçon, on attendrait quelque chose comme [hiéroglyphes] qui se rencontre un peu plus loin. Comme il nous faut un verbe d'action brutale, parallèle au [hiéroglyphes] du membre précédent, je corrigerai ici [hiéroglyphes] en [hiéroglyphes] : [hiéroglyphes] « J'ai culbuté les Ouaouaîou ». Le verbe [hiéroglyphes], [hiéroglyphes] peut s'écrire sans déterminatifs et sans [hiéroglyphes] initial (2). Je conjecture que l'autographe de l'auteur et les premiers exemplaires de son œuvre qui furent mis en circulation écrivaient [hiéroglyphes] : un copiste postérieur aura cru qu'il s'agissait, non pas de [hiéroglyphes] = [hiéroglyphes], mais de [hiéroglyphes] = [hiéroglyphes], et sa fausse lecture [hiéroglyphes] pour [hiéroglyphes] aura

(1) Cf. p. 15 l. 13 et p. 32 l. 7-8 du présent volume.

(2) Erman (*Zur ägyptischen Wortforschung*, II, dans les *Sitzungsberichte* de l'Académie de Berlin, 1911, t. XXXIX, p. 914, 919-920), m'a confirmé dans ma conjecture.

passé dans la vulgate. Le texte du dernier membre est flottant dans les trois manuscrits plus ou moins mutilés qui nous en restent, et il semble que la combinaison [hiéroglyphes] ait embarrassé les libraires : j'adopte donc, avec les menues corrections nécessaires, la version de Sallier II, «J'ai produit mon agir [hiéroglyphes] contre les Satiou qui sont venus [hiéroglyphes] «comme des chiens». [hiéroglyphes] est une de ces constructions prégnantes, comme il y en a tant en égyptien : «J'ai agi contre les Satiou «[et les Satiou furent] à [hiéroglyphe] venir comme des chiens».

Le treizième verset contenait la description du palais qu'Amenemhaît s'était fait construire, probablement dans sa ville royale de [hiéroglyphes], auprès de sa pyramide de Licht. Le seul manuscrit qui nous l'ait transmise au complet, Sallier II, est fautif, mais l'accumulation des termes techniques excuse presque son incorrection. «Je me suis fait, dit le prince, une «maison dorée, avec des plafonds bleus», et, ajoute Sallier II, [hiéroglyphes]. Comme le point rouge tombe derrière [hiéroglyphes], il faut rattacher ce mot à ce qui précède et conclure que les murs étaient peints en bleu comme les plafonds, ce qui n'était pas fréquent pour les fonds de pierre, mais ce qui peut s'entendre à bon droit des hiéroglyphes. On traduira le reste : «Les sols, les dallages descendent «dans [hiéroglyphes]» et Schack-Schackenborg a cru qu'il s'agissait ici d'un dallage en plaques d'un oxyde de cuivre, *Kupfersteinchen*(1). Le fait n'a rien d'invraisemblable en lui-même, et il y avait à Karnak au moins une chambre qui était dallée entièrement de la sorte, en plaques d'amazonite. Toutefois le contexte prouve que [hiéroglyphes] ne se rapporte pas au mot qui le précède, mais qu'il est la fin d'un membre de phrase que Sallier II a omis, et que Millingen et OP nous rendent en entier : [hiéroglyphes] «les «portes sont de cuivre et les verroux de bronze». Les murs et le dallage «descendent» donc, c'est-à-dire seraient constitués par une espèce de pierre dont le nom ne se rencontrerait que dans notre passage. Brugsch l'a lu [hiéroglyphes] pour le rapprocher de [hiéroglyphes]. [hiéroglyphes] signifie «caillou,

(1) Schack-Schackenborg, *Die Unterweisung des Königs Amenemhat I*, 2te Hälfte, p. 13.

«pierraille», ce qui ne saurait convenir ici, et il est masculin[1]; l'original hiératique porte d'ailleurs un , et le mot en litige s'y écrit bien . C'est une faute évidente. Il faut rétablir ici, sans aucun doute, le composé , , qui est employé couramment en pareil cas. La forme s'éclaire, si l'on suppose que dans *â-roudît*, le s'est vocalisé comme dans pour , et que le tout s'est prononcé *â-ouîdît*[*t*] ou quelque chose d'approchant : serait une orthographe convenable en pareil cas, et l'assonance de cette prononciation avec celle de *âouît, âouî*, au pluriel féminin, expliquerait l'omission qui trouble tout notre passage dans Sallier II[2]. Le bronze étant un alliage, on ne s'étonne pas de le trouver qualifié «artificiel» ; je maintiendrai l'épithète dans l'édition, bien que OP² la supprime[3]. Le membre suivant : «faite pour l'éternité, la durée s'effraie de cela» se comprend de soi, mais pourquoi faut-il que la fin soit presque désespérée? Nous n'avons plus ici que Sallier II pour nous tirer d'affaire, et le scribe de Sallier II n'a pas su ce qu'il copiait, , car il n'a pas mis de déterminatif au mot qui suit le verbe; peut-être n'a-t-il pas reconnu celui qu'il y avait dans son original. Millingen, au fragment qui nous est conservé de sa troisième page, écrit bien le nom du dieu, nous confirmant ainsi pour ce point l'exactitude de Sallier II, mais son témoignage nous fait défaut en ce qui concerne [4]. Le verbe prend son régime directement sans préposition : si donc qui précède n'est pas un de ces parasites que Sallier II introduit parfois dans les ouvrages qu'il transcrit, nous aurons affaire à un composé en préfixe de la racine . Observons toutefois qu'il y a là un cliquetis par renversement pour lequel un composé en initial non seulement ne servirait de rien mais serait plutôt

---

[1] Brugsch, *Dict. hiér. S.*, p. 257-258.

[2] Cf. la note insérée à ce sujet dans le *Recueil de travaux*, 1913, t. XXXV, p. 161-162.

[3] Cf. p. 33 l. 1 du présent volume.

[4] Cf. p. 16 l. 13-14 du présent volume.

nuisible : puis donc que cet [hiér.] n'a sa raison d'être ni en tant que préposition appelée par [hiér.], ni en tant que préformante, il convient de le retrancher et de lire [hiér.]. Reste à savoir ce qu'est ce substantif [hiér.] dont Sallier II ne nous a pas rendu le déterminatif. Je ne connais jusqu'à présent que deux mots de l'orthographe [hiér.], dont l'un [hiér.] est au duel[1], et dont l'autre [hiér.] est d'ordinaire au pluriel[2], mais on ne peut tirer d'eux aucun sens plausible pour la phrase qui nous occupe. Celle-ci est subordonnée grammaticalement à celle qui précède par la forme en [hiér.] de son verbe, et logiquement elle explique la pensée du membre [hiér.] : «puisque la maison est faite pour l'éternité, la «durée a peur à cause de cela, — car je sais tous les [hiér.] du Maître de «tout». Les «[hiér.] du Maître de tout» connus par un mortel assuraient donc à ses constructions l'éternité, et la durée n'avait plus de puissance sur elles. Faute de mieux, je hasarderai ici une conjecture. Le Pharaon était identifié complètement avec la divinité : [hiér.], «comme ses membres sont des «dieux, comme il est *en son entier* dieu, il n'y a membre en lui qui soit «sans dieu, et les dieux sont devenus ses membres»[3], et, par suite, notre Amenemhaît est un avec le Maître de tout, connaissant les vertus qui donnent sa maîtrise à celui. Observons en premier lieu que le pronom [hiér.] de Sallier II est au féminin[4], et que par suite [hiér.] auquel il se rapporte est lui encore un nom féminin : la terminaison masculine [hiér.]-*ti*, -*iti*, qu'il possède s'explique alors, comme dans [hiér.] *niti* pour [hiér.] *nitit*, par une suppression de la finale féminine [hiér.]-*t*, qui, tombée déjà dans la prononciation, tombait souvent dès lors dans l'orthographe, si bien que [hiér.] est pour [hiér.] *zartit*. Nous avons donc la forme féminine d'un substantif

(1) Brugsch, *Dict. hiér. S.*, 1334-1335, où la figure intercalée dans l'article prouve qu'il ne faut pas traduire, comme fait Brugsch, *mit Falkengesicht* au singulier, mais au duel *avec deux faces de faucon.*

(2) Brugsch, *Dict. hiér. S.*, p. 1335.

(3) Naville, *La Litanie du Soleil*, pl. XIV, l. 39.

(4) Maspero, *L'Hymne au Nil*, p. liv.

d'agent ou d'état dérivé d'une racine qui, donnée l'assonance avec , est très probablement la même que celle de «tout». Prenant le sens second «tout», sans nous inquiéter de ce qu'a pu être le sens premier, , issu de par l'intermédiaire d'un féminin «totalité», signifierait un homme qui appartient à la totalité; élevé au féminin *zartît* et déterminé par , il désignerait ensuite d'une façon abstraite «les «éléments, les propriétés, les qualités, les attributs d'un tout». Le sens serait donc : «Car je connais tous les éléments, toutes les propriétés, tous «les attributs, qui constituent le dieu maître de tout», et, naturellement, l'éternité et la durée sont les attributs principaux d'un dieu pareil. En résumé, Sallier II nous aurait conservé dans le gros la leçon de l'original et il serait certain qu'on lisait dans celui-ci la partie phonétique , mais il aurait supprimé les déterminatifs qui nous eussent permis vraisemblablement de comprendre le jeu de mots : c'est par simple conjecture que je les rétablis comme , et que je lis .

Nous n'avons plus pour nous aider à reconstituer la leçon correcte du quatorzième verset qu'un fragment insignifiant sur OQ¹¹ [1], et un passage du Papyrus de Leyde I 344, où Gardiner a reconnu très ingénieusement une version altérée des trois premiers membres [2]. Autant que je puis comprendre la composition des *Enseignements*, l'apologie à laquelle Amenhaît se livrait de son activité finit avec le verset treizième, et les deux versets qui terminent l'œuvre contiennent ses réflexions dernières ainsi que son acquiescement à l'état de choses dont il fut victime. Les premiers mots du verset quatorzième établissent la transition entre les deux ordres d'idée. Gardiner semble penser que le passage du Papyrus de Leyde est une citation presque littérale, et qu'il faut par conséquent modifier profondément la version de Sallier : je crois plutôt que nous devons reconnaître dans les *Admonitions* une adaptation du passage de Sallier II, qui, conservant le mouvement général, ne contient pas nécessairement

---

(1) Cf. p. 33 l. 3-5 du présent volume.

(2) ALAN H. GARDINER, *Admonitions of an Egyptian Sage*, p. 51-52.

partout la lettre de l'original. Dans le premier membre, le Papyrus de Leyde porte «Or donc, les enfants «des grands sont jetés dans la rue», et cette rédaction s'accorde fort bien avec les autres prophéties de malheur que l'écrivain des *Admonitions* accumule dans ses pages. Le scribe de Sallier s'est imaginé que les premiers mots contenaient le verbe , et nous devons le corriger ici d'après le Papyrus de Leyde; cela admis, nous obtenons une leçon convenable pour le membre entier «Or donc, «les enfants de la multitude, dans les rues» avec cette façon orientale d'exprimer une collectivité, «les enfants de la multitude» pour la «multitude». Le second membre du Papyrus de Leyde , «celui qui sait dit qu'il en est ainsi, celui qui «est ignorant dit non»[1], prend chez nous la forme . Avant de connaître le passage du Papyrus de Leyde, l'opposition perpétuelle qu'on remarque, au Papyrus Prisse par exemple, entre et m'avait décidé à rétablir hypothétiquement ces deux mots dans Sallier II : ma conjecture est devenue maintenant une certitude pour moi, et je lis «le malin (celui qui sait) approuve, l'imbécile (celui qui «ignore) dit : C'est bien!» avec l'ellipse du verbe . Le troisième membre est celui où les deux versions diffèrent le plus : tandis que les *Admonitions* continuent le développement en «parce qu'il ne

[1] Je ne suis pas bien certain que la locution et les différentes formes sous laquelle nous la trouvons dans les textes signifient exactement «non». L'une d'elles, , *ia baïyou*, s'est conservée dans l'arabe du Saïd comme يا باي prononcé *ia-baye, ia boye,* selon les endroits, et l'usage moderne nous montre comment elle s'employait dans l'antiquité. C'est une exclamation d'étonnement pour une chose que l'on ne croyait pas possible; il y entre bien comme une idée de négation, mais de négation impliquée plutôt qu'exprimée. Je traduirai donc le passage des *Admonitions* : «Le malin «(celui qui sait) approuve, l'imbécile dit () : *Oui-da! Bah!*», en paraphrase : «le croira «qui voudra, moi je ne le crois pas!». La même nuance convient aux passages que Gardiner a cités comme à ceux que j'ai recueillis ailleurs.

«le sait pas, c'est bon à ses yeux» d'après Gardiner, nous trouvons dans Sallier II […] avec une variante […] pour […] dans Millingen[1], «parce que n'est pas celui qui le sait pas vide de ta «face, il n'est pas privé de faveur auprès de toi». Il y a bien, comme je l'ai indiqué plus haut, imitation de l'un des textes par l'autre, mais ce serait s'exposer à fausser le sens que d'introduire celui des *Admonitions* dans celui des *Enseignements*. Si j'ai bien saisi l'intention de l'auteur, celui-ci, après avoir raconté brièvement la révolution et avoir démontré combien le traitement qu'elle infligea à Amenemhaît était peu mérité, indiquait brièvement l'impression qu'elle avait produite sur le peuple, lorsque celui-ci l'avait apprise : «Or donc, les enfants de la foule, dans «les rues, — le malin approuve, et l'imbécile dit : «C'est bien», — car «qui connaît cela (la révolution) il n'est pas dépourvu de ta faveur». Et ce […] amène un tableau de l'accueil que la foule fait au Pharaon nouveau et du rôle qu'il est appelé à jouer désormais. Le premier des membres où l'auteur définit cette situation contient une leçon qui demeurait inintelligible jusque dans ces derniers temps […] : il est évident aujourd'hui que ce […], qui semblait appliquer à Sanouasrît l'épithète plutôt dédaigneuse de […] «individu», est une mauvaise lecture du mot […] «roi»[2] écrit dans l'archétype hiératique […], et nous lisons […][3]. Le seul passage qui, dans la suite, présentait des difficultés chez Sallier II, […] se corrige avec certitude[4], d'après le fragment de Millingen, en […] «toi, tu es «mon cœur à moi-même, et mes deux yeux te contemplent — né en un

---

[1] Cf. p. 17 l. 4 du présent volume.

[2] Sur ce mot, qui se trouve à la fois dans les textes des Pyramides et dans ceux de l'âge gréco-romain, cf. Sethe, *Das Wort für King von Ober-Ægypten*, dans la *Zeitschrift*, 1911, t. XLIV, p. 15-34, et Brugsch, *Dict. hiér. S.*, t. V, p. 81-83.

[3] Maspero, dans le *Recueil de travaux*, 1913, t. XXXV, p. 192-193.

[4] Griffith, *the Millingen Papyrus*, p. 48 et note 5.

F

«jour de joie, — à côté des humains qui t'acclament». La leçon de Sallier pour ce dernier membre contient plusieurs fautes qu'il est facile d'effacer. L'accumulation de prépositions, de verbe et de pronom qu'on y remarque ne résulterait-elle pas d'une erreur auditive interne d'un copiste ramesside, qui aurait cru entendre le pronom complexe avec redoublement de la consonne , et qui aurait compris : «Eux à toi : «Gloire!» avec ellipse de «dire». Cette bévue ne serait pas plus forte que bien d'autres qui se rencontrent chez Sallier II. Il y aurait donc lieu de rétablir , «à côté des gens qui «(litt. : «à l'état de») te font des saluts!» avec une forme ramesside en devant le verbe , qui se serait substituée à la forme ancienne «des gens qui te font des saluts».

Le dernier verset, sans être aussi défiguré que celui-ci l'était, renferme des fautes graves en plus des caprices d'orthographe coutumiers au scribe de Sallier II. «Ainsi , dit-il au début, ce que j'ai fait «auparavant (lire au lieu de), je te l'attache, je te «l'ordonnance à la fin»; après quoi vient un membre légèrement corrompu, . Le scribe de Sallier II, à en juger par l'orthographe qu'il emploie, a lu et compris dans son original, «Je suis le pieu d'attache des êtres qui sont selon ton «cœur», mais il me paraît que, dans cette version, constitue une tautologie contraire à l'usage égyptien : le relatif est de trop derrière qui le comprend déjà, et, pour expliquer sa présence en cet endroit, je suppose qu'il remplace un groupe mal compris par un des copistes, soit celui de Sallier II, soit l'un de ses prédécesseurs. A coup sûr il y avait là un exemple de l'expression bien connue , et, puisqu'il s'agit ici d'hommes d'après le déterminatif , «ceux «qui sont et ceux qui ne sont pas selon son cœur». Le membre suivant contient une phrase qui se rencontre de nouveau dans l'*Hymne au Nil*[1] : «(Je

[1] G. Maspero, *L'Hymne au Nil*, p. 2 l. 7.

«suis) la statue où poser les couronnes à uræus, la graine du dieu — «scellée à la place qui lui convient — depuis qu'a commencé pour toi la «conclamation dans la barque de Râ». Jusqu'ici les difficultés ne sont guère que d'ordre littéraire et mythologique, et elles résultent partie de l'ignorance où nous sommes de la nature des cérémonies qui accompagnaient l'avènement d'un roi, partie de l'étrangeté des métaphores auxquelles la rhétorique égyptienne se complaisait : les dernières lignes de l'ouvrage sont gâtées par des erreurs cléricales assez nombreuses qu'on ne corrige pas toutes aisément. Dès le début, Sallier II donne où Millingen présente [1]. Si l'on doit retenir un factitif, le mouvement général du texte exige un verbe à la première personne du singulier, et il convient de rétablir «voici «que je te fais régner sur ce qui a été créé sous moi, — litt. : «sur ce qui «a été fait être avant moi»; — l'orthographe pour [2], où l'*î-ya* du pronom de la première personne forme diphtongue avec la finale *î* du verbe, pouvait exister dans le manuscrit d'où dérivent Sallier II et Millingen. Toutefois Millingen préfère ici la forme simple qui me paraît plus naturelle, car elle rappelle la phrase du début des *Enseignements*[3]. Je lis donc «voici que tu règnes sur «ce qui a été créé au commencement», sur l'Égypte et sur le monde, en corrigeant «en avant de moi», en «au commencement» ainsi que je l'ai déjà fait plus haut. Le membre de phrase qui suit , sous sa forme présente, n'offre aucun sens qui convienne grammaticalement ou littérairement au contexte, et l'on ne saurait douter qu'il soit incomplet. On le rétablira aisément dans sa forme première, si l'on rapproche de lui ce qui est dit au verset IX[4] : «pareille chose n'était arrivée au temps

(1) Cf. p. 18 l. 5-6 du présent volume.

(2) Erman, *Ægyptische Grammatik*, 3e édit., § 141, p. 79.

(3) Cf. p. 1 l. 3 du présent volume.

(4) Cf. p. 3 l. 4-5, et p. 14 l. 4-9 du présent volume.

«de l'action des preux». Après cette incise, la période reprend son cours en une suite de membres de phrase où sont dénombrés les actes principaux du nouveau roi. J'estime que les deux premiers sont corrects, au moins dans Millingen : «Érigeant des monuments, rendant parfaite la «prospérité de ton palais». Le troisième membre et la clausule finale, qui en est le complément, comptent malheureusement parmi les passages les plus maltraités par le copiste de Sallier II, et la perte des parties correspondantes de Millingen nous oblige à recourir aux conjectures. Le par lequel il débute, avec son orthographe barbare, est une de ces fautes d'audition interne que j'ai signalées souvent. «combattre» et «se tenir debout», avaient certainement des prononciations très voisines l'une de l'autre, *âḥâou* pour le premier, *âḥâou* pour le second, et l'affaiblissement de *â* en *á* était déjà un fait acquis dans bien des cas à l'époque ramesside. Le scribe de Sallier II, se répétant à lui-même ÂHÁ, qu'il aurait dû écrire *âḥá* comme le prouve la leçon de Millingen, a noté d'abord *âḥ*, puis par distraction, il a complété son mot avec la finale *âou* de , ce qui nous a valu l'orthographe bizarre [1]. Par une seconde inadvertance, il avait omis qu'il a ensuite inséré dans l'interligne. Enfin et comme pour redoubler notre embarras, il a utilisé la graphie du pronom de la première personne, *âḥá-kou-î*, *rakh-kou-î*, où il y avait celle du pronom de la seconde *âḥá-k*, *rakhou-k*. Ce n'est peut-être de sa part qu'une fantaisie orthographique, les deux formes et se prononçant de la même façon au temps où il écrivait [2], mais elle était de nature à nous embarrasser : il ne m'en semble pas moins, comme à Griffith [3], qu'il y a lieu de rétablir la seconde personne. Le membre de phrase, lu ainsi , devient la suite du développement en l'honneur du souverain nouveau : «Voici que tu règnes

(1) Cf. p. 18 l. 9-10 du présent volume.

(2) Cf. p. XVII de cette *Introduction*.

(3) GRIFFITH, *the Millingen Papyrus*, dans la *Zeitschrift*, 1896, t. XXXIV, p. 49.

«sur la création, — ce qui ne s'était pas produit même au temps de la «prouesse des preux, — érigeant des monuments, rendant parfaite la «prospérité de ta maison, — [et que] tu combats pour qui te connaît et «pour qui tu connais», c'est-à-dire pour tous ceux qui s'étaient déclarés ses partisans lors de la conjuration. Le membre de phrase final me paraît être correct dans sa concision : [hiéroglyphes]. On le rendra en mot à mot à demi barbare : «parce que point il a aimé cela, «à côté de sa Majesté». A première vue, [hiéroglyphes] est, comme au verset XIV[1], le pronom neutre équivalent à [hiéroglyphes] ou [hiéroglyphes], et il se rapporte à l'acte exprimé précédemment, soit [hiéroglyphes] l'acte de se battre pour ses amis : «Il n'y «en a point qui ait aimé cela», «Personne ne s'est complu à cela», car la négation [hiéroglyphe] seule répond à la locution plus récente [hiéroglyphes] «il n'existe «point». Pour achever de dégager une signification plausible je suis forcé d'attribuer à la préposition [hiéroglyphe] *ra-gaśou*, un sens qui résulte sans difficulté de sa valeur première, mais dont je n'ai recueilli aucun autre exemple jusqu'à présent, «à côté de...» pour «en comparaison de...», «au prix «de...». Je comprendrai donc : «car il n'y a personne qui ait aimé se «battre ainsi en comparaison de Sa Majesté». Ce serait l'éloge suprême adressé par le vaincu à son vainqueur, qu'il n'y a jamais eu Pharaon qui ait défendu ses amis avec autant d'ardeur que lui.

V

Les conclusions historiques et philologiques qui résultent de cette analyse me paraissent différer assez sérieusement de celles que l'étude du texte nous avait suggérées précédemment.

Prenons d'abord ce qui concerne l'histoire. Il a été admis jusqu'à présent que la conjuration dont les *Enseignements* parlent n'aboutit pas : Amenemhaît Ier aurait triomphé d'elle, et ce serait seulement après sa victoire que, se sentant devenu trop âgé pour faire face aux difficultés de la situation, il aurait songé à s'assurer un coadjuteur plus énergique

---

(1) Cf. p. XL-XLI de cette *Introduction*.

et il se serait associé son fils Sanouasrît, notre Sanouasrît Ier. Si l'interprétation que j'ai proposée des sixième, septième, huitième et neuvième versets résiste à la critique, ce serait le contraire qui aurait eu lieu : Amenemhaît, pris de court par la révolte, aurait succombé après une résistance assez faible, et aurait dû céder le trône à Sanouasrît. Il semble dire, avec toute sorte de réticences, que celui-ci était le complice, sinon l'instigateur, de ceux qui le renversèrent, et que le complot fut ourdi dans le harem même : peut-être Sanouasrît avait-il lieu de craindre que la succession ne lui fût pas dévolue s'il ne se résolvait pas à la saisir lui-même, et sa mère ou d'autres femmes de sa famille furent-elles de celles qui, oubliant leurs devoirs, «rangèrent des soldats en bataille»[1] contre le vieux souverain. Il est probable aussi que ce furent les conseillers les plus intimes qui ourdirent la conspiration et qui la dirigèrent, car même la garde royale était gagnée à la cause[2], et l'amertume avec laquelle Amenemhaît recommande à son fils de n'avoir confiance en personne, en dehors du petit nombre de gens qui lui appartiennent, prouve bien que son entourage immédiat l'avait trahi, ceux qui avaient mangé son pain, ceux qu'il avait élevés au faîte avec lui, ceux qu'il avait comblés d'honneurs et de richesse[3]; sa vie fut épargnée et il conserva l'extérieur de la dignité royale, mais sans sa réalité. Cette interprétation des *Enseignements* nous aide à mieux entendre que nous n'avions fait jusqu'à présent, le passage des *Mémoires de Sinouhît* où le chéîkh asiatique, recevant le héros, l'interroge discrètement sur ce qui s'était passé à la mort du vieux souverain, et obtient pour réponse que rien d'anormal n'était survenu, mais qu'Amenemhaît était demeuré tranquille à la cour tandis que son fils agissait et commandait[4] : on gardait présent en Asie le souvenir de la

---

[1] Cf. p. XXIX-XXX de cette *Introduction* et p. 2 l. 16–p. 3 l. 1 du texte.

[2] Cf. p. XXIII-XXIX de l'*Introduction* et p. 2 l. 8-9 du texte.

[3] Cf. p. XVII-XXI de l'*Introduction* et p. 1 l. 9-14 du texte.

[4] *Les Mémoires de Sinouhît*, éd. Maspero (tome I de la *Bibliothèque d'étude*), p. 6 l. 8–p. 7 l. 8 et p. XIX-XXV; cf. p. XXVIII-XXX de cette *Introduction*.

révolution de palais qui s'était accomplie dix années auparavant, et il était naturel qu'on se demandât si la situation que celle-ci avait créée ne s'était pas dénouée brutalement par un meurtre. Nous savons par Hérodote qu'un imbroglio pareil fut tranché de la sorte entre Apriès et Amasis : Apriès, vaincu à Momemphis, et enfermé d'abord dans son palais de Saïs avec l'appareil de la royauté, aurait été mis à mort par la suite et enterré en pompe dans le tombeau de sa famille [1]. Le cas dut se présenter assez souvent en Égypte de ces dépositions suivies à plus ou moins longue échéance par l'exécution du prince détrôné : le roi de Tonou questionnant Sinouhît pouvait songer à quelque tragédie qui se serait jouée en Égypte précédemment, dans les temps troublés qui précédèrent l'avènement de la XIIe dynastie. En fait, Amenemhaît Ier ne fut pas assassiné par les gens de son entourage, comme l'Asiatique semble l'avoir soupçonné, et comme Amenemhaît II le fut plus tard selon la tradition recueillie par Manéthon [2] : il fut simplement dépossédé du pouvoir effectif et rangé à l'écart par son fils Sanouasrît Ier, à côté de qui il régna nominalement de l'an XX à l'an XXX de son règne.

On voit à quel point cette façon d'envisager les choses modifie l'idée que nous nous étions faite des deux premiers règnes de la dynastie, à condition toutefois que le texte qui l'a suggérée puisse être considéré comme inspiré par l'histoire réelle. Notons tout d'abord que le genre auquel il appartient était de ceux qui semblent avoir été cultivés avec amour sous les dynasties memphites et pendant la durée du premier empire thébain : les rares débris qui nous restent de la littérature de ces époques nous en fournissent quatre autres exemples certains, les *Enseignements* de Phtahhatpou [3], les *Enseignements* de l'un des Khatouî à son fils Marikerîya [4], les

---

(1) Hérodote, II, CLXIX; cf. Diodore de Sicile, I, 68.

(2) Unger, *Chronologie des Manetho*, p. 118.

(3) C'est le second traité du *Papyrus Prisse*, p. 4-19.

(4) Ils ont été publiés par Golénischeff, *Les Papyrus hiératiques n°s 1116, 1116 A et 1116 B de l'Ermitage Impérial à Saint-Pétersbourg*, et traduits pour la première fois par

Enseignements de Khatouî fils de Douaouf à son fils Pioupi[1], les *Enseignements* de Sahatpîabrîya[2]. Ces derniers sont datés exactement du règne d'Amenemhaît III, sous le règne duquel l'écrivain vivait : quant aux autres, on ne saurait guères douter qu'ils aient été écrits, ou par le personnage même à qui ils ont été attribués, ou peu de temps après sa mort par un presque contemporain. Je ne vois aucune raison de nier que le Phtahhatpou des *Enseignements* soit le même que celui des monuments et que ce dernier ne soit l'auteur de l'ouvrage. Je ne pense pas, il est vrai, que les livres attribués à Khatouî et au premier Amenemhaît soient de la main de ces Pharaons dans leur forme actuelle, bien qu'en vérité je ne voie pas pourquoi ils n'auraient pas adressé par écrit à leur fils et successeur des recommandations du genre de celles qu'on leur prête, mais il me paraît résulter de l'examen qu'elles durent être transcrites à une époque très voisine de la leur, et par conséquent, lorsque leur histoire était présente encore à l'esprit de tous. Gardiner a prouvé que les passages des *Enseignements de Khatouî* relatifs aux relations des Héracléopolitains avec les Thébains sont authentiqués par le témoignage des monuments[3], et il en conclut avec raison que ceux où il est question de leurs rapports avec les peuples de la Syrie ou de la Libye ne sont pas moins véridiques[4]. Quelle raison aurions-nous donc d'imaginer que les données des *Enseignements d'Amenemhaît* ne sont pas exactes et qu'il y a lieu de les rejeter? Aussi bien, la plupart d'entre elles sont confirmées par les inscriptions, troubles

---

A. H. Gardiner, *New Literary Works from Ancient Egypt*, dans *The Journal of Egyptian Archæology*, t. I, p. 20-36.

(1) *Papyrus Sallier II*, p. 3 l. 9-p. 11 l. 5.

(2) Mariette, *Abydos*, t. II, pl. 25, cf. *Catalogue général des monuments d'Abydos*, p. 163-184, n° 670; Maspero, *Sur une stèle du Musée de Boulaq*, dans les *Atti del IV Congresso degli Orientalisti*, 1878, t. I, p. 37-56, et *Études de mythologie et d'archéologie*, p. 131-147; Piehl, *Inscriptions*, t. III, pl. IV-VII et p. 3-7, et Lange-Schäfer, *Grab- und Denksteine des mittleren Reichs*, t. II, p. 145-150, n° 20538.

(3) A. H. Gardiner, *New Literary Works from Ancient Egypt*, p. 20-21, 28-29.

(4) A. H. Gardiner, *ibid.*, p. 29-32.

intérieurs du pays au début du règne, voyages de pacification au Nord et au Sud, escarmouches avec les tribus du désert de Nubie et du désert d'Arabie, association de Sanouasrît à la couronne. Un seul point demeurait dans l'ombre jusqu'à présent, le triomphe de la conjuration à la suite de laquelle cette association fut opérée : si sa réalité ressort vraiment de l'interprétation du texte — et il me semble que celle-ci est assurée — nous n'avons qu'à l'enregistrer et à l'introduire dans la chronique. Je n'hésiterai pas à le faire dès que l'occasion s'en présentera : en attendant, il convient de confesser qu'une connaissance si nette de l'histoire du temps nous oblige à assigner à la composition de l'ouvrage une date assez rapprochée de celle où le souverain florissait. Je ne risque pas de me tromper beaucoup en proposant de la placer dans les cent années qui suivirent l'événement, assez loin de lui pour qu'il n'y eût pas inconvénient à rappeler la part que Sanouasrît Ier y avait prise, assez près pour que le souvenir des circonstances qui l'avaient accompagné subsistât précis encore[(1)].

S'il en est ainsi, nous devons admettre que les *Enseignements*, considérés en ce qui concerne la philologie, représentent fidèlement l'état de la langue au moment le plus heureux du premier empire thébain. J'ai déjà indiqué à plusieurs reprises[(2)] quels motifs je crois avoir de ne pas accepter l'opinion d'Erman, selon laquelle elle serait à proprement parler la langue classique de l'Égypte[(3)]. Laissant de côté le copte, et ne nous attachant à l'égyptien que sous sa forme hiéroglyphique, nous ne pouvons nous empêcher d'y distinguer deux langues aussi différentes l'une de l'autre que le sont le latin et les idiomes romans dérivés de lui. Comme les idiomes romans, l'égyptien du second Empire thébain, celui qui aboutit à la *κοινή* ramesside, a des conjugaisons par auxiliaires et des articles, pour ne citer que les traits les plus caractéristiques, ceux que la

---

(1) Breasted, dans ses *Records*, t. I, p. 228-230, émet le même avis.

(2) En dernier dans la *Revue critique*, 1913, t. II, p. 262-263.

(3) Erman, *Ægyptische Grammatik*, 3e édit., p. 4 b : «Die Sprache der schönen Literatur des mittleren Reiches, *die eigentlich klassische Sprache*... »

grammaire de l'Empire memphite n'admettait pas plus que celle du latin ne les admet : faire de ces égyptiens divers un ensemble unique et supposer qu'il n'y a pour eux qu'une langue et une époque classiques, c'est agir comme qui, englobant dans une même formule le latin et le français, ne voudrait reconnaître comme classique pour les deux que le latin de l'âge d'Auguste par exemple. Bien que virtuellement, le français soit une des suites historiques du latin et qu'il se ramène constamment à celui-ci dans ses manifestations littéraires et linguistiques, il a la personnalité indépendante qu'exige son génie spécial et il possède son classicisme à lui propre. Il est vrai que le système hiéroglyphique, avec ses graphies fixées dès des temps fort anciens et son incapacité à rendre le système des voyelles, nous masque la plus grande partie des différences et nous rend à peu près insensibles aux altérations survenues, disons entre Chéops et Ramsès II : la presque invariabilité de l'orthographe nous donne l'illusion de la presque invariabilité du langage. Les changements étaient grands néanmoins, et il est probable que le Pentaouërit de la XIXe dynastie n'aurait pas plus compris le Phtahhatpou de la Ve qu'un bourgeois de Paris sous Louis XIV n'aurait compris un des clients de Cicéron. Sans insister davantage, je dirai qu'à mes yeux il convient de distinguer au moins deux âges classiques de l'égyptien, le premier correspondant aux temps moyens des Memphites, le second au siècle de Ramsès II, et que pour chacune des deux langues correspondantes à ces âges il y aurait avantage à composer une grammaire spéciale. Il va sans dire que nous pouvons déjà relever entre les deux certains détails de transition qui nous montrent le travail perpétuel qui s'opérait dans la masse populaire. Je considère que l'égyptien de la XIIe dynastie est à celui de la IVe ce que le latin de Claudien est à celui de Virgile; c'est à mes yeux une langue artificielle, fort éloignée de la langue parlée mais déjà pénétrée fortement par elle, et présentant quelques-uns des traits qui dominèrent dans l'égyptien du second Empire thébain.

Cette exposition de mes idées actuelles sur la matière était nécessaire pour permettre à mes lecteurs de comprendre quelle méthode j'ai adoptée dans la constitution du texte. Nos manuscrits des *Enseignements*, qui appartiennent à la XIXe dynastie, renferment par places des particularités grammaticales qui, ou ne se rencontrent point dans ceux de la XIIe et de la XIIIe, ou ne s'y rencontrant que rarement, peuvent ne pas avoir existé dans la rédaction originale, mais qui y ont été introduites par des inadvertances de copiste. Ainsi, on lit dans *Sallier II* « *Le* « Nil m'a béni »[1], avec l'article du masculin singulier *pá,* lequel se rencontre déjà dans ce qu'Erman appelle la langue vulgaire du Moyen Empire[2], et qui me paraît être sa langue normale. Il y paraît en effet, mais comme il n'y est pas encore usuel, on peut se demander s'il appartient à l'édition première de notre ouvrage ou s'il y est une addition postérieure : il se pourrait en effet que l'auteur eût voulu attirer l'attention sur le nom du fleuve-dieu et par conséquent qu'il y eût lieu de conserver la leçon de Sallier. Néanmoins, comme Millingen lit [3], et que c'est également la lecture du second Ostracon Petrie[4], il me paraît demeurer acquis au débat que l'auteur n'avait pas employé l'article en cet endroit : la tendance des scribes ramessides était plutôt d'ajouter les articles de leur époque aux vieux auteurs qu'ils transcrivaient que de leur en retrancher. La même hésitation n'est pas possible dans les endroits où la préposition simple *mé* de certains de nos manuscrits est remplacée dans certains autres par la préposition composée *mé-amé, ma-mé, ʿm-mé*[5]; il semble bien que cette dernière ait été étrangère du tout à la langue de la XIIe dynastie, et par conséquent je n'ai tenu aucun compte des variantes où elle figure. Ici du moins le choix entre les leçons n'offrait aucune difficulté et le texte primitif se rétablissait de lui-même. La tâche

---

(1) *Papyrus Sallier II*, p. 14 l. 8; cf. p. 15 l. 7 et p. 69 du présent volume.

(2) Erman, *Ægyptische Grammatik*, 3e édit., p. 110-111, § 204, et surtout *die Sprache des Papyrus Westcar*, p. 52-53, § 106.

(3) *Papyrus Millingen*, p. 2 l. 12; cf. p. 15 l. 8 du présent volume.

(4) *Second Ostracon Petrie*, l. 6; cf. p. 32 l. 3 du présent volume.

(5) Cf. les exemples au *Glossaire*, p. 47 *s. v.* *amé* et p. 76 *s. v.* *mé*.

a été plus ardue lorsqu'il s'est agi, par exemple, de certains usages du verbe . Les écrivains du premier âge thébain témoignent une prédilection marquée pour les tournures qui le mettent en combinaison avec le temps en *na, ni, né* du verbe, lorsqu'ils veulent marquer un lien de dépendance ou de conséquence entre l'action marquée par celui-ci, et une autre action exprimée par un verbe placé dans le membre de phrase précédent ou suivant. Ils diront donc « Est j'avais couru à Éléphantine, je m'élançais « vers le Delta », ce qui, transposé dans la syntaxe de nos langues modernes, se rendrait par : « Après avoir couru à Éléphantine, je m'élançais vers « le Delta[1] ». Et ailleurs, « Si j'avais pris vite les armes dans ma main, — est « j'avais fait rebrousser les infâmes », soit à notre guise : « Si j'avais pris « aussitôt les armes à la main, j'aurais fait rebrousser les infâmes[2] ». Cet usage syntactique n'était pas tombé en désuétude sous les Ramessides, mais l'emploi en était moins bien réglé chez eux que chez leurs ancêtres, et nos scribes ont tantôt intercalé dans des endroits qui ne l'appelaient point, tantôt supprimé dans des phrases où il existait sûrement[3]; l'étude prolongée du contexte et la comparaison avec les écrits de la même époque, *Hymne au Nil*, *Mémoires de Sinouhît*, *Plaintes du Paysan*, m'ont permis, je l'espère, de discerner presque partout, parmi les contradictions des variantes ramessides, les endroits où il était préférable de l'introduire ou de le retrancher.

J'imagine que personne ne me contredira si j'affirme qu'en plus d'un passage, tel ou tel des scribes de nos manuscrits devait être aussi embarrassé que nous le sommes pour reconnaître la véritable leçon. Nul ne saura jamais combien d'intermédiaires s'étaient succédé entre eux et l'auteur, ni par conséquent comment s'était formé et élargi peu à peu

---

(1) Cf. p. 3 l. 5-6 du présent volume.

(2) Cf. p. 2 l. 9-10 du présent volume.

(3) En voir des exemples au *Glossaire, s. v.* , p. 44-46 du présent volume.

l'amas de variantes qui encombrait les exemplaires de leur bibliothèque : ce qui paraît bien certain, c'est qu'ils ne sont responsables par eux-mêmes que d'un petit nombre des fautes de copie ou des mauvaises lectures qu'ils nous ont transmises. On peut donc considérer que plusieurs parmi ces dernières sont des essais de correction, qu'eux-mêmes ou l'un de leurs prédécesseurs avaient introduits dans le texte pour tâcher de le rendre intelligible et de lui restituer sa forme première. Quelquefois, c'est un déterminatif qui, placé mal à propos derrière un mot, en a modifié le sens apparent et a entraîné un changement de pronom, qui lui-même a produit un contre-sens. Ainsi le signe , accolé au mot par un scribe qui avait l'habitude de ces compléments inutiles, a fait croire à l'un de ceux qui recopièrent le manuscrit que l'adverbe «vite, aussitôt» était un substantif «le rapide, le coureur» : comme en ce cas le pronom de la première personne qui paraissait se rapporter à ce mot n'avait plus de sens pour lui, il lui a substitué celui de la troisième personne du singulier , et «Si j'avais «pris *aussitôt* les armes dans *ma* main[1]» est devenu, dans deux manuscrits sur quatre, «Si j'avais pris «*un coureur* (?) les armes dans *sa* main[2]», ce qui ne s'accorde pas avec le reste du morceau. L'orthographe fantaisiste pour , pronom de la deuxième personne, a déterminé plusieurs lectures fausses. Ainsi, au troisième verset, le mouvement général du développement exige qu'on écrive «Même *toi* couché, garde bien ton cœur «pour toi, toi-même[3]», comme le porte Millingen[4]; mais un scribe ayant écrit abusivement , le copiste de Sallier II a cru qu'il s'agissait de la première personne, et il a corrigé «Je *me suis* mis au lit *afin que* je gardasse pour toi ton cœur

---

(1) Cf. p. 2 l. 9-10 du présent volume.

(2) Cf. p. 11 l. 7 et 9 du présent volume.

(3) Cf. p. 1 l. 7-8 du présent volume et p. XVII de l'*Introduction*.

(4) Cf. p. 7 l. 4-6 du présent volume.

« à toi[1] », ce qui, transférant le sujet d'Amenemhaît à Sanouasrît, coupe le développement des idées et brouille complètement le sens du passage. Dans ces cas, et dans plus d'un autre que j'ai signalés soit à l'*Introduction*, soit au *Glossaire*, je me suis laissé guider encore par ce qui me semblait être l'enchaînement logique des idées. Ai-je toujours réussi à dégager le sens et par suite à remettre le texte sur pied? Les fautes sont si nombreuses dans les dernières lignes que j'ai dû me montrer parfois très hardi[2], plus hardi peut-être que ne le comporte encore notre connaissance de la langue et de la littérature égyptienne.

J'avais essayé, comparant les manuscrits, de discerner s'ils se classeraient en famille : l'examen m'a paru montrer qu'à part le *Papyrus Millingen*, ils remontaient tous à un exemplaire unique dans lequel le texte était déjà fort altéré. Je ne veux pas dire pour cela que Millingen soit sensiblement plus correct que les autres : si l'on rapproche le texte critique des copies anciennes dont je l'ai déduit, on verra que j'ai dû adopter souvent des leçons étrangères à Millingen. Ce qui prête aux autres une apparence d'incorrection plus grande c'est que, sortant pour la plupart de l'officine du Ramesséum, ils en présentent les caractères spéciaux : ils multiplient les déterminatifs courants, ils en ajoutent d'entièrement abusifs, ils prodiguent les marques inutiles du pluriel, ils emploient des orthographes redondantes, tous signes qu'on retrouve presque au même degré dans les papyrus que nous savons provenir de cette source, Papyrus d'Orbiney, Papyrus Sallier, Papyrus Anastasi, Papyrus littéraires de Leyde. Millingen, au contraire, est d'une facture relativement sobre. Il se contente le plus souvent de deux déterminatifs usuels, il évite les superflus, il ne met guère les marques du pluriel que là où elles sont nécessaires, il est relativement simple dans ses orthographes : bref, il ressemble aux quelques manuscrits que nous pouvons attribuer sans hésitation aux temps de la XVIIIe dynastie. J'aurais voulu apporter ici les exemples de ces

---

[1] Cf. p. 7 l. 5-7 du présent volume.

[2] Cf. p. XXXVI-XLV de cette *Introduction*.

différences, mais j'aurais allongé par là une *Introduction* déjà trop longue : les renvois du *Glossaire* permettront à chacun de se faire la preuve de ce que j'avance. Pour le couper court, je dirai que Millingen relève très probablement d'une copie du début de l'âge Ahmesside, tandis que Sallier II, Sallier I, Berlin, la Tablette Carnarvon et les Ostraca reproduisent quelque exemplaire de la XIXe dynastie qui était en dépôt dans l'officine du Ramesséum. Il semble donc que Millingen soit un peu plus voisin de l'archétype que les autres documents, bien qu'il s'éloignât déjà fort de lui dans le temps : la différence entre les deux n'est pourtant pas aussi grande qu'elle l'est pour l'*Hymne au Nil* entre Sallier II et l'Ostracon Golénischeff. Les *Enseignements* avaient mieux supporté que l'*Hymne* les attaques des scribes, soit que la langue y fût moins archaïque, soit que le sujet même en fût moins difficile à comprendre. Sauf pour deux ou trois passages de la seconde moitié, la lecture vraie se dégage sans trop de peine des éléments que le hasard nous a jetés entre les mains : l'échenillage des graphies redondantes a suffi presque partout à rétablir un texte correct, et je n'ai été contraint que rarement à me rejeter sur la conjecture hasardeuse.

J'ai procédé ici comme pour l'*Hymne* et je me suis préoccupé, après avoir fixé la lettre, de restituer à l'œuvre l'apparence qu'elle avait dans le manuscrit de l'auteur. Je me suis donc efforcé de retrouver pour chaque mot la forme de son temps, cela par l'étude des inscriptions monumentales, ou, à défaut, par celle des papyrus de l'époque; j'ai élagué les orthographes du second empire thébain pour les remplacer autant que possible par celles du premier, et rien que par là des sens qui disparaissaient sous l'amas des écritures sont sortis en pleine évidence. Je ne dis pas que le morceau est devenu partout facile à comprendre ou à traduire : il y demeure encore bien des significations vagues à préciser et bien des nuances à distinguer. Toutefois je me persuade que beaucoup de points obscurs ont été élucidés, et que cette édition, si imparfaite qu'elle soit par certains côtés, facilitera suffisamment la tâche des éditeurs futurs ainsi que ç'a été le cas pour les *Mémoires de Sinouhît*.

VI

Les *Enseignements d'Amenemhaît* ont été transcrits au tableau en hiéroglyphes, analysés, commentés, étudiés en 1874 par Maspero, dans la première année de son cours au Collège de France, puis traduits en anglais et publiés par :

G. Maspero, *The Instructions of Amenemhât I unto his son Usertasen I*, dans les *Records of the Past*, 1st Series, t. II, p. 9-16, et, *Études de mythologie et d'archéologie*, t. III, p. 165-171 ; après quoi, une édition critique comprenant le texte en écriture hiératique et une traduction allemande fut donnée par

Schack von Schackenburg, *Die Unterweisungen des Königs Amenemhât I*, in-4°, aut., en 2 parties de 19 et 22 pages, de 1883 à 1886. M. de Schack suivit en général les indications fournies par Maspero, comme le fit aussi

Amélineau, *Etude sur les préceptes d'Amenemhât Ier*, dans le *Recueil de travaux*, t. X, p. 98-121 et t. XI, p. 100-116.

Ce fut seulement en 1896 qu'une tentative de restitution du texte fut tentée de manière indépendante d'après Millingen, Sallier II et le papyrus de Berlin 3010, par

F. Ll. Griffith, *the Millingen Papyrus* (*Teaching of Amenemhat*), *with Note on the Compounds formed with substantivised N*, dans la *Zeitschrift*, 1896, t. XXXIV, p. 35-51 qui reproduisit sa traduction, avec quelques modifications de détails, dans un recueil américain :

F. Ll. Griffith, *The Teaching of Amenemhat*, dans les *Specimen Pages of a Library of the World's best Literature*, 1898, New-York, in-4°, p. 5323-5327. Les restitutions et interprétations de Griffith furent adoptées d'une manière générale par les traducteurs qui vinrent ensuite,

A. Erman, *Aus den Papyrus der Königlichen Museen*, 1898, Berlin, in-8°, p. 43-46.

Breasted, *The Teaching of Amenemhat,* dans les *Ancient Records of Egypt,* t. I, p. 228-233.

En fait de commentaires historiques je ne connais, en dehors de ceux qui peuvent se trouver dans les ouvrages cités plus haut et dans les histoires générales de l'Égypte ou du monde oriental, que le mémoire déjà ancien de

J. Dümichen, *Bericht über eine Haremverschwörung unter Amenemhat I,* dans la *Zeitschrift,* 1874, t. XII, p. 30-35.

La traduction paraphrasée que j'ai donnée dans cette *Introduction* au cours de l'analyse du texte, et les développements dont je l'ai accompagnée, montreront aux savants en quoi mon interprétation philologique et historique diffère de celles qui se sont succédé depuis mes essais de 1874.

Caire, le 5 avril 1914.

G. Maspero.

LES

ENSEIGNEMENTS D'AMENEMHAÎT IER.

LES

ENSEIGNEMENTS D'AMENEMHAÎT IER.

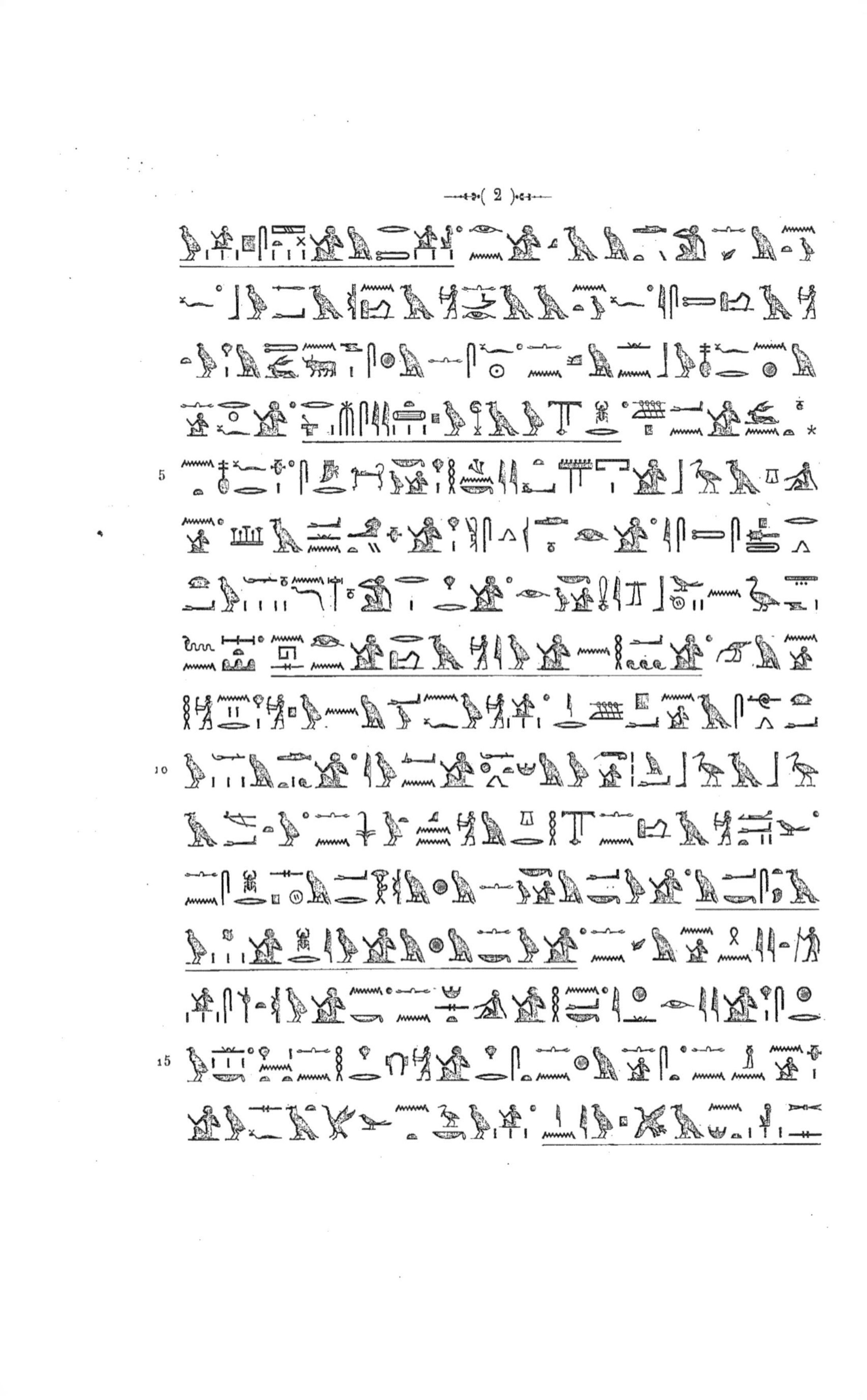

APPENDICE.

1

PAPYRUS SALLIER I ET II, PAPYRUS DE BERLIN N° 3019 ET PAPYRUS MILLINGEN.

Le texte de *Sallier n° 2* est transcrit d'après le fac-similé publié dans les *Select Papyri* du Musée Britannique, de la planche X, l. 1 à la planche XII, l. 8; le texte de *Sallier n° 1* étant presque partout identique à celui de *Sallier n° 2*, je me suis contenté d'en indiquer en note les rares variantes, d'après le fac-similé de la planche VIII (*verso*) des *Select Papyri*. J'ai transcrit le *Papyrus Millingen* d'après les fac-similés du calque de Peyron, que j'ai donnés dans le *Recueil de travaux*, 1880, t. II, p. 70, 1895, t. XVII, p. 64, et le *Papyrus de Berlin n° 3019*, d'après la copie d'Erman publiée par Griffith dans la *Zeitschrift*, 1896, t. XXXIV, p. 35-36. Les espaces grisés marquent les lacunes; les espaces blancs correspondent aux mots de l'un des deux textes qui ne se rencontrent pas dans l'autre.

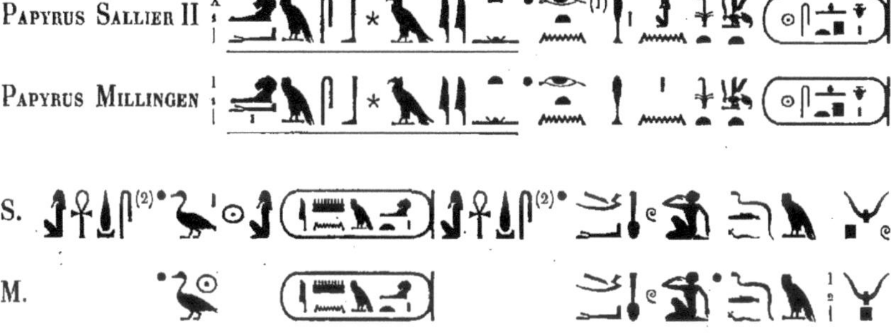

---

(1) est à l'encre noire, et sont à l'encre rouge. *Sallier I* porte à l'encre rouge , et de plus sous au lieu de .

(2) *Sallier I*, l. 1 : omis.

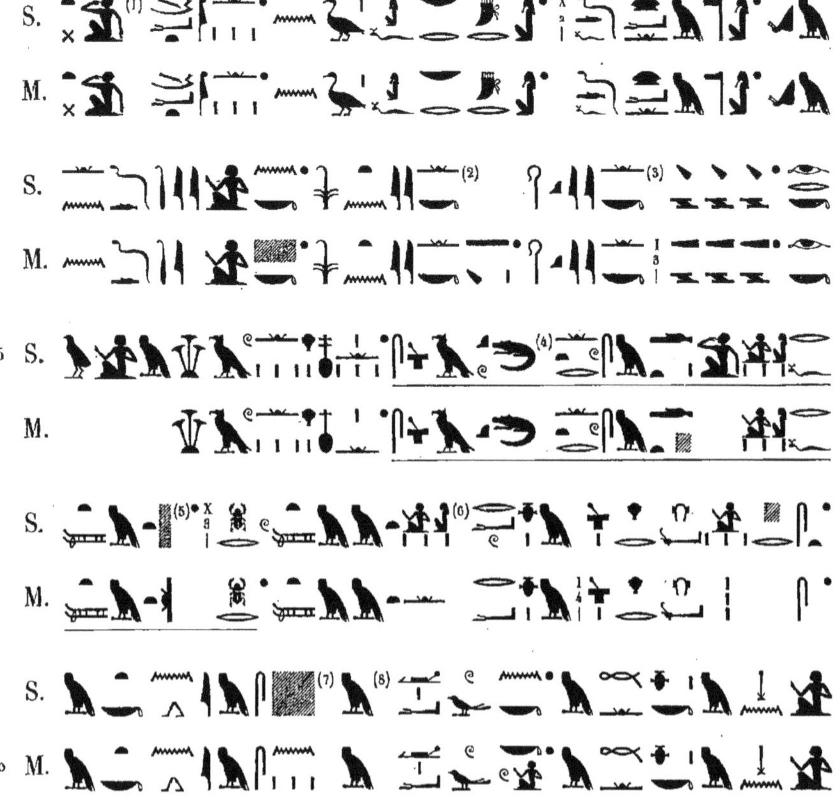

[1] *Sallier I*, l. 1 : .

[2] *Sallier I*, l. 2 : . Le scribe de *Sallier II*, qui avait passé ce membre de phrase, l'a rappelé au-dessus de la ligne, mais en omettant ; cfr. *Introduction*, p. II-III et p. XII note 2.

[3] *Sallier I*, l. 2 : .

[4] *Sallier I*, l. 2, le crocodile tracé en noir au milieu de la rubrique.

[5] *Sallier I*, l. 2 : .

[6] *Sallier I*, l. 2 : .

[7] *Sallier I*, l. 3 : .

[8] *Sallier I*, l. 3 : au lieu de .

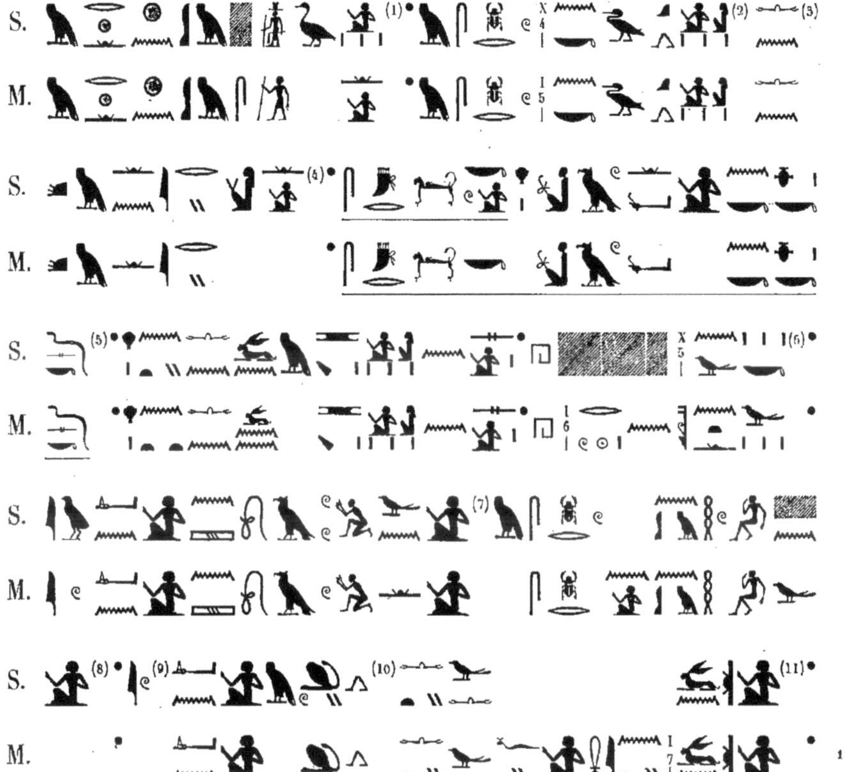

(1) *Sallier I*, l. 3 : .

(2) *Sallier I*, l. 3 : .

(3) *Sallier I*, l. 3 : .

(4) *Sallier I*, l. 3 : .

(5) La rubrique s'étend jusqu'ici, comme dans *Millingen*, dans *Sallier I*, l. 3.

(6) *Sallier I*, l. 4 : .

(7) *Sallier I*, l. 4 : sans .

(8) *Sallier I*, l. 4 : sans .

(9) *Sallier I*, l. 4 : .

(10) *Sallier I*, l. 4 : .

(11) *Sallier I*, l. 4 : .

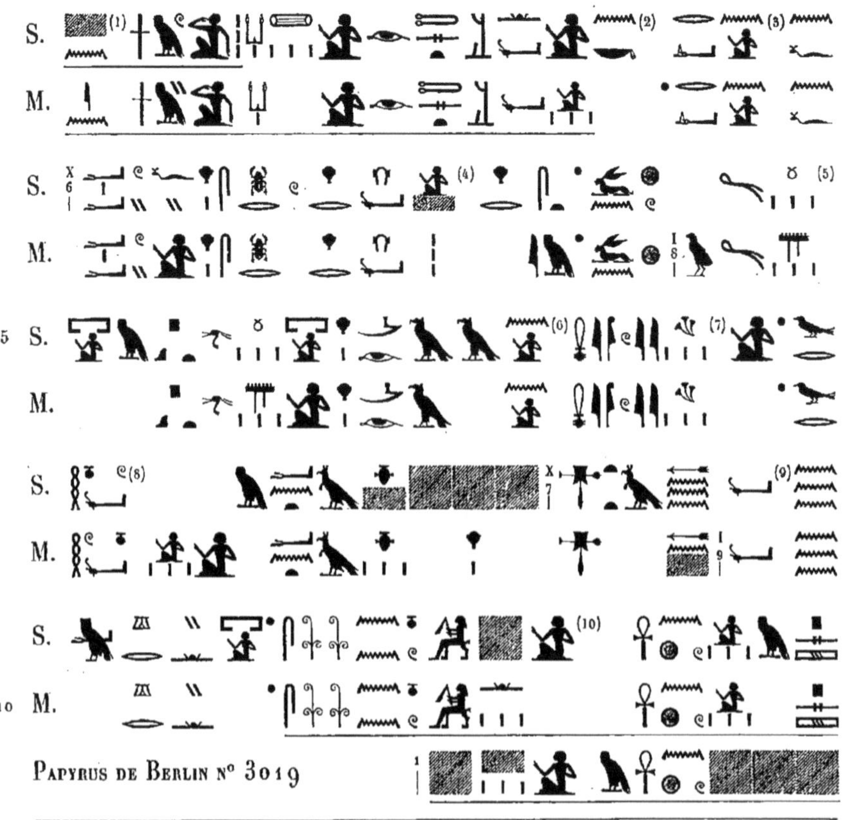

(1) *Sallier I*, l. 4 : .

(2) *Sallier I*, l. 5 : sans . La rubrique de *Sallier I*, l. 4-5, s'arrête sur ce mot, comme celle de *Millingen*.

(3) *Sallier I*, l. 5 : .

(4) *Sallier I*, l. 5 : .

(5) *Sallier I*, l. 5 : .

(6) *Sallier I*, l. 5 : sans .

(7) *Sallier I*, l. 5 : .

(8) *Sallier I*, l. 5 : .

(9) *Sallier I*, l. 6 : .

(10) *Sallier I*, l. 6 : intercalé. *Sallier I*, à l'exemple de *Sallier II*, n'a pas de rubrique pour ce verset.

(1) *Sallier I*, l. 6 : ; le verbe qui précède, est mutilé, mais les restes en sont reconnaissables.

(2) *Sallier I*, l. 6 : , où cet est une transcription fautive du signe abrégé qui correspond souvent au pluriel dans les manuscrits du premier âge thébain.

(3) *Sallier I*, l. 6 : .

(4) *Sallier I*, l. 7 : .

(5) *Sallier I*, l. 7 : .

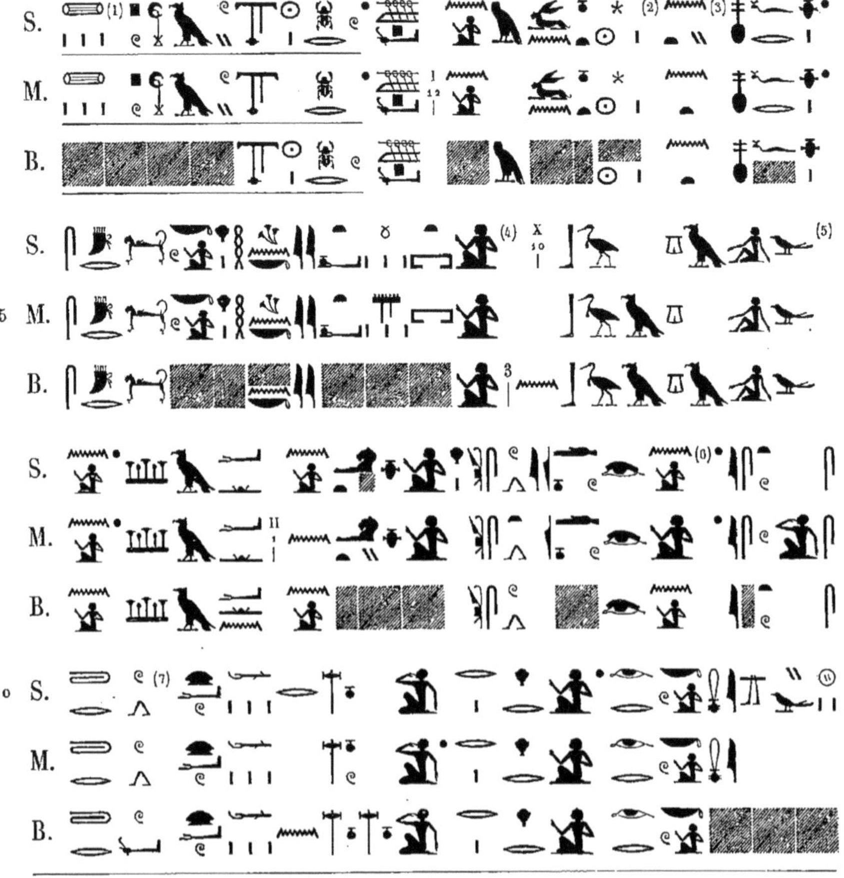

[1] *Sallier I*, l. 8 :

[2] *Sallier I*, l. 8 :

[3] *Sallier I*, l. 8 :

[4] Le scribe avait oublié le signe . Il l'a intercalé après coup entre les deux groupes et superposés faute de place à la fin de la ligne : le signe lui a servi à figurer le vase qui est partie intégrante de .

[5] *Sallier I*, l. 8 :

[6] *Sallier I*, l. 8 :

[7] La copie de *Sallier I* s'arrête sur (sic), à la fin de la ligne 8.

(1) Le signe [hiéroglyphe] est écrit à l'encre noire.

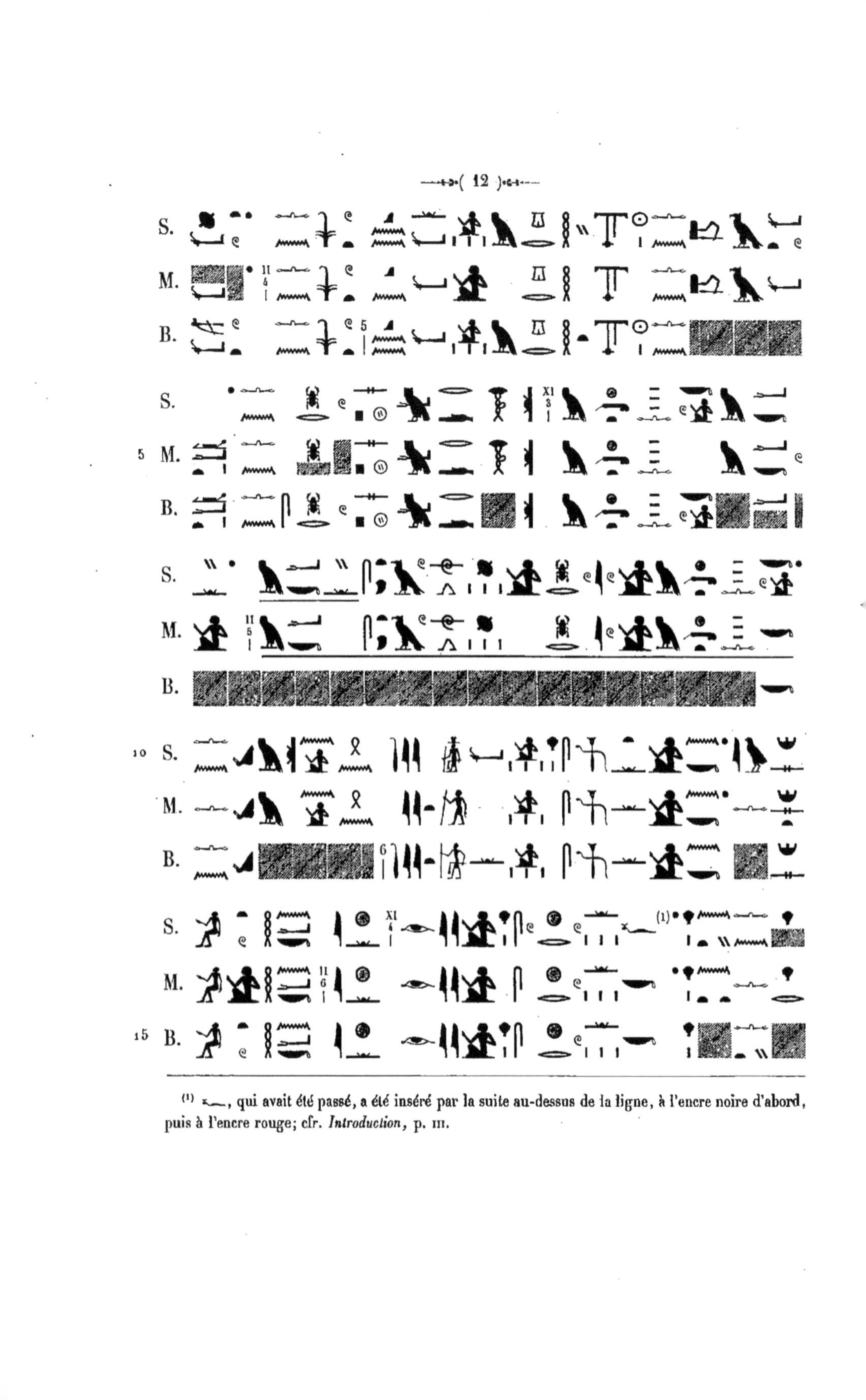

(1) [hieroglyph], qui avait été passé, a été inséré par la suite au-dessus de la ligne, à l'encre noire d'abord, puis à l'encre rouge; cfr. *Introduction*, p. III.

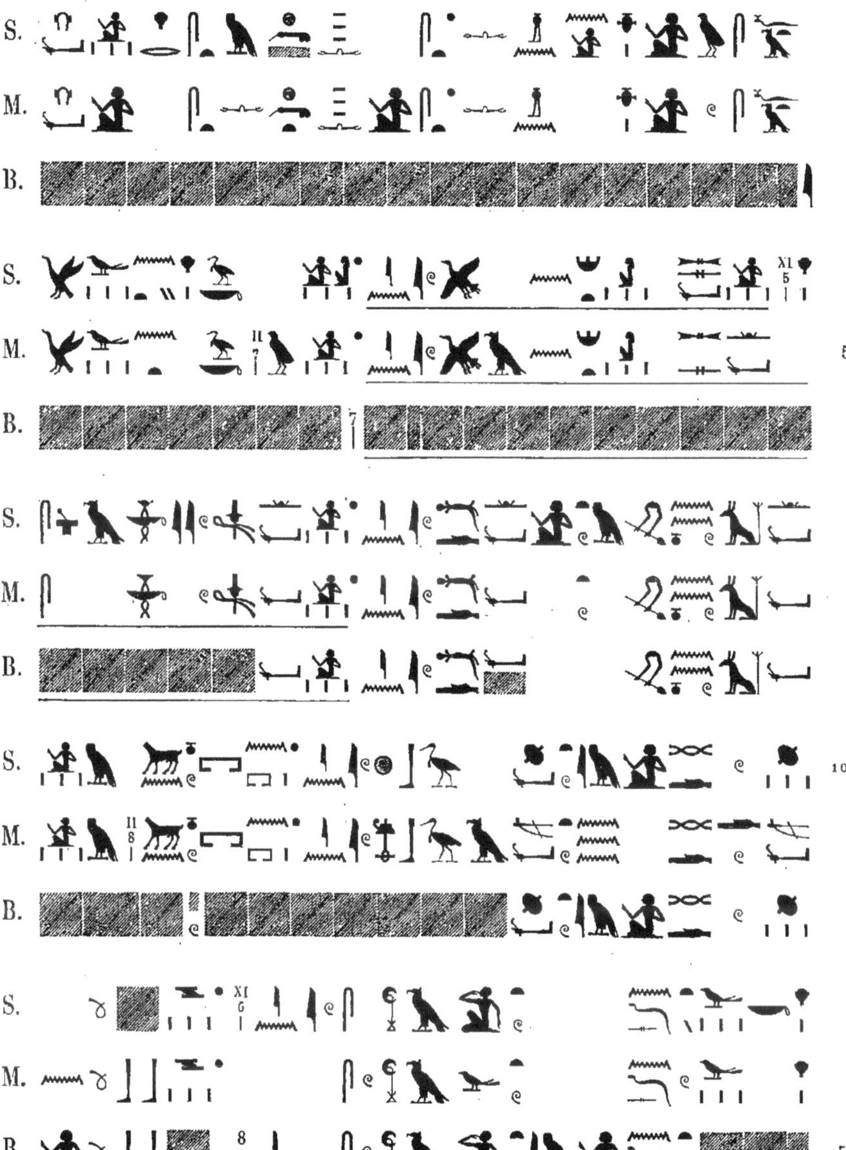

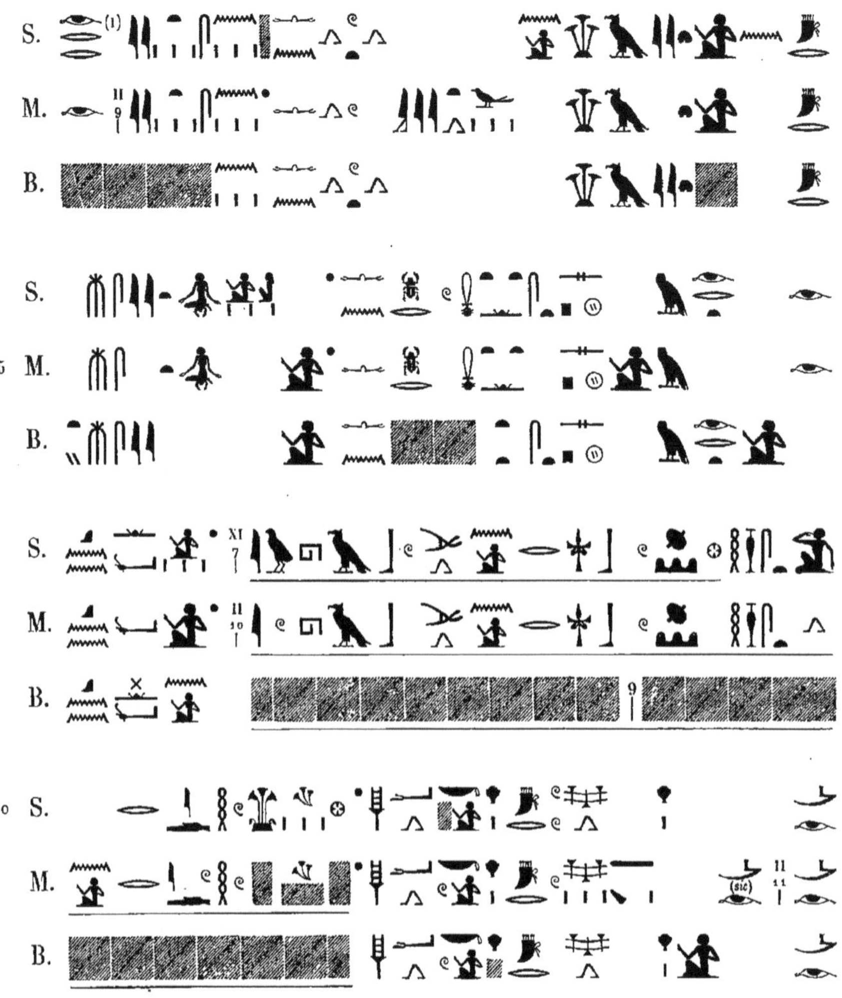

(1) Le second a été écrit plus petit que le premier, afin que tous les deux pussent trouver place sous . On peut lire , en supposant une faute, la finale du mot ayant été écrite deux fois, d'abord sans vocalisation, ensuite avec la vocalisation.

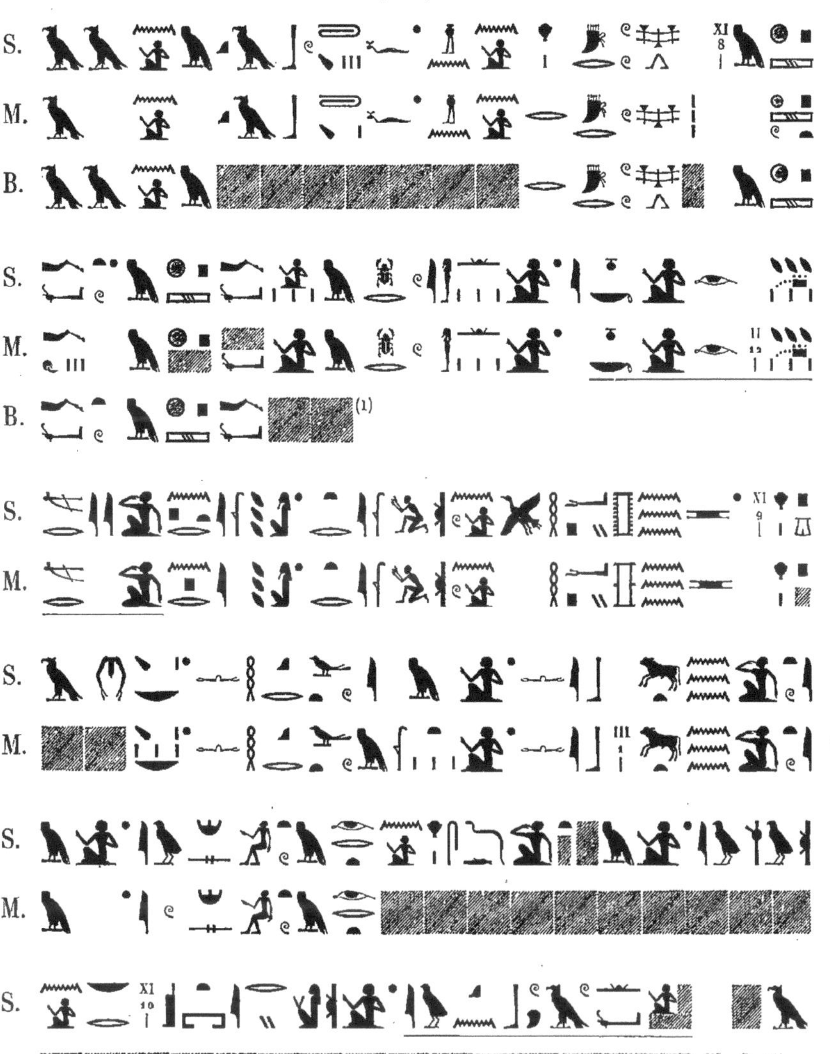

[1] La partie conservée du texte du *Papyrus de Berlin n° 3019* s'arrête sur le mot .

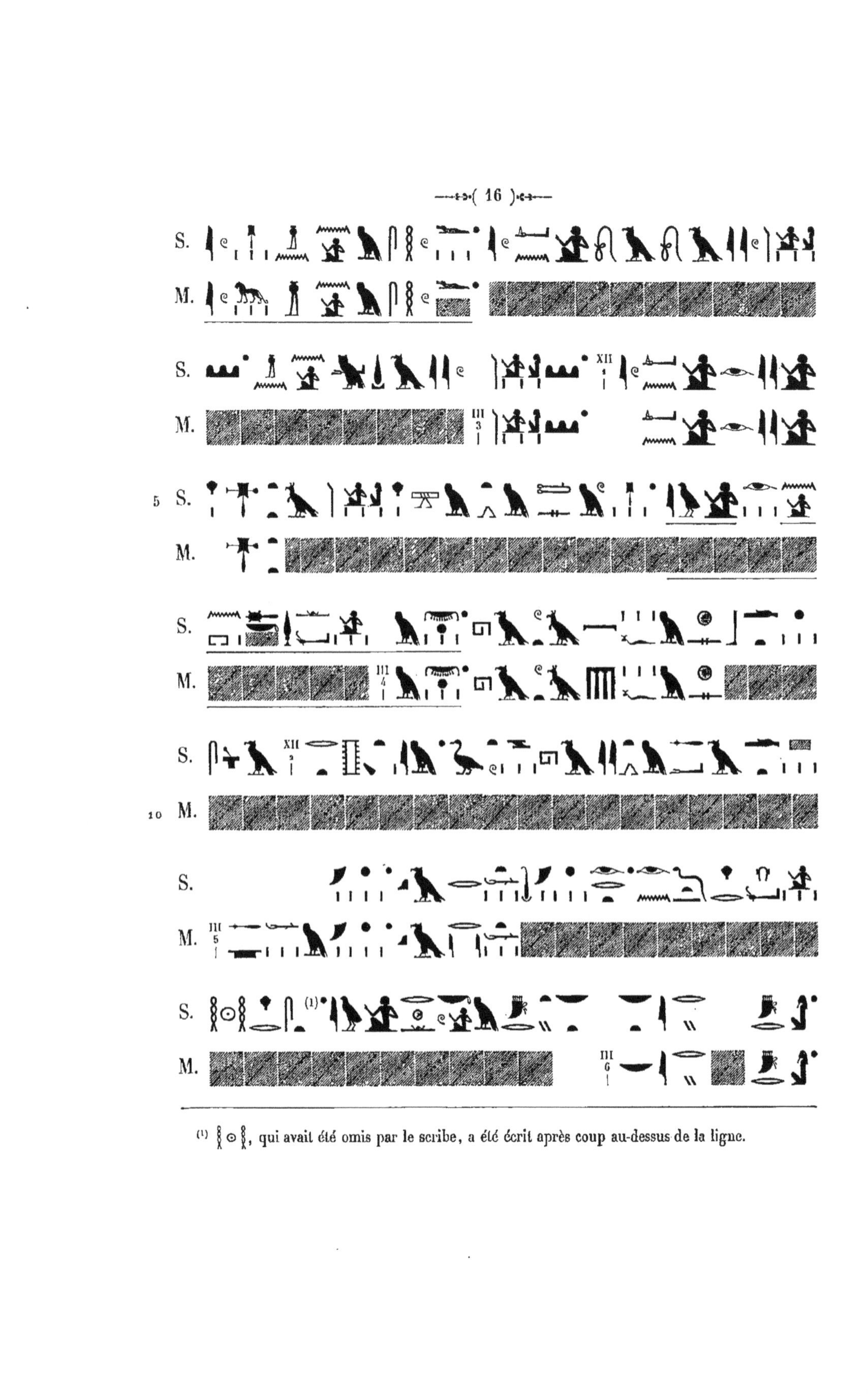

S.

M.

S. XII 1

M. III 3

S.

M.

S.

M. III 4

S. XII 2

M.

S.

M. III 5

S. (1)

M. III 6

(1) [hieroglyphes], qui avait été omis par le scribe, a été écrit après coup au-dessus de la ligne.

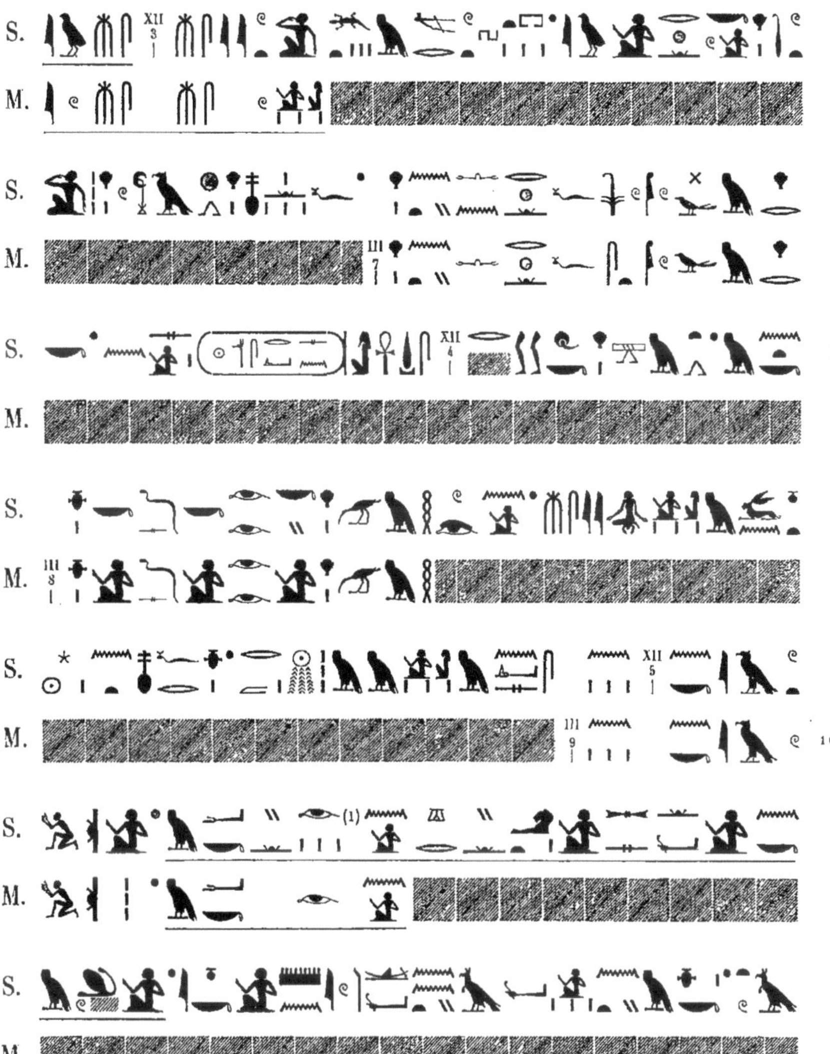

(1) [signe de l'œil] est écrit à l'encre noire.

S. XII 6

M. III 10

S.

M.

S.

M. III 11 (1)

S. XII 7 (?)

M. III 12

S. (sic) (2)

M.

S. XII 8

M.

---

(1) Le fac-similé publié dans mes *Études de Mythologie*, t. III, p. 171, semble indiquer une lacune ayant pu contenir un signe long tel que , mais ce n'est qu'une apparence. La déchirure a écarté les lambeaux du Papyrus, mais la comparaison avec les deux lignes inférieures prouve qu'ils se rejoignaient exactement, et qu'il y avait bien sans après .

(2) a été intercalé après coup à l'encre noire, au-dessus de la ligne.

S.

S.

II

LES OSTRACA.

Comme les Ostraca réunis fournissent le texte suivi de la plus grande partie des *Enseignements*, il m'a paru que le mieux serait de les comprendre tous dans un même ensemble au lieu de les reproduire chacun séparément. J'ai transcrit ceux du Musée Britannique — OB[1] et OB[2] — d'après le fac-similé qu'on voit dans les *Inscriptions in the Hieratic and Demotic Characters, pl. IX-X,* ceux du Ramesséum — OQ[1]-OQ[11] — d'après les fac-similés que Spiegelberg en a insérés dans ses *Hieratic Ostraka and Papyri*, et ceux du Musée du Caire — OC[1]-OC[5] — d'après les originaux. Les Ostraca de Leipzig et de Toronto — OL et OT — ainsi que ceux de Petrie — OP[1]-OP[3] — sont publiés ici d'après les excellentes copies de Gardiner. Comme pour les papyrus, les grisés correspondent aux lacunes, et les espaces blancs aux mots de l'un des textes qui ne se rencontrent pas dans les autres. J'ai omis les dates de plusieurs des ostraca : on les trouvera dans l'*Introduction* du présent volume, p. IX.

OL. (1)

OB[1].

OQ[1].

OC[1].

---

(1) Pour cette leçon de l'Ostracon de Leipzig, voir ce qui est dit p. XI-XII de l'*Introduction*.

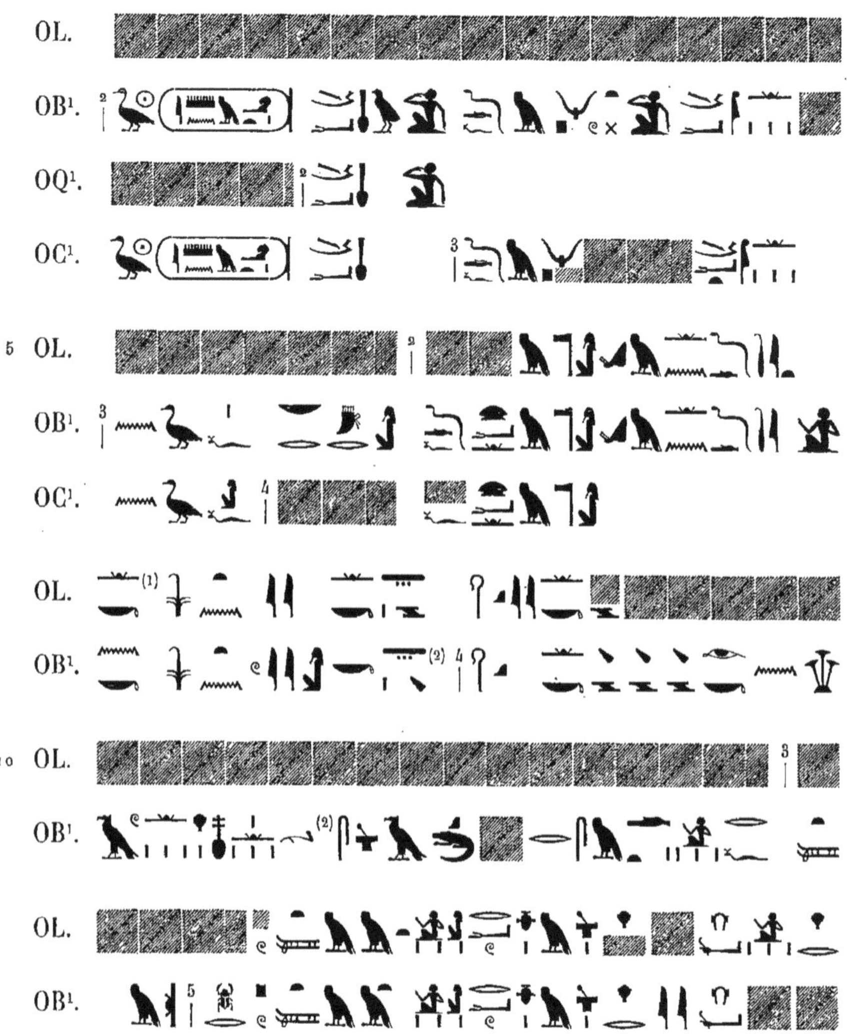

(1) Gardiner affirme que l'Ostracon de Leipzig porte ici et non .

(2) Le signe des paragraphes avait été intercalé après coup entre les lignes : je l'ai rétabli à sa place dans la ligne à laquelle il appartient.

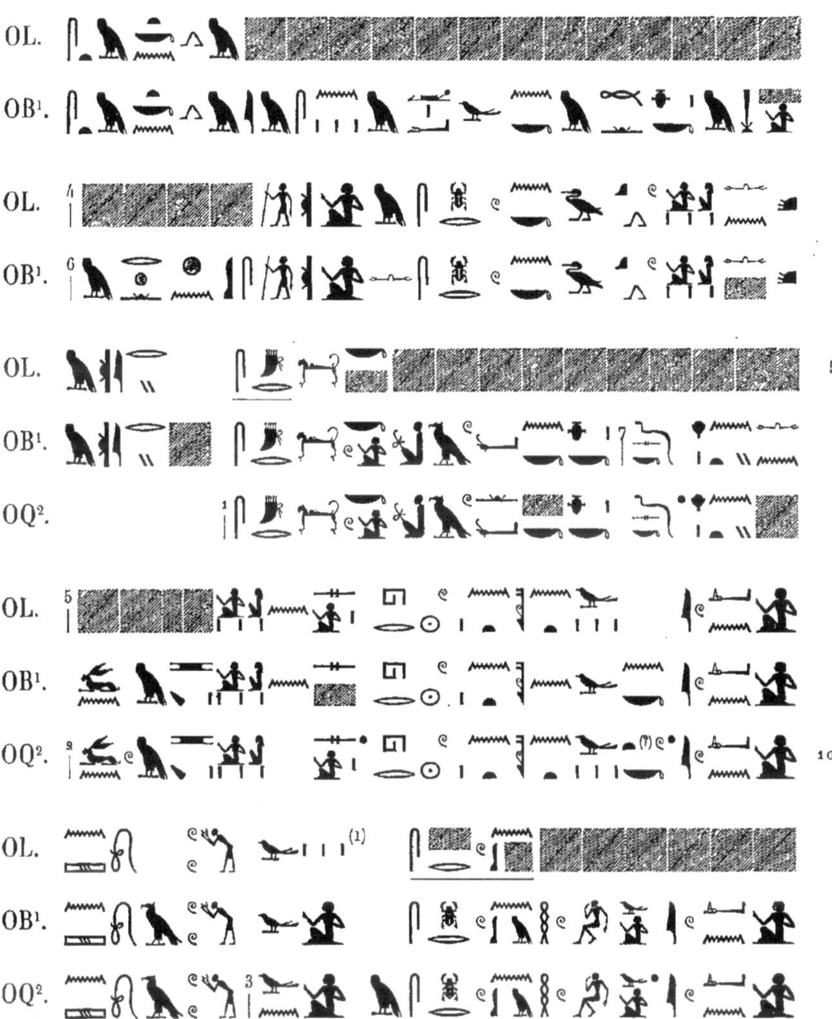

(1) L'Ostracon de Leipzig portait ici à l'origine … ; le scribe a rétabli la vraie leçon … à l'encre rouge, ı ı ı en surcharge sur …, … en surcharge sur …, et … en surcharge sur ….

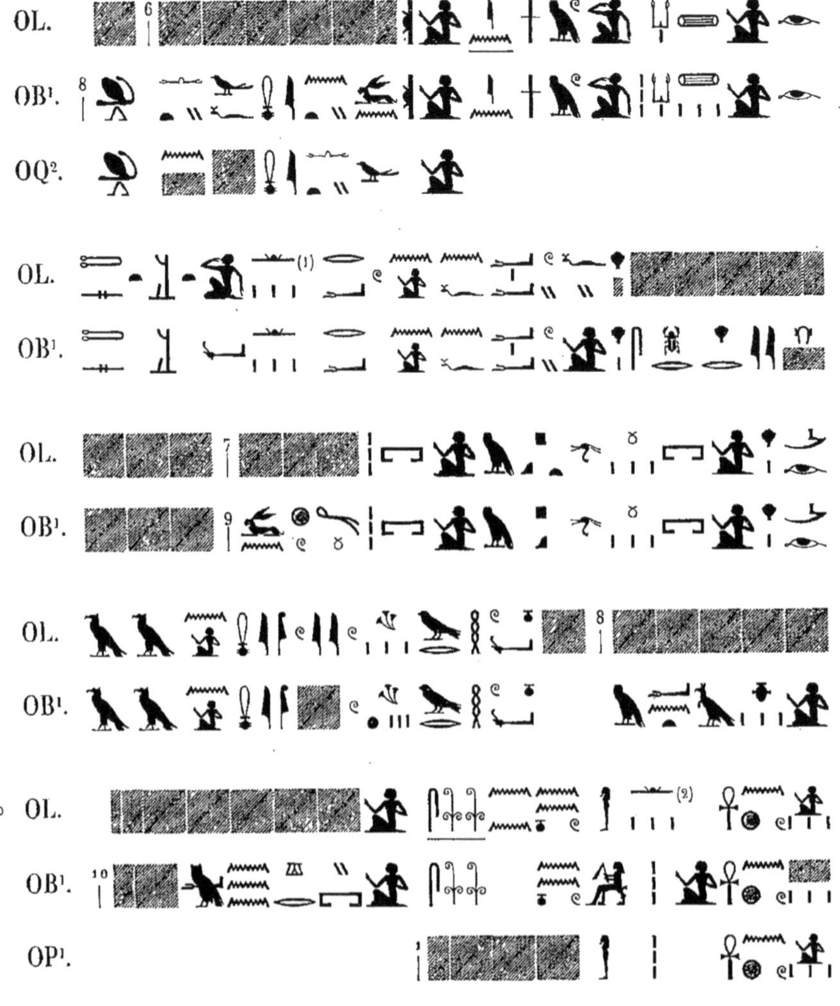

(1) On pourrait lire [hieroglyph]; dans le doute, Gardiner a préféré la lecture [hieroglyph] de la plupart des autres manuscrits. Je crois, par comparaison avec Millingen, qu'il vaut mieux transcrire [hieroglyph].

(2) Les deux [hieroglyph] redondants sont bien sur l'Ostracon de Leipzig.

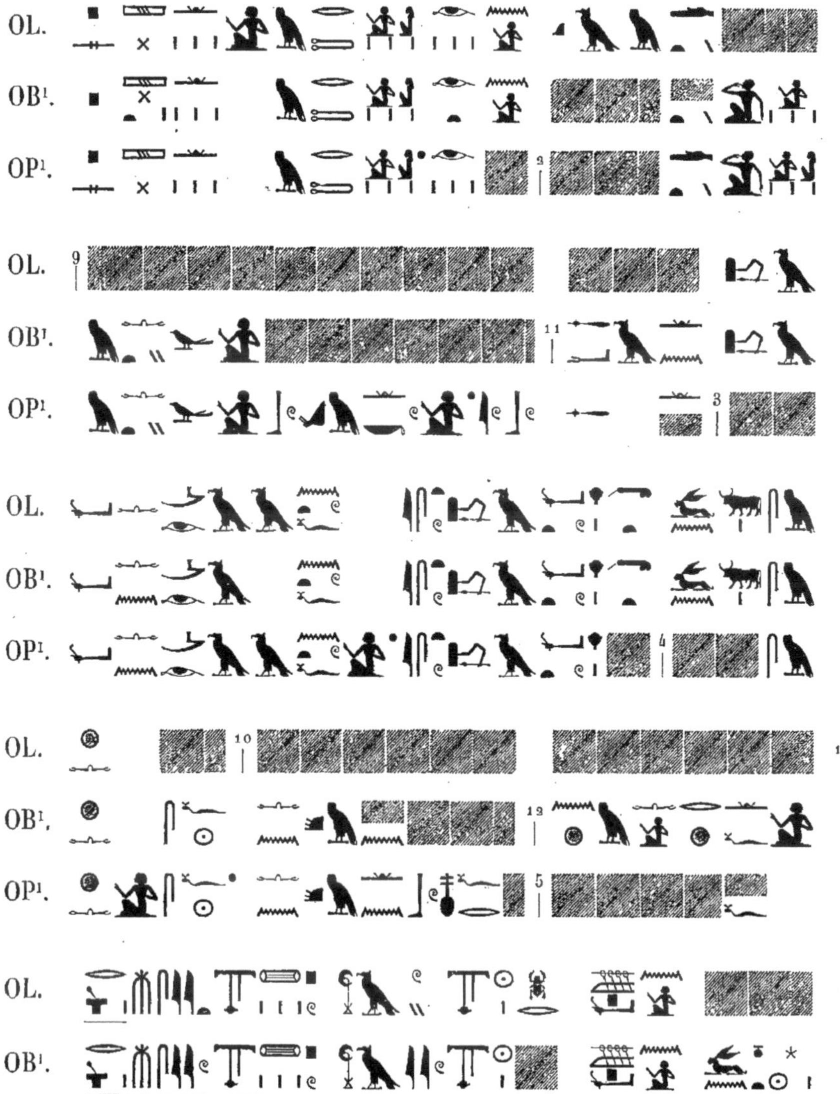

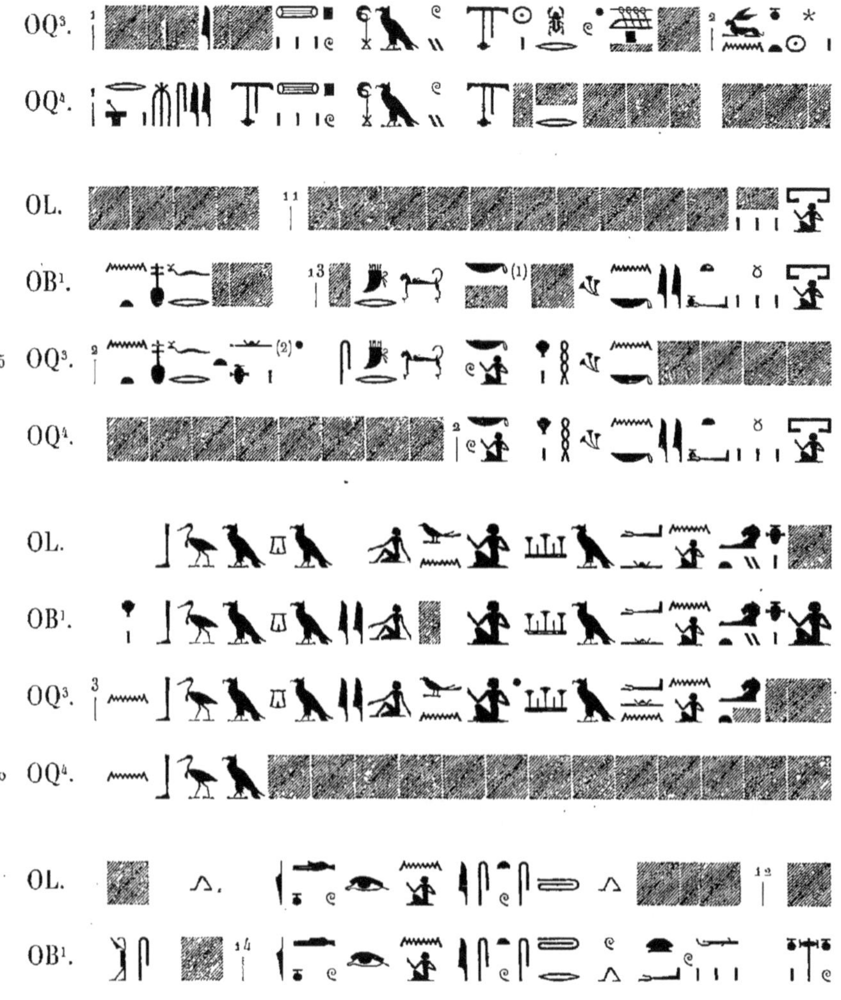

(1) Le scribe paraît avoir omis ici la préposition .

(2) OQ[5] porte quelques signes seulement . Je les reproduis ici par scrupule d'exactitude.

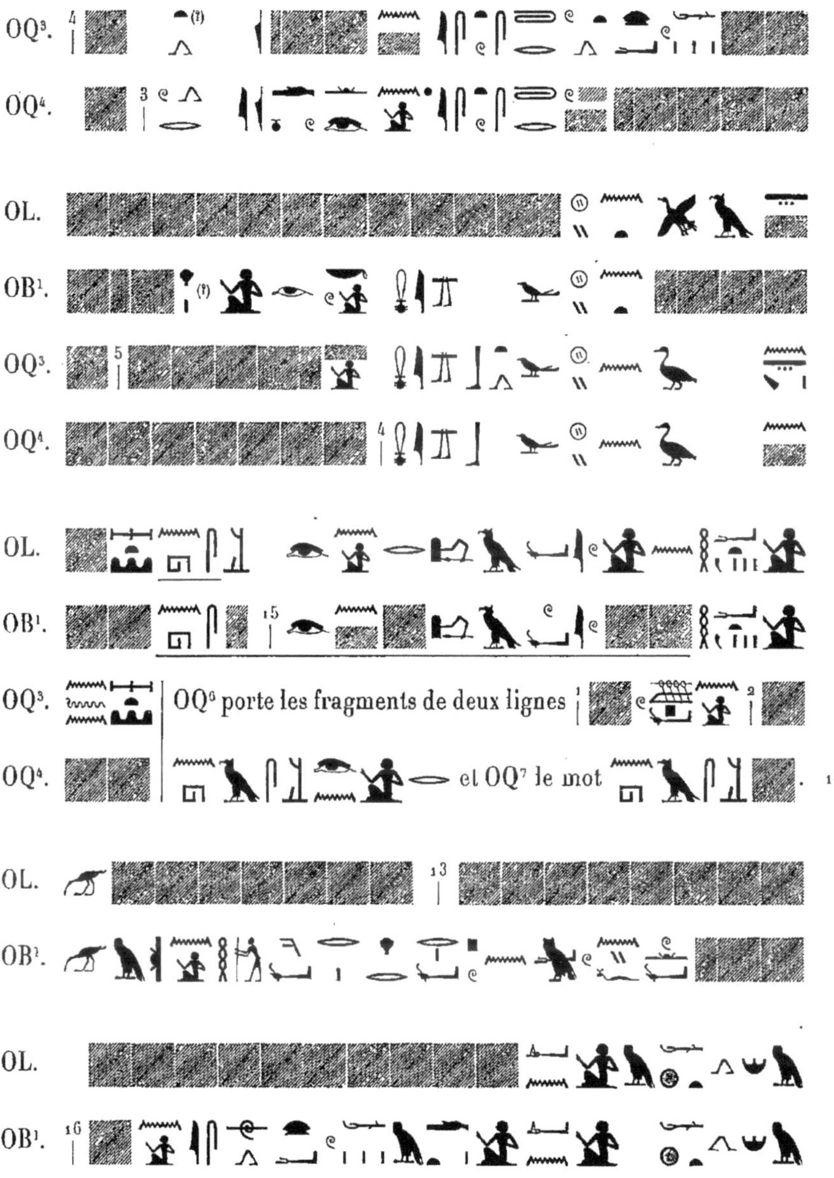
OQ3.
OQ4.
OL.
OB1.
OQ3.
OQ4.
OL.
OB1.
OQ3.
OQ6 porte les fragments de deux lignes
OQ4.
et OQ7 le mot
OL.
OB1.
OL.
OB1.

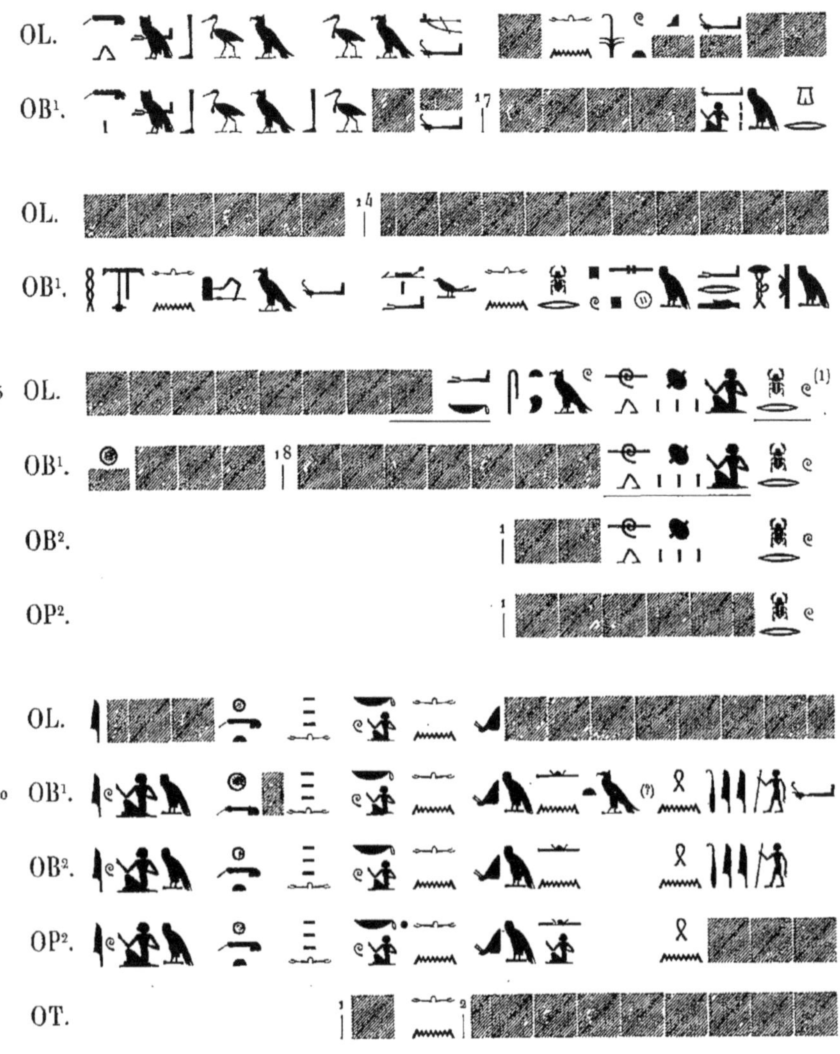

---

(1) Le mot [hiéroglyphe] a été écrit à l'encre rouge, dans l'entre-ligne, en surcharge sur [hiéroglyphe] et sur les caractères effacés qui suivaient.

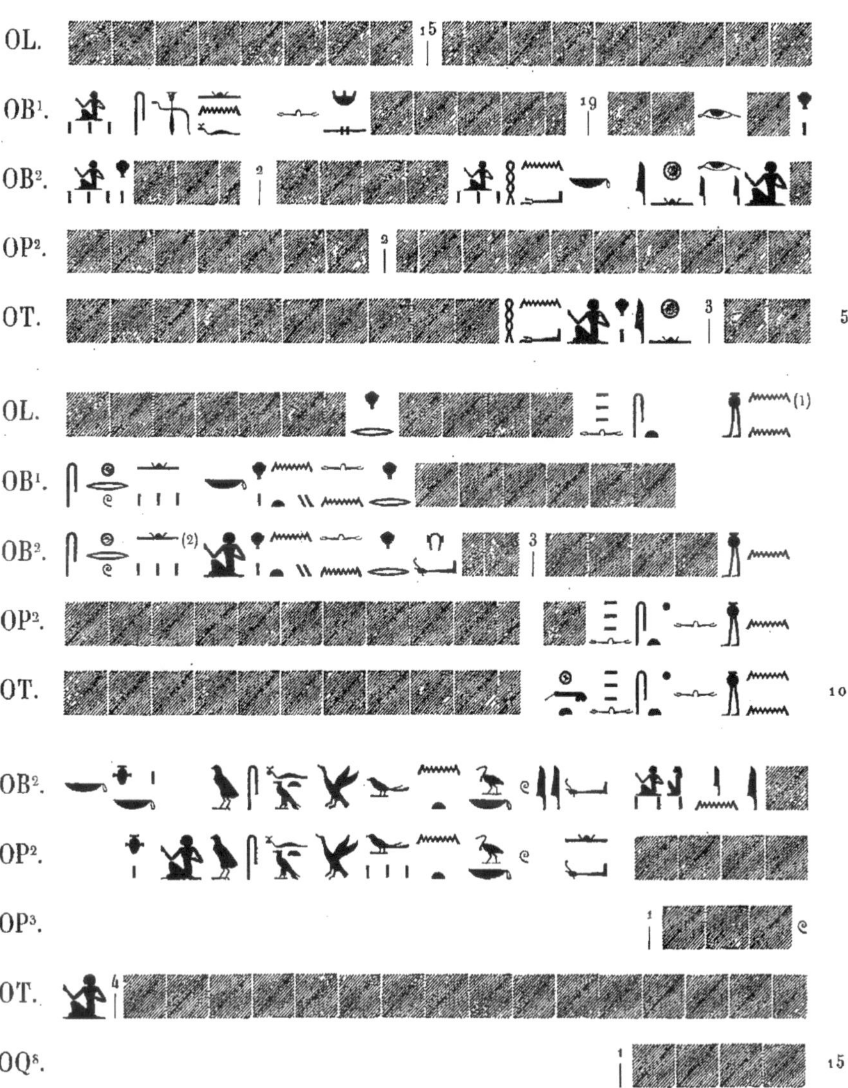

(1) OL s'arrête ici. — (2) Un espace vide entre ⲉ et ⲧⲁ dans l'original.

OB^{2}.

OP^{2}.

OP^{3}.

OT.

OQ^{8}.

OC^{2}.

OB^{2}.

OP^{2}.

OP^{3}.

OT.

OQ^{8}.

OC^{2}.

OB^{2}.

OP^{2}.

(1) vraiment passé dans l'original.

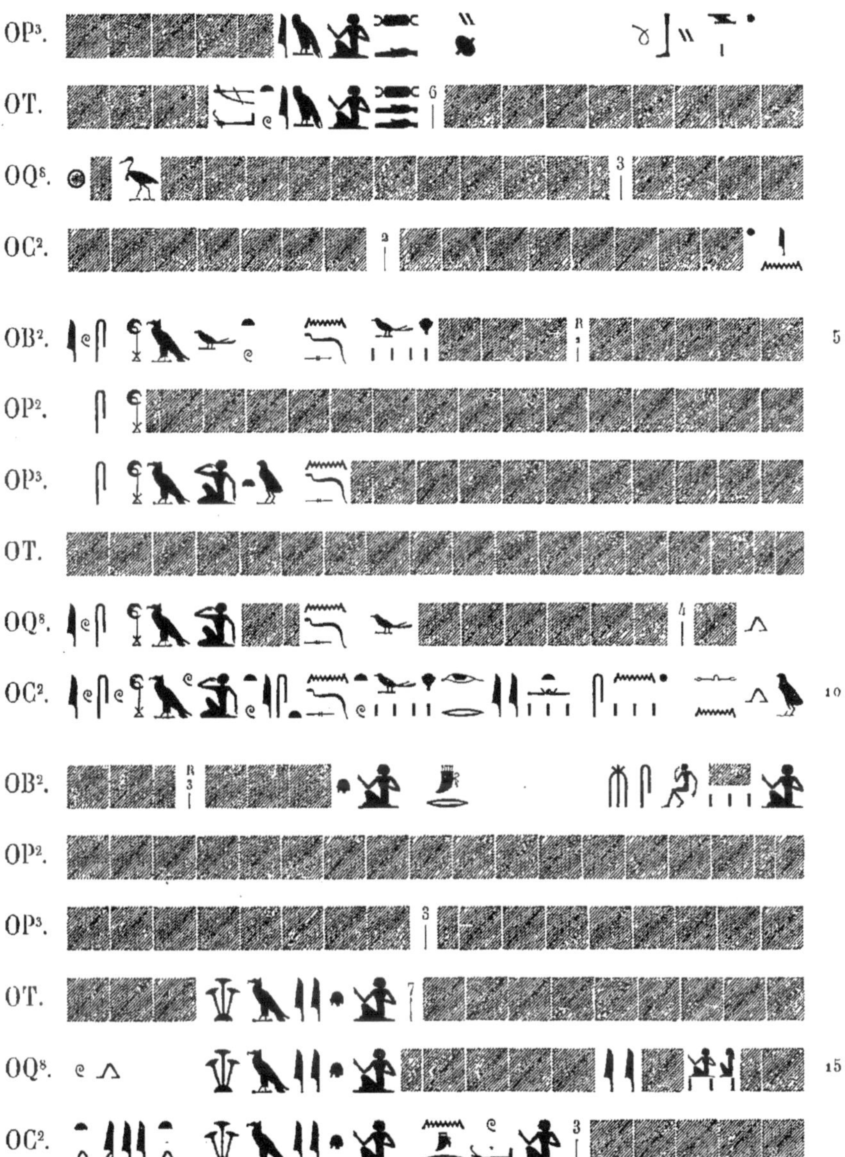

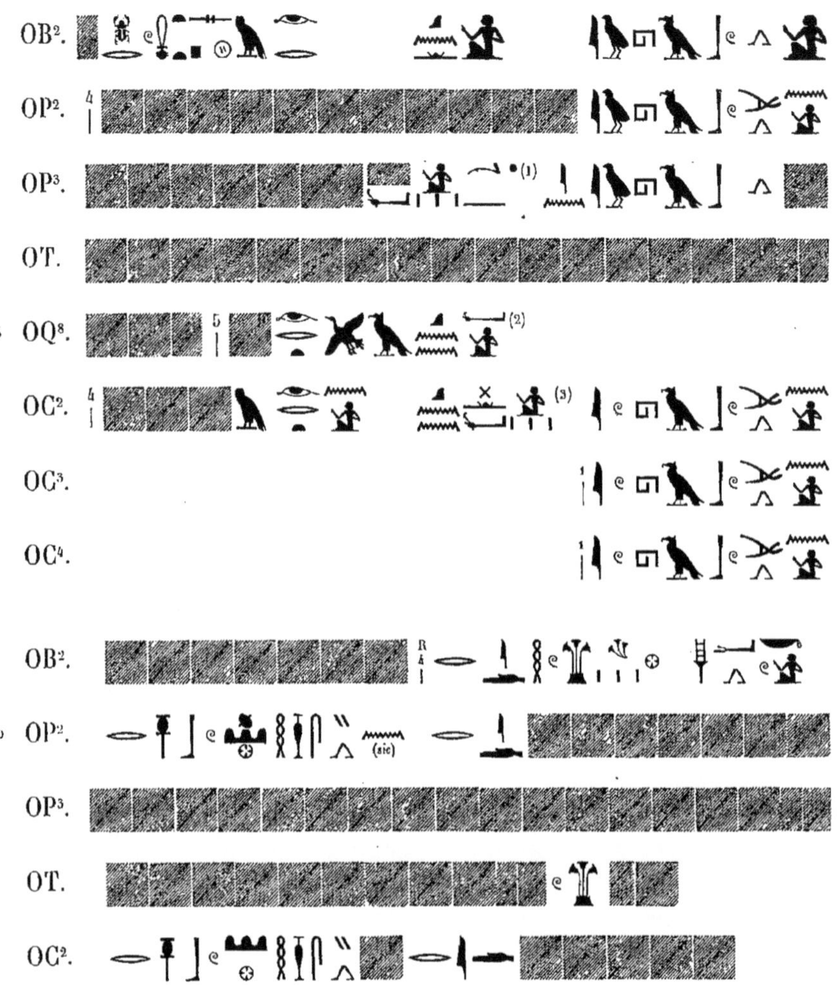

[1] Ici l'*Ostracon n° 56 de Petrie* intercale une date à l'encre rouge ; cfr. l'*Introduction*, p. IX.

[2] OQ[8] ajoute ici, en clausule, à l'encre rouge, la date ; cfr. *Introduction*, p. IX.

[3] OC[2] intercale ici, à l'encre rouge, la date ; cfr. *Introduction*, p. IX.

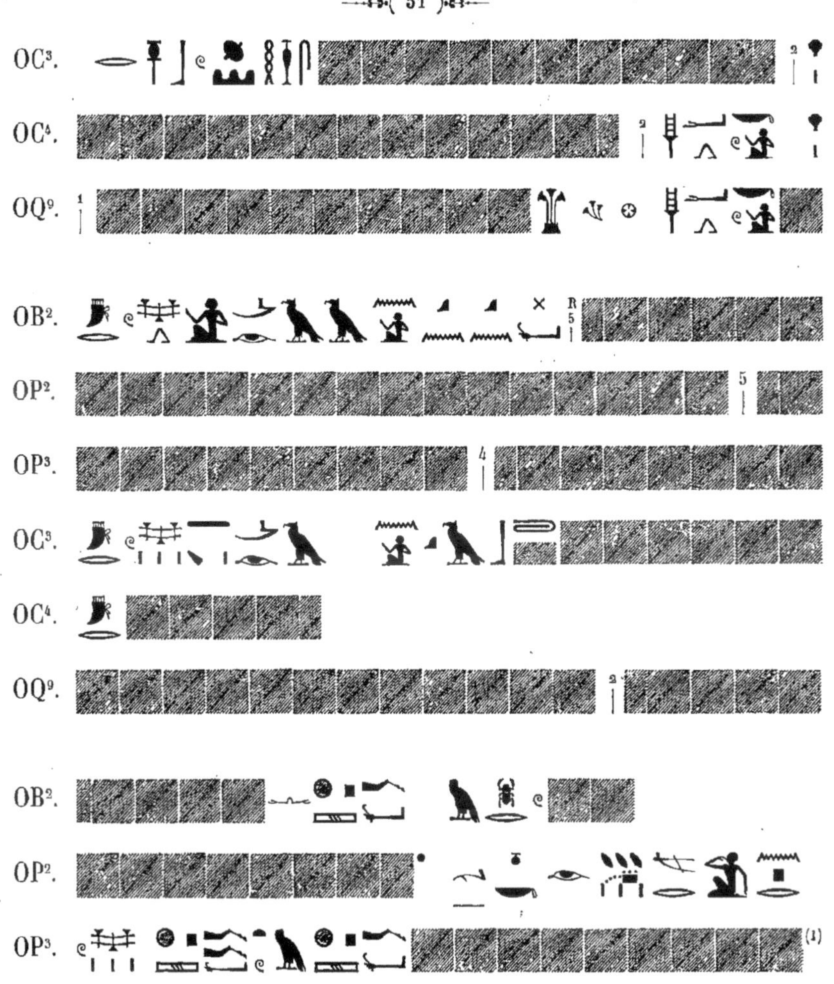

---

(1) Le bas de l'*Ostracon n° 56 de Petrie,* notre P[3], porte des essais de plume, à l'encre rouge, et au-dessous, à l'encre noire .

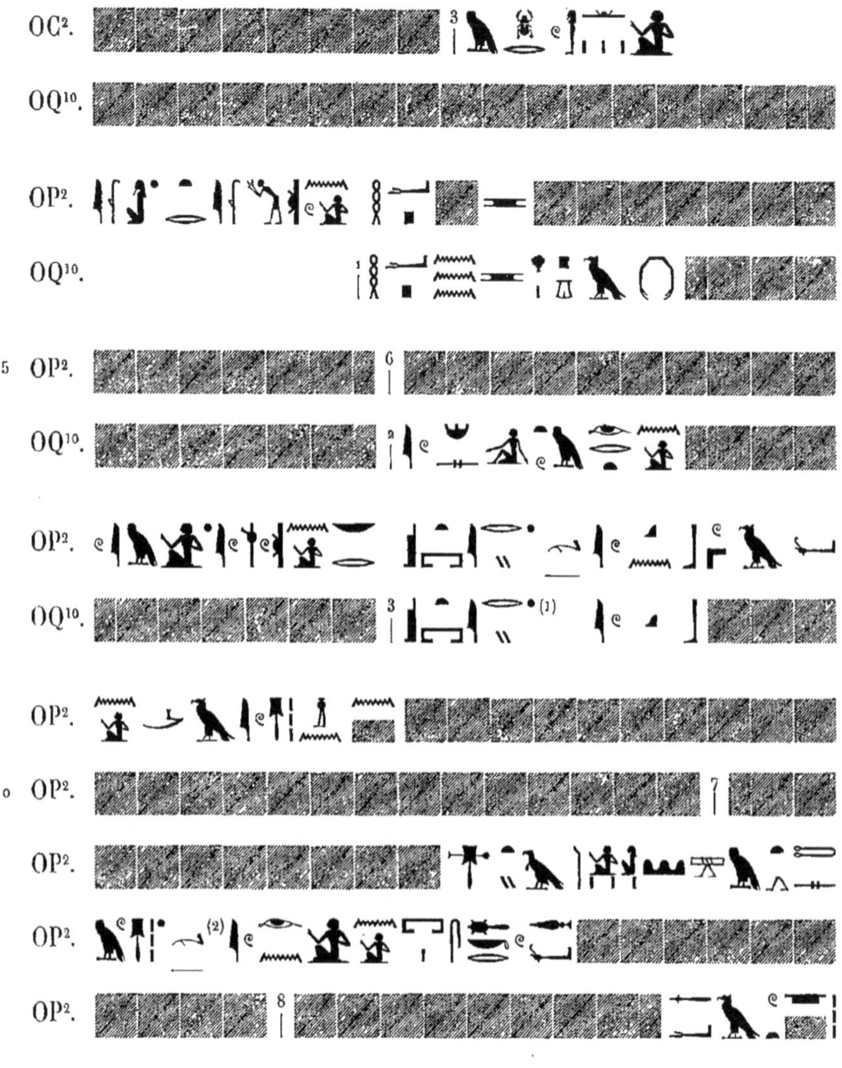

(1) OQ[10] intercale ici, à l'encre rouge, la date [hiéroglyphes]; cfr. *Introduction*, p. IX.
(2) Le [hiéroglyphe] à l'encre rouge a été intercalé après coup, en dessous de la ligne.

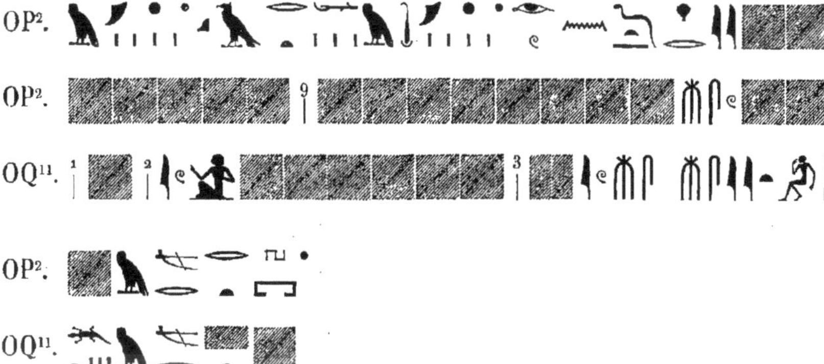

III

LA TABLETTE CARNARVON N° 5.

Les fragments de la *Tablette Carnarvon n° 5* sont transcrits ici d'après le fac-similé de Howard Carter, revu sur les fragments de l'original qui sont conservés au Musée du Caire.

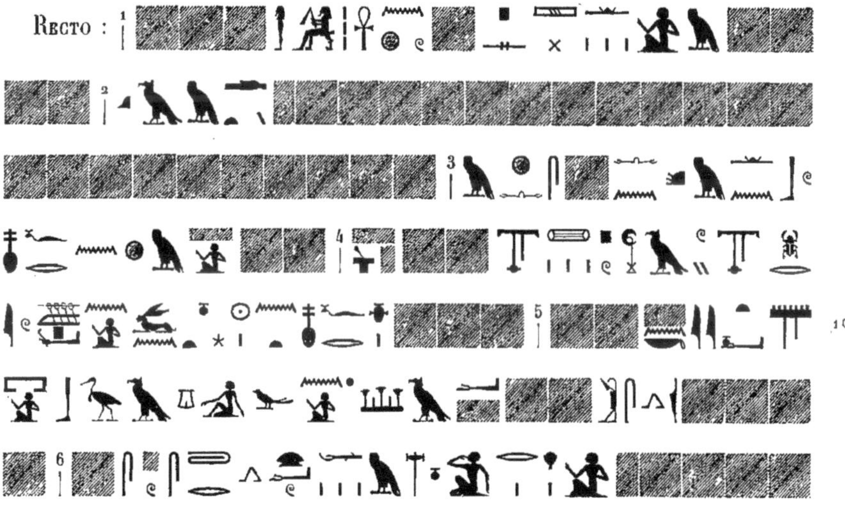

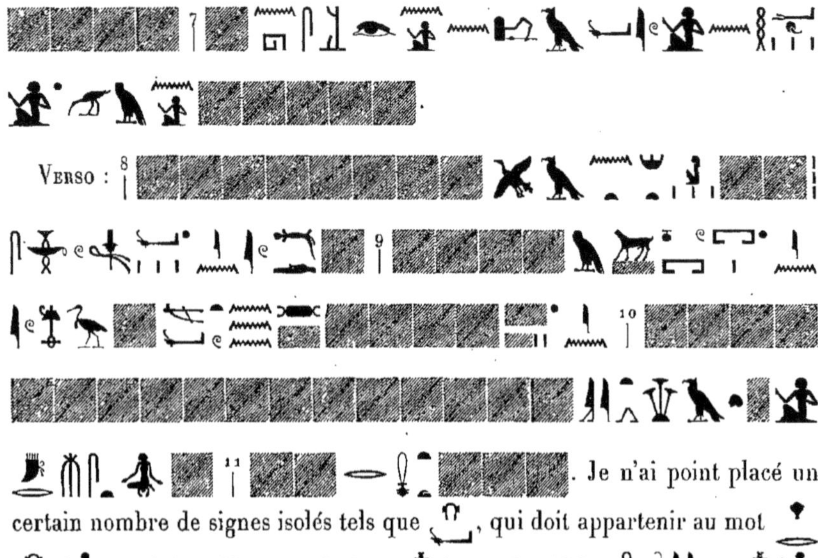

. Je n'ai point placé un certain nombre de signes isolés tels que , qui doit appartenir au mot de *Sallier II*, p. 11, l. 3, et déterminatif de de *Sallier II*, p. 11, l. 2.

GLOSSAIRE.

Les abréviations marquent : S^1 et S^2 les *Papyrus Sallier n° 1* et *n° 2*, M le *Papyrus Millingen*, B le *Papyrus de Berlin n° 3019*, OB^1 et OB^2 les *Ostraca n° 5623* et *n° 5638 du Musée Britannique*, *OQ*^{1}-*OQ*^{11} les *Ostraca du Ramesséum*, OC^1-OC^5 les *Ostraca du Caire*, OP^1-OP^3 les *Ostraca 29, 56, 57 de Flinders Petrie*, OL l'*Ostracon n° 7 de Leipzig*, OT l'*Ostracon de Toronto*, et TC^5 la *Tablette Carnarvon n° 5*. Les renvois aux pages de cette édition sont imprimés en chiffres et en caractères gras, les renvois aux manuscrits originaux en petit romain ordinaire. L'astérisque * marque les orthographes en usage sous le premier empire thébain, qui ont été rétablies dans le texte critique des *Enseignements* d'après les documents contemporains.

* , , **âbou, îâbou,** subst. masc. sing., *Iâbou, Iêb,* nom de la capitale du premier nome de la Haute-Égypte, que les historiens et les géographes de l'époque classique appelaient Éléphantine, p. **3** l. **5** [cfr. p. **14** l. **7** = S^2 p. 11 l. 7 et l. **8** = M p. 2 l. 10, p. **30** l. **10** = OP^2 l. 4 et l. **13** = OC^1 l. 4, p. **31** l. **1** = OC^2 l. 1]. — Le mot s'est conservé en transcription araméenne sous la forme יב dans les papyrus d'Éléphantine, et en transcription grecque, Ιηβ, Ιεβ, dans des composés tels que Νεβιεβ, «seigneur d'Éléphantine».

* , , **âsou, îâsou,** et à la forme féminine **âsouîtou, îâsouîtou,** adv. «vite, en courant, en hâte», p. **2** l. **9** [cfr. p. **11** l. **7** = S^2 p. 11 l. 1, l. **8** = M p. 2 l. 3, et l. **9** = B l. 4, forme dérivée du verbe , *âsou, îâsou* «courir, se presser, se hâter», qui, à partir des temps du second empire thébain, se confond fréquemment avec *asi* et s'écrit parfois *q. v.* p. 56 du présent volume; cfr. Erman, *Die mit dem Zeichen geschriebenen Worte,* dans la *Zeitschrift,* 1910, t. XLVIII, p. 40-41. — Le mot s'est conservé en copte dans ιωc, ιhc *M. celer, festinatio, festinare.*

est employé : 1° comme déterminatif des noms propres ou communs désignant des personnes, 2° comme pronom suffixe de la première personne du singulier, et, dans ce second cas seulement, il se prononce *-ia, -î.*

1° Comme déterminatif, il est employé au singulier derrière les mots masculins, simples ou composés qui désignent un seul individu : , *san, son* «un frère»,

p. 1 l. 6 [cfr. p. 6 l. 9 = S^2 p. 10 l. 3 et l. 10 = M p. 1 l. 4, p. 21 l. 2 = OB^1 l. 5]; , *khanoumsou* «un ami», p. 1 l. 6-7 [cfr. p. 7 l. 2 = M p. 1 l. 4, p. 21 l. 3 = OL l. 4 et l. 4 = OB^1 l. 6; S^2 p. 10 l. 3 = p. 7 l. 1 met ici le déterminatif au pluriel , *khanoumsouou*]; , *sa* «un individu», p. 1 l. 8 [cfr. p. 7 l. 5 = S^2 p. 10 l. 4 et l. 6 = M p. 1 l. 5, p. 21 l. 8 = OL l. 5 et l. 10 = OQ^2 l. 2]; , *shoudou* «un pauvre», p. 1 l. 9 [cfr. p. 7 l. 8 = M p. 1 l. 6, et p. 21 l. 12 = OB^1 l. 7; OL l. 5 = p. 21 l. 11 donne le pluriel , *shoudouou*, sans le déterminatif , et S^2 p. 10 l. 5 = p. 7 l. 7 ainsi que OQ^2 l. 2-3 = p. 21 l. 13 une forme , où *na-î* est une mauvaise transcription ramesside d'une des formes hiératiques du pluriel dans les manuscrits du premier empire thébain]; , *namaḥou* «le misérable», p. 1 l. 9 [cfr. p. 7 l. 8 = M p. 1 l. 5, p. 21 l. 12 = OB^1 l. 7; S^1 l. 4 = p. 7 note 8 donne ici le pluriel , *namaḥouou* sans le déterminatif , et S^2 p. 10 l. 5 = p. 7 l. 7-9 ainsi que OQ^2 l. 3 = p. 21 l. 13 portent la variante où *na-î* est, comme plus haut, une faute de transcription pour]; , *anîtî-fi maî nîtî-oudnou* «celui qui est quelque chose comme celui qui n'est rien», p. 1 l. 10 [cfr. p. 7 l. 10 = M p. 1 l. 6-7 où S^1 l. 4 = p. 7 note 11 donne la variante du premier terme composé, et où S^2 p. 10 l. 5 = p. 7 l. 9, ne comprenant pas le texte, a introduit la leçon inintelligible ; on a p. 22 l. 2 = OB^1 l. 8 la variante sans le déterminatif du premier terme, et l. 3 = OQ^2 l. 3 une leçon presque aussi fautive que celle de S^2 []]; , *îdrî-taîsît*, litt. : «faiseur de rébellion, rebelle», p. 1 l. 10-11 [cfr. p. 8 l. 1 = S^2 p. 10 l. 5 avec le pluriel en variante dans S^1 l. 5 = p. 8 note 2, dans M p. 1 l. 7 = p. 8 l. 2, et probablement dans OL l. 6 = p. 22 l. 1-4, où il me semble que Gardiner a mal lu pour]; , *oudnkhou-paqdouîtou-par-î* «celui qui revêt les fins lins de mon palais», où le déterminatif, qui aurait dû être écrit derrière , *par-î*, a été reporté derrière le premier élément , *oudnkhou*, du composé, afin d'éviter la proximité de idéogramme et non prononcé avec pronom prononcé de la première personne, p. 1 l. 11-12 [cfr. p. 8 l. 3-5 = S^2 p. 10 l. 6 et note 5 = S^1 l. 5, p. 22 l. 6 = OL l. 7 et l. 7 = OB^1 l. 9 avec la variante , *oudnkhou par-î mé-paqdouîtou par-î*, qui prouve que les scribes ramessides ne comprenaient plus le passage; M p. 1 l. 7-8 = p. 8 l. 4-6 omet le déterminatif]; , *oudrḥou-ânatîou-î* «celui qui s'oint de mes parfums», p. 1 l. 12-13 [cfr. p. 8 l. 6-8 = M p. 1 l. 8 et notes 8-9 = S^1 l. 5-6, où le déterminatif est suivi du pluriel, et où M a reporté derrière le pronom qui doit régulièrement se trouver derrière]; , *ídrî-qdnanou*, litt. : «ceux qui font vaillance, les vaillants», p. 3 l. 5 [cfr. p. 14 l. 4-7 = S² p. 11 l. 6 où M p. 2 l. 9 = p. 14 l. 5-8 a le pluriel en variante, et où tous les autres textes ont des leçons qui prouvent que les scribes ramessides ne comprenaient plus le passage, B l. 8 = p. 14 l. 6-9, OQ⁸ l. 5 = p. 30 l. 5 et OC¹ l. 4 = p. 30 l. 6] et p. 4 l. 9-10 [cfr. p. 18 l. 7 = S² p. 12 l. 7, où le terme composé est au pluriel]; , *rakhou* «celui qui sait, l'instruit, le savant, l'intelligent», p. 4 l. 2 [cfr. *Introduction* p. XL, où le texte de S² p. 12 l. 3 = p. 17 l. 1 est corrigé en d'après le passage analogue cité par GARDINER, *Admonitions*, p. 51-52]; , *oukhdou* «ignorant, sot, stupide», p. 4 l. 2 [cfr. p. 17 l. 3 = S² p. 12 l. 3, où le texte, corrompu en , a été corrigé également d'après GARDINER, *Admonitions*, p. 51-52].

Il est employé au pluriel, soit seul, soit accompagné du déterminatif de la femme, derrière les substantifs singuliers ou pluriels qui représentent une collection d'individus : , *samadouîtou, samdouîtou* «les gens qui relèvent directement d'un grand seigneur, d'un roi ou d'un dieu, et qui vivent dans sa maison ou sur ses terres, ses hommes, ses séides», p. 1 l. 4 [cfr. p. 6 l. 5 = S² p. 10 l. 2 et l. 6 = M p. 1 l. 3, p. 20 l. 11 = OB¹ l. 4]; , *tamamouîtou* «la totalité des habitants de l'Égypte, le peuple», p. 1 l. 5 [cfr. p. 6 l. 7 = S² p. 10 l. 3 et l. 8 = M p. 1 l. 3, p. 20 l. 12 = OL l. 3 et l. 13 = OB¹ l. 5]; , *âqdou*, litt. : «des gens qui entrent» dans la maison, «des visiteurs, des clients», p. 1 l. 7 [cfr. p. 7 l. 1 = S² p. 10 l. 4, l. 2 = M p. 1 l. 5 et note 2 = S¹ l. 3, p. 21 l. 3 = OL l. 4 et l. 4 = OB¹ l. 6]; , *maratîou* «amis, fidèles», p. 1 l. 8 [cfr. p. 7 l. 5 = S² p. 10 l. 4 et l. 6 = M p. 1 l. 5, p. 21 l. 9 = OB¹ l. 7 et l. 10 = OQ² l. 2, où le mot est écrit avec l'orthographe]; , *ânaoukhou* «les vivants», p. 1 l. 13 – p. 2 l. 1 [cfr. p. 8 l. 9 = S² p. 10 l. 7 et l. 10 = M p. 1 l. 9, p. 22 l. 10 = OL l. 8, l. 11 = OB¹ l. 10 et l. 12 = OP¹ l. 1, p. 33 l. 6 = TC⁵ l. 1]; , *ramîtou* «les hommes, les Égyptiens», p. 2 l. 1 [cfr. p. 9 l. 1 = S² p. 10 l. 7 et l. 2 = M p. 1 l. 9, p. 23 l. 1 = OL l. 8, l. 2 = OB¹ l. 10 et l. 3 = OP¹ l. 1]; , *mâounîfou* «gardes, défenseurs», ici les gardes du roi, p. 2 l. 9 [cfr. p. 11 l. 4-7 = S² p. 11 l. 1, l. 5-8 = M p. 2 l. 2-3 et l. 6-9 = B l. 4, p. 25 l. 12 = OB¹ l. 15]; , *hamou* «*pœdicati, molles*», ou peut-être, comme le veut Lefébure (*Œuvres diverses*, t. II, p. 175-195), «eunuques», p. 2 l. 10 [cfr. p. 11 l. 10 = S² p. 11 l. 2, l. 11 = M p. 2 l. 3 et l. 12 = B l. 4, p. 25 l. 13 – p. 26

l. 1 = OL l. 13 et p. 25 l. 14-p. 26 l. 2 = OB^{1} l. 16]; , *shanouîtou,* litt. : «les gens du cercle», «les courtisans», p. 2 l. 13-14 [cfr. p. 12 l. 10 = S^{2} p. 11 l. 3, l. 11 = M p. 2 l. 5, et l. 12 = B l. 5-6, p. 26 l. 10 - p. 27 l. 2 = OB^{1} l. 18, p. 26 l. 11 - p. 27 l. 3 = OB^{2} l. 1, p. 26 l. 12 = OP^{2} l. 1, p. 34 l. 9 = TC^{5}]; , *baoukou* «les travailleurs», et par suite «les artisans, les serviteurs», p. 2 l. 16 [cfr. p. 13 l. 4 = S^{2} p. 11 l. 4 et l. 5 = M p. 2 l. 6-7, p. 27 l. 11 = OB^{2} l. 3 et l. 12 = OP^{2} l. 2]; , *sakouîou* «les combattants», litt. : «ceux qui frappent du sabre de bois », p. 3 l. 1 [cfr. p. 13 l. 7 = S^{2} p. 11 l. 5, l. 8 = M p. 2 l. 7 et l. 9 = B l. 7, p. 28 l. 1 = OB^{2} l. 4, l. 4 = OT l. 4, l. 5 = OQ^{8} l. 1 et l. 6 = OC^{1} l. 1]; , *khananou* «les gens qui causent des troubles, les agitateurs, les révoltés», p. 3 l. 1 [cfr. p. 13 l. 7-10 = S^{2} p. 11 l. 5, l. 8-11 = M p. 2 l. 7 et l. 9 = B l. 7, p. 28 l. 7 = OB^{2} l. 5 et l. 12 = OC^{1} l. 1]; , *nazîsou* «les petits, les sujets», p. 3 l. 3 [cfr. p. 13 l. 13 = S^{2} p. 11 l. 6, l. 14 = M p. 2 l. 8 et l. 15 = B l. 8, p. 29 l. 5 = OB^{2} R l. 1, l. 7 = OP^{3} l. 2, l. 9 = OQ^{8} l. 3, et l. 10 = OC^{1} l. 2]; , *Oudoudîou,* peuple de Nubie, p. 3 l. 12 [cfr. p. 16 l. 1 = S^{2} p. 11 l. 10]; , *Mazâîou,* peuple du désert nubien, p. 3 l. 12 [cfr. p. 16 l. 3 = S^{2} p. 11 l. 10]; , *Satatîou* «les Bédouins», p. 3 l. 12-13 [cfr. p. 16 l. 5 = S^{2} p. 12 l. 1 et l. 6 = M p. 3 l. 3, p. 32 l. 11 = OP^{2} l. 7]; , *masouou* «les enfants», p. 4 l. 1 [cfr. p. 17 l. 1 = S^{2} p. 12 l. 3 et l. 2 = M p. 3 l. 6, p. 33 l. 2 = OP^{2} l. 9 et l. 3 = OQ^{11} l. 3]; , *âshâîtou* «la multitude, la foule», p. 4 l. 1 [cfr. p. 17 l. 1 = S^{2} p. 12 l. 3, p. 33 l. 5 = OQ^{11} l. 3]; , *ḥounmamîtou* «l'humanité», p. 4 l. 5 [cfr. p. 17 l. 9 = S^{2} p. 12 l. 4].

Le déterminatif , ou au pluriel , se rencontre encore par erreur dans les manuscrits qui ont servi à établir l'édition, à la suite des mots où les scribes ramessides croyaient reconnaître des substantifs désignant des catégories de personnes : , *ḥarou* «ceux qui ont peur», pour ; *ḥarou* «avoir peur», p. 6 l. 7 = S^{2} p. 10 l. 3 et p. 20 l. 12 = OL l. 3, puis p. 13 l. 1 = S^{2} p. 11 l. 4 et l. 2 = M p. 2 l. 6; , *arî* «compagnon», pour , p. 7 l. 3 = S^{2} p. 10 l. 4 et p. 18 l. 3 = S^{2} p. 12 l. 6; , *qâmadouîtou* «des endeuillés, des gémissants», pour , *qâmadouît* «deuil, être en deuil, gémir», p. 9 l. 1 = S^{2} p. 10 l. 7, l. 2 = M p. 1 l. 9, p. 23 l. 1 = OL l. 8, l. 2 = OB^{1} l. 10, l. 3 = OP^{1} l. 2, où les variantes prouvent que les scribes ramessides ne comprenaient plus le passage; , *zaîsouou* «ordonnateurs, chefs», pour , *zaîsou* «ordonner, commander» les troupes, p. 13 l. 4 = S^{2} p. 11 l. 4; , *masouîtou* «les naissances» pour , *masouît-î* «ma naissance», p. **14** l. **4** = S^2 p. 11 l. 6 et p. **29** l. **15** = OQ^8 l. 4; *khapeshîou* «les gens armés de la harpê», pour *khapeshou-î* «mes harpês», p. **15** l. **4** = S^2 p. 11 l. 8; *khakarouou* «des ornementistes», pour , *khakarou* «ornement», p. **16** l. **7** = S^2 p. 12 l. 1; *masouîou* «les enfants» pour , *masouî* «né», p. **17** l. **7** = S^2 p. 12 l. 4.

2° Comme pronom de la première personne du singulier, il se prononce *-îa, -î,* et on le rencontre :

A. Derrière un substantif simple ou composé, avec le sens de notre pronom possessif «mon, ma, mes» , *oudnmou-kâ-î* «celui qui mange mon pain, mon serviteur, mon sujet», p. **1** l. **10** [cfr. p. **8** l. **1** = S^2 p. 10 l. 5, l. **2** = M p. 1 l. 7, p. **22** l. **1** = OL l. 6 et l. **2** = OB^1 l. 8]; , *âouî-î* «mes deux bras», p. **1** l. **11** [cfr. p. **8** l. **3** = S^2 p. 10 l. 6 et l. **4** = M p. 1 l. 7, p. **22** l. **4** = OL l. 6 et l. **5** = OB^1 l. 8]; , *par-î* «ma maison», p. **1** l. **12** [cfr. p. **8** l. **5** = S^2 p. 10 l. 6 et note **5** = S^1 l. 5, p. **22** l. **6** = OL l. 7 et l. **7** = OB^1 l. 9] et p. **2** l. **5** [cfr. p. **10** l. **4** = S^2 p. 10 l. 9, l. **5** = M p. 1 l. 11 et l. **6** = B l. 3, p. **24** l. **3** = OL l. 11, l. **4** = OB^1 l. 13 et l. **6** = OQ^8 l. 2, p. **33** l. **11** = TC^5 l. 5]; , *ânatîou-î* «mes parfums», p. **1** l. **13** [cfr. p. **8** note **9** = S^1 l. 6; p. **8** l. **8** = M p. 1 l. 8 le pronom manque, mais il devait exister dans S^2 p. 10 l. 6 = p. **8** l. **7** et dans OB^1 l. 9 = p. **22** l. **9**, où il a disparu dans les lacunes]; , *sananou-î* «mes décrets», p. **1** l. **13** [cfr. p. **8** l. **9** = S^2 p. 10 l. 7 et l. **11** = B l. 1]; , *pasashouttou-î* «mes moitiés», p. **2** l. **1** [cfr. p. **8** l. **10** — p. **9** l. **2** = M p. 1 l. 9, p. **23** l. **1** = OL l. 8, p. **33** l. **6** = TC^5 l. 1]; , *haîtî-î* «mon cœur», p. **2** l. **6** [cfr. p. **10** l. **7** = S^2 p. 10 l. 10, l. **8** = M p. 2 l. 1, p. **24** l. **7** = OL l. 11 et l. **8** = OB^1 l. 13]; , *qadou-î* «mon sommeil», p. **2** l. **6** [cfr. p. **10** l. **8** = M p. 2 l. 1 et note **6** = S^1 l. 8, où tous les autres textes S^2 p. 10 l. 10 = p. **10** l. **7**, B l. 3 = p. **10** l. **9**, OL l. 11 = p. **24** l. **11**, OB^1 l. 14 = p. **24** l. **12** et OQ^4 l. 3 = p. **25** l. **2** donnent , pour au pluriel, avec une mauvaise transcription en , *ni*, du pluriel hiératique]; , *hdâou-î* «mes membres», p. **2** l. **8** [cfr. p. **11** l. **4** = S^2 p. 11 l. 1 et l. **5** = M p. 2 l. 2, p. **25** l. **7** = OL l. 12 et l. **8** = OB^1 l. 15, p. **34** l. **1** = TC^5 l. 7]; , *satâou-î*, litt. : «mes saletés, mon humiliation, mon désastre», p. **2** l. **12-13** [cfr. p. **12** l. **7** = S^2 p. 11 l. 3, p. **26** l. **5** = OL p. 14 et l. **6** = OB^1 l. 18]; , *îdbou-î* «mon cœur», p. **2** l. **15-16** [cfr. p. **13** l. **1** = S^2 p. 11 l. 4 et l. **2** = M p. 2 l. 6, p. **27** l. **12** = OP^2 l. 2] et p. **4** l. **3** [cfr. p. **17** l. **8** = M p. 3 l. 8]; , *masouît-î* «ma naissance», p. 3 l. 4 [cfr. p. 14 l. 5 = M p. 2 l. 9 et l. 6 = B l. 8, p. 29 l. 11 = OB² R l. 3]; [hiér.], *khapeshou-î* «mes harpés», p. 3 l. 7 [cfr. p. 15 l. 5 = M p. 2 l. 11]; [hiér.], *khaparou-î* «mes formes», p. 3 l. 7 [cfr. p. 15 l. 4 = S² p. 11 l. 8 et l. 5 = M p. 2 l. 11, p. 32 l. 1 = OC² l. 3]; [hiér.], *ranpouîtou-î* «mes années», p. 3 l. 9 [cfr. p. 15 l. 10 = M p. 2 l. 12]; [hiér.], *zas-î* «moi-même», p. 4 l. 4 [cfr. p. 17 l. 8 = M p. 3 l. 8]; [hiér.], *îdrouîtî-î* «mes deux yeux», p. 4 l. 4 [cfr. p. 17 l. 8 = M p. 3 l. 8]. Parfois il a été mis en mauvaise place ou inséré abusivement par les scribes ramessides : [hiér.], *paqdouîtou-î* «mes fins lins», p. 8 l. 6 = M p. 1 l. 8 pour [hiér.]; [hiér.], *shouîou-î* «mes mauvaises herbes, mes *halfahs*», p. 8 l. 5 = S² p. 10 l. 6 pour [hiér.]; [hiér.], *mâkharî-î* «mon magasin», p. 8 l. 9 = S² p. 10 l. 7 pour [hiér.]; [hiér.], *daouît-î* «ma main», p. 11 l. 8-11 = M p. 2 l. 3, p. 25 l. 14 = OB¹ l. 16 pour [hiér.]; [hiér.], *sapou-î* «ma fois, mon acte», p. 14 l. 5 = M p. 2 l. 9 pour [hiér.], *sapou* «la fois, l'acte», p. 3 l. 4; [hiér.], *sakharou-î* «mes affaires», p. 27 l. 8 = OB² l. 2 pour [hiér.].

B. Derrière un verbe comme sujet : [hiér.], *zadou-îtî-î-na-k* «ce que je te dis», p. 1 l. 3 [cfr. p. 6 l. 3 = S² p. 10 l. 2 et l. 4 = M p. 1 l. 2, p. 20 l. 6-9 = OB¹ l. 3; Gardiner donne pour l'Ostracon de Leipzig la leçon [hiér.], qu'il faut considérer probablement comme une inexactitude de lecture et corriger en [hiér.]]; [hiér.], *aou-î* «j'étais, je suis», p. 2 l. 8 [cfr. p. 11 l. 1 = S² p. 11 l. 1, l. 2 = M p. 2 l. 2 et l. 3 = B l. 3, p. 25 l. 7 = OL l. 12, p. 34 l. 1 = TC⁵ l. 7], p. 2 l. 13 [cfr. p. 12 l. 7 = S² p. 11 l. 3 et l. 8 = M p. 2 l. 5, p. 26 l. 9 = OL l. 14, l. 10 = OB¹ l. 18, l. 11 = OB² l. 1 et l. 12 = OP² l. 1], p. 3 l. 16 [cfr. p. 16 l. 13 = S² p. 12 l. 2]; [hiér.], *ané ḥamasît-î ḥend-k* «je ne siégeai pas avec toi», p. 2 l. 14 [cfr. p. 12 l. 11-14 = M p. 2 l. 5]; [hiér.], *îdrî-î* «que je fasse», p. 2 l. 14 [cfr. p. 12 l. 13 = S² p. 11 l. 4 et l. 14 = M p. 2 l. 6 et l. 15 = B l. 6, p. 27 l. 3 = OB² l. 2] et p. 3 l. 12 [cfr. p. 16 l. 3 = S² p. 12 l. 1 et l. 4 = M p. 3 l. 3]; [hiér.], *khamou-î* «j'ignore», p. 2 l. 15 [cfr. p. 13 l. 2 = M p. 2 l. 6 où le verbe est écrit [hiér.]]; [hiér.], *ḥarou-î* «je crains», p. 2 l. 15 [cfr. p. 12 l. 14 — p. 14 l. 2 = M p. 2 l. 6].

C. Derrière un verbe comme régime direct, avec le suffixe en [hiér.], *-ou-*, [hiér.], *mâ-k-ou-î* «voici pour toi moi, tel je suis», p. 2 l. 12 [cfr. p. 12 l. 5-8 = M p. 2 l. 4]; [hiér.], *saḥazît-ou-î-na-k* «les courtisans m'avaient livré à toi», p. 2 l. 14 [cfr. p. 12 l. 10 = S² p. 11 l. 3, l. 11 = M p. 2 l. 5 et l. 12 = B l. 6, où tous les textes donnent [hiér.] pour [hiér.], ainsi qu'il a été dit dans l'*Introduction*, p. XXVI-XXVIII]; [hiér.], *tari-né-ou-î Ḥâpi* «le Nil m'a béni», p. 3 l. 8 [cfr. p. 15 l. 7 = S² p. 11 l. 8 et l. 8 = M p. 2 l. 12, p. 32 l. 3 = OP² l. 5].

D. Derrière un verbe au temps en ni, comme sujet, , dâî-na-î «j'ai donné, j'ai fait», p. 1 l. 9 [cfr. p. 7 l. 7 = S² p. 10 l. 5 et l. 8 = M p. 1 l. 6, p. 21 l. 8 = OL l. 5, l. 9 = OB¹ l. 7 et l. 10 = OQ² l. 2], p. 1 l. 10 [cfr. p. 7 l. 9 = S² p. 10 l. 5 et l. 10 = M p. 1 l. 6, p. 21 l. 12 = OB¹ l. 7 et l. 13 = OQ² l. 3], p. 2 l. 10 [cfr. p. 11 l. 10 = S² p. 11 l. 2 et l. 12 = M p. 2 l. 3, p. 25 l. 13 = OL l. 13 et l. 14 = OB¹ l. 16], p. 3 l. 12 [cfr. p. 16 l. 1 = S² p. 11 l. 10] et p. 16 l. 3 = S² p. 12 l. 1 et l. 4 = M p. 3 l. 3 où j'ai corrigé en , ainsi qu'il est dit dans l'*Introduction*, p. XXXV-XXXVI]; , *sakhparou-na-î* «j'ai fait être, j'ai créé, j'ai produit», p. 1 l. 9 [cfr. p. 7 l. 8 = M p. 1 l. 6]; , *radaî-na-î* «j'ai donné», p. 1 l. 11 [cfr. p. 8 l. 1 = S² p. 10 l. 5, l. 2 = M p. 1 l. 7 et note 3 = S¹ l. 5, p. 22 l. 4 = OL l. 6 et l. 5 = OB¹ l. 8]; , *îdrî-na-î* «j'ai fait», p. 2 l. 1 [cfr. p. 9 l. 1 = S² p. 10 l. 7, l. 2 = M p. 1 l. 9 et l. 3 = B l. 1, p. 23 l. 1 = OL l. 8 et l. 2 = OB¹ l. 10], p. 3 l. 13 [cfr. p. 16 l. 5 = S² p. 12 l. 1, p. 32 l. 12 = OP² l. 7], enfin , *îdrît-na-î* «ce que je fis», p. 4 l. 5 [cfr. p. 17 l. 11 = S² p. 12 l. 5 et l. 12 = M p. 3 l. 9 où le verbe est écrit et]; , *shasapou-na-î* «j'ai pris, j'ai reçu», p. 2 l. 4 [cfr. p. 10 l. 1 = S² p. 10 l. 9 et l. 2 = M p. 1 l. 11-12, p. 23 l. 13 = OL l. 10 et l. 14 = OB¹ l. 12, p. 33 l. 10 = TC⁵ l. 4], p. 2 l. 9 [cfr. p. 11 l. 7 = S² p. 11 l. 1, l. 8 = M p. 2 l. 3 et l. 9 = B l. 4, p. 25 l. 14 = OB¹ l. 16]; , *bâgâ-ou-na-î* «je m'affaissai», p. 2 l. 5-6 [cfr. p. 10 l. 4-7 = S² p. 10 l. 10, l. 5-8 = M p. 1 l. 12 et l. 6-9 = B l. 3, p. 24 l. 7 = OL l. 11 et l. 9 = OQ³ l. 3, p. 33 l. 11 = TC⁵ l. 5]; , *nahâsou-na-î* «je m'éveillai», p. 2 l. 8 [cfr. p. 11 l. 1 = S² p. 11 l. 1, l. 2 = M p. 2 l. 2 et l. 3 = B l. 3, p. 25 l. 7 = OL l. 12 et l. 8 = OB¹ l. 14-15, p. 34 l. 1 = TC⁵ l. 7]; , *gâmou-na-î* «je trouvai», p. 2 l. 8 [cfr. p. 11 l. 4 = S² p. 11 l. 1, l. 5 = M p. 2 l. 2 et l. 6 = B l. 4, p. 25 l. 12 = OB¹ l. 15, p. 34 l. 2 = TC⁵ l. 7]; , *sazamou-na-î* «j'entendis», p. 2 l. 13 [cfr. p. 12 l. 10 = S² p. 11 l. 3 et l. 11 = M p. 2 l. 5]; , *hâbou-na-î* «je courus», p. 3 l. 5 [cfr. p. 14 l. 7 = S² p. 11 l. 7 et l. 8 = M p. 2 l. 10, p. 30 l. 6 = OC² l. 4, l. 7 = OC³ l. 1 et l. 8 = OC⁴ l. 1]; , *ḥasou-na-î* «je m'élançai, je m'approchai», p. 3 l. 5 [cfr. p. 14 l. 8-11 = M p. 2 l. 7, p. 30 l. 10 = OP² l. 4]; , *mâá-na-î* «je vis», p. 3 l. 6 [cfr. p. 14 l. 10–p. 15 l. 1 = S² p. 11 l. 7, p. 14 l. 11–p. 15 l. 2 = M p. 2 l. 11 et p. 14 l. 12–p. 15 l. 3 = B l. 9, p. 31 l. 4 = OB² l. 4 et l. 7 = OC³ l. 2]; , *anou-na-î* «j'apportai, j'acquis, je conquis», p. 3 l. 7 [cfr. p. 15 l. 1 = S²

p. 11 l. 7 et l. 2 = M p. 2 l. 11] et p. 3 l. 11 [cfr. p. 16 l. 1 = S² p. 11 l. 10 et l. 2 = M p. 3 l. 2, p. 32 l. 9 = OP² l. 6]; , *ouzouît-na-î* «ce que j'ordonnai», p. 3 l. 10 [cfr. p. 15 l. 11-13 = S² p. 11 l. 9, p. 32 l. 7 = OP² l. 6]; , *qanâbou-na-î* «j'acculai, je pris au piège», p. 3 l. 11 [cfr. p. 32 l. 7-8 = OP² l. 6]; , *oudou-na-î* «je culbutai», p. 3 l. 11-12 [correction pour qui se trouve dans les manuscrits en cet endroit, cfr. *Introduction*, p. XXXV-XXXVI]. La forme en se rencontre abusivement dans les manuscrits, en des endroits où elle n'a que faire, , *shââ-na-î* «je commençai», p. 10 l. 7 = S² p. 10 l. 10 et l. 9 = B l. 3, p. 24 l. 7 = OL l. 11, l. 8 = OB¹ l. 13 et l. 9 = OQ³ l. 3.

E. Derrière un verbe exprimant une action des sens, «voir» ou «entendre», comme régime direct introduit par la préposition *na-ni-ne* : , *har mââ-na-î* «ceux qui se paraient des étoffes de mon palais me regardèrent comme une mauvaise herbe», p. 1 l. 12 [cfr. p. 8 l. 5 = S² p. 10 l. 6 et l. 6 = M p. 1 l. 8, p. 22 l. 6-8 = OL l. 7 et l. 7-9 = OB¹ l. 9], et, par erreur , *îdrouîtî-kt har gâmahou-na-î* «tes deux yeux t'ont contemplé», S² p. 12 l. 4 = p. 17 l. 7, car ici le scribe ramesside a remplacé le pronom de la seconde personne, qui est nécessaire, par celui de la première, ainsi qu'il a été dit dans l'*Introduction*, p. XLI-XLII].

F. Comme sujet du verbe à la première personne du temps en , *kou-î* : , *sazîrou-kou-î* «je me couche = me couchant», p. 2 l. 5 [cfr. p. 10 l. 4 = S² p. 10 l. 9 et l. 5 = M p. 1 l. 12, p. 24 l. 4 = OB¹ l. 13, l. 5 = OQ³ l. 2 et l. 6 = OQ⁴ l. 1-2]; , *îdrî-kou-î* «je fais = me faisant», p. 2 l. 7 [cfr. p. 10 l. 10 = S² p. 10 l. 10, l. 11 = M p. 2 l. 1 et l. 12 = B l. 3, p. 25 l. 4 = OB¹ l. 14]; , *khamou-kou-î* «j'ignore = ignorant, inconscient», p. 2 l. 12 [cfr. p. 12 l. 4 = S² p. 11 l. 3 et l. 6 = B l. 5] et p. 2 l. 13 [cfr. p. 12 l. 7 = S² p. 11 l. 3 et l. 8 = M p. 2 l. 5, p. 26 l. 9 = OL l. 14, l. 10 = OB¹ l. 18, l. 11 = OB² l. 1 et l. 12 = OP² l. 1]; , *âḥâou-kou-î* «je me tiens = me tenant», p. 3 l. 6 [cfr. p. 14 l. 10 = S² p. 11 l. 7, l. 11 = M p. 2 l. 10 et l. 12 = B l. 9, p. 30 l. 9 = OB² R l. 4, p. 31 l. 2 = OC³ l. 2 et l. 3 = OQ⁹ l. 1]; , *aou-î-rakh-kou-î* «je sais, je connais», p. 3 l. 16 [cfr. p. 16 l. 13 = S² p. 12 l. 2] et par erreur p. 17 l. 1 = S² p. 12 l. 2 [cfr. pour la restitution de ce passage, ce qui est dit dans l'*Introduction*, p. XXXVII-XXXIX]. Cette forme est employée abusivement par les scribes ramessides, le plus souvent au lieu du pronom *-k* de la seconde personne du singulier masculin : , *sazîrou-kou-î* «je me couche = me couchant», p. 7 l. 3 = S² p. 10 l. 4 et p. 21 l. 6 = OB¹ l. 6 et

l. 7 = OQ[2] l. 1, pour [hiér.], *sazirou-k* «tu te couches», p. 1 l. 7 [cfr. p. 7 l. 4 = M p. 1 l. 5]; [hiér.], *âḥâou-kou-î ḥar rakhou-tou ḥar rakhou-kou-î* «je combats pour qui te connaît et pour qui je connais», p. 18 l. 9 = S[2] p. 12 l. 7 pour [hiér.], *âḥâou-k ḥar rakhou-tou ḥar rakhou-k* «tu combats pour qui te connaît et pour qui tu connais» (cfr. l'*Introduction*, p. XLIV-XLV); inversement, [hiér.] est écrit pour [hiér.] *-kou-î*, dans [hiér.], *khamîte-k*, p. 12 l. 8 = M p. 2 l. 5 pour [hiér.].

G. Comme complément d'une proposition : [hiér.], *ḥar-î* «sur moi, pour moi, à cause de moi», p. 2 l. 7 [cfr. p. 10 l. 10 = S[2] p. 10 l. 10, l. 11 = M p. 2 l. 1 et l. 12 = B l. 3, p. 25 l. 4 = OB[1] l. 14, p. 33 l. 12 = TC[5] l. 6]; [hiér.], *ḥâ-î* «derrière moi, à ma suite», p. 3 l. 4 [cfr. p. 14 l. 1 = S[2] p. 11 l. 6, l. 2 = M p. 2 l. 9 et l. 3 = B l. 8, p. 29 l. 14 = OT l. 6, l. 15 = OQ[8] l. 4 et l. 16 = OC[1] l. 2, p. 34 l. 6 = TC[5] l. 10]; [hiér.], *amé-î* «en moi, par moi, sous moi», p. 3 l. 9 [cfr. p. 15 l. 9 = S[2] p. 11 l. 9], p. 3 l. 10 [cfr. p. 15 l. 11 = S[2] p. 11 l. 9], et, en variante de [hiér.], *mé-ranpouîtou-î* «dans mes années», p. 15 l. 10 = S[2] p. 11 l. 9; [hiér.], *kharî-ḥaît-î* «avant moi, devant moi», p. 17 l. 11 = S[2] p. 12 l. 5, en opposition à [hiér.], *mé-paḥouî-î* «derrière moi», et p. 18 l. 5 = S[2] p. 12 l. 6 dans deux passages où la présence du pronom [hiér.] est due à une erreur du scribe ramesside; cfr. p. 4 l. 5-6 et l. 9.

Le pronom [hiér.] de la première personne s'est conservé sous la forme -ı dans tous les dialectes du copte.

[hiér.], [hiér.] **îâou, âou,** subst. masc. plur. : «louanges, adorations», dans la phrase [hiér.], *dâît-sounou-na-k îâou* «qui te donnent des louanges, qui t'adorent», p. 4 l. 5 [cfr. p. 17 l. 9-11 = S[2] p. 12 l. 4-5 et l. 10-12 = M p. 3 l. 9]. — Le mot s'est conservé en copte dans ⲱⲟⲩ *M.* ⲡⲓ, ⲉⲟⲟⲩ, ⲟⲟⲩ *T.* ⲡ, ⲉⲁⲩ *Akhm. B.*, ⲁⲩ *B. laus, gloria*, et la locution [hiér.], *dâî-îâou*, dans ϯⲱⲟⲩ *M.* ϯⲉⲟⲟⲩ *T.* ϯⲉⲁⲩ *Akhm. B.* ϯⲁⲩ *B. gloriam dare, glorificare, laudare.*

[hiér.], [hiér.] **aîou, îou,** et à l'infinitif féminin [hiér.], [hiér.], [hiér.], *iouît*, forme secondaire de [hiér.], *ayî* «venir», p. 3 l. 3 [cfr. p. 14 l. 1 = S[2] p. 11 l. 6, l. 2 = M p. 2 l. 9 et l. 3 = B l. 8, p. 29 l. 9-15 = OQ[8] l. 4 et l. 10-16 = OC[1] l. 2] et p. 4 l. 11 [cfr. p. 18 l. 11 = S[2] p. 12 l. 7-8], dans la formule [hiér.], *îou-s pou nafar* «explicit feliciter».

* [hieroglyphs], [hieroglyphs], [hieroglyphs], **aîouîtou**, subst. fém. plur. : «événements fâcheux, accidents, malheurs», [hieroglyphs], *ané-iouît aiouîtou ḥá-î* «il n'est pas survenu de malheurs derrière moi», p. 3 l. 3-4 [cfr. p. 14 l. 2 = M p. 2 l. 9, p. 29 l. 10-16 = OC[1] l. 2]. Le mot dérive du verbe [hieroglyphs], *ayî* «venir», et signifie «ce qui advient, ce qui arrive»; c'est un euphémisme destiné à désigner «les événements fâcheux, les accidents, les malheurs», et par suite, toute espèce de chose mauvaise «le mal, l'injustice», sans employer les mots directs considérés comme étant de mauvais augure pour qui se sert d'eux. L'assonance entre [hieroglyphs], *iouît* et [hieroglyphs], *aiouîtou*, a rendu assez fréquent dans les textes littéraires l'emploi de la phrase [hieroglyphs], *ané-iouît aiouîtou.*

[hieroglyphs], [hieroglyphs] **aou**, verbe substantif : «être, devenir». Il est employé : 1° absolument avec son sens plein, 2° comme auxiliaire dans la conjugaison.

1° Comme verbe substantif, avec le sens «être, devenir», notre texte ne le contient que dans les phrases [hieroglyphs], *aou-î-ne-ḥádou-î* «étant de mes membres, étant nu», p. 2 l. 8 [cfr. p. 11 l. 1-4 = S[2] p. 11 l. 1, l. 2-5 = M p. 2 l. 2 et l. 3-6 = B l. 3, p. 25 l. 7 = OL l. 12 et l. 8 = OB[1] l. 15]; [hieroglyphs], *aou-î mé-khamou-kou-î* «je suis à l'état de j'ignore, étant ignorant, inconscient», p. 2 l. 13 [cfr. p. 12 l. 7 = S[2] p. 11 l. 3 et l. 8 = M p. 2 l. 5, p. 26 l. 9 = OL l. 14, l. 10 = OB[1] l. 18, l. 11 = OB[2] l. 1 et l. 12 = OP[2] l. 1]; [hieroglyphs], *aou rakhou ḥar tiou oukhdou ḥar nafarou-f* «l'homme qui sait, le malin est à approuver, l'ignorant, le sot à dire : «C'est bon.», p. 4 l. 1-2 [cfr. p. 17 l. 1-3 = S[2] p. 12 l. 3, où le texte a été corrigé ainsi qu'il est dit dans l'*Introduction*, p. XXXIX-XL]. [hieroglyphs], *aou*, a été ajouté p. 9 l. 4-7 = S[2] p. 10 l. 8 et l. 6-8 = B l. 1 ainsi que p. 23 l. 6 = OP[1] l. 2, par les scribes ramessides qui, ne comprenant plus le texte, l'avaient corrigé en [hieroglyphs], *aou bou-âá né-âḥdou ané-mád-né-tou-f* «il y eut une grandeur de combat [telle qu']on n'en avait jamais vue».

2° Comme auxiliaire, il ne se trouve ici qu'avec le temps en [hieroglyphs], *kou-î*, [hieroglyphs], *aou-î rakh-kou-î* «parce que je connais», p. 3 l. 16 [cfr. p. 16 l. 13 = S[2] p. 12 l. 2], et dans la forme [hieroglyphs], *aou* + $\sqrt{\ }$ au temps en [hieroglyphs] *na, ni, ne*, [hieroglyphs], *aou-ddî-na-î né-shoudou* «et pourtant j'ai donné à l'indigent», p. 1 l. 9 [cfr. p. 7 l. 7 = S[2] p. 10 l. 5 et l. 8 = M p. 1 l. 6, p. 21

l. 8-11 = OL l. 5, l. 9-12 = OB[1] l. 7 et l. 10-13 = OQ[2] l. 2]; , *aou dáí-na-í khaît ḥamou* «je faisais reculer les salauds», p. 2 l. 10 [cfr. p. 11 l. 10 = S[2] p. 11 l. 2 et l. 11 = M p. 2 l. 3]; , *aou ḥábou-na-í ra-Iábou ḥasou-na-í ra-Iátḥou* «Étant j'avais couru, après que j'avais couru à Éléphantine, je m'élançais vers le Delta», p. 3 l. 5-6 [cfr. p. 14 l. 7-10 = S[2] p. 11 l. 7 et l. 8-11 = M p. 2 l. 10, p. 30 l. 1-9 = OB[2] R l. 3-4, l. 2-10 = OP[2] l. 4, l. 6-13 = OC[2] l. 4, p. 30 l. 7 – p. 31 l. 1 = OC[3] l. 1 et p. 30 l. 8 = OC[4] l. 1]; , *aou ḥamasou-tou mé-íárít-na-í ḥar sazadou-tou amé-í — aou ouzouít-na-í nabít ra-isít-arí* «parce que «(litt. : «étant») on se mettait (litt. : «on était assis») à agir pour moi selon ce «qui avait été promulgué par moi, — et parce que (litt. : «étant») tout ce que «j'avais ordonné était bien à propos (litt. : «à sa place»)», p. 3 l. 9-11 [cfr. p. 15 l. 11-13 = S[2] p. 11 l. 9-10 et l. 12-14 = M p. 3 l. 1, p. 32 l. 5-7 = OP[2] l. 6 et l. 6-8 = OQ[10] l. 2-3]; , *aou qánabou-na-í máíou* «après avoir (litt. : «ayant j'ai») pris au piège des lions», p. 3 l. 11 [cfr. p. 15 l. 13 – p. 16 l. 1 = S[2] p. 11 l. 10, p. 32 l. 7-9 = OP[2] l. 6]; , *aou oudou-na-í Ouáouáíou* «après avoir (litt. : «étant j'ai») culbuté les Ouáouaí», p. 3 l. 11-12 [cfr. p. 16 l. 1-3 = S[2] p. 11 l. 10 où j'ai corrigé la leçon , *dáí-na-í*, du manuscrit, ainsi qu'il est dit dans l'*Introduction*, p. xxxv-xxxvi]; , *aou íárí-naí parou* «j'ai fait une maison», p. 3 l. 13 [cfr. p. 32 l. 12 = OP[2] l. 7 où S[2] p. 12 l. 1 = p. 16 l. 5-7 donne la forme plus moderne , *aou-í-íárou-na-í*]. — Les scribes ramessides ont à plusieurs reprises introduit cet emploi de , *aou*, dans des passages qui ne le comportaient pas : , *aou dáí-na-í mé-paḥít* «j'ai fait arriver», p. 7 l. 9 = S[2] p. 10 l. 5 où S[1] l. 4 = p. 7 note 9 donne , *aou-í dáí-na-í* [cfr. p. 21 l. 12 = OB[1] l. 7 et l. 13 = OQ[2] l. 3 qui ont également en cet endroit]; , *aou íárou-na-í qamadouítou* «j'ai fait des endeuillés», p. 9 l. 1 = S[2] p. 10 l. 7 où les autres textes n'ont pas , *aou;* , *aou ḥamasou-tou ḥenâ-k* «on était assis», p. 12 l. 10-13 = S[2] p. 11 l. 3 où les autres textes portent la négation , *ané-ḥamasou-tou* ou , *ané-ḥamasít-í* «je ne siégeais pas» [cfr. p. 3 l. 14]; , *aou dáí-na-í íárí-í* «j'ai agi», p. 16 l. 3 = S[2] p. 12 l. 1 au lieu de , que donne M p. 3 l. 3 = p. 16 l. 4 et qui est la leçon véritable; ou , *aou sakhdou-tou* «on a fait ignorer», p. 29 l. 5 = OB[2] l. 1, l. 9 = OQ[8] l. 3 et l. 10 = OC[2] l. 2, dont on trouvera le sens expliqué dans l'*Introduction*, p. xxviii-xxxi.

3° , *aou*, est employé dans la locution , *ané-aou*, *q. v. s. v.* , *ané*, p. 48.

Le verbe , *aou*, s'est conservé en copte sous la forme ϵ *T. M. B. Akhm. esse.*

, **aoumasou, aoumas**, conj. : «or donc, aussi bien», , *aoumasou masouou âshâîtou* «or donc les enfants de la foule», p. 4 l. 1 [cfr. p. 17 l. 1 = S² p. 12 l. 2-3 et l. 2 = M p. 3 l. 6, p. 33 l. 3 = OQ¹¹ l. 3]. — Le mot est un composé de l'auxiliaire et de la conjonction , , *masou* «donc», cfr. Erman, *Ægyptische Grammatik*, 3ᵉ éd., p. 243, § 462 b.

îâbou, âbou, subst. masc. sing. : «cœur», , *mé-maḥ-îâbou-k mé-sanou* «ne t'éprends pas d'un frère», p. 1 l. 6 [cfr. p. 6 l. 9 = S² p. 10 l. 3 et l. 10 = M p. 1 l. 4, p. 21 l. 2 = OB¹ l. 5]; , *sâou-na-k îâbou-k zasou-k* «garde bien pour toi ton cœur toi-même», p. 1 l. 8 [cfr. p. 7 l. 3-5 = S² p. 10 l. 4 et l. 4-6 = M p. 2 l. 5, p. 21 l. 6 = OB¹ l. 6-7 et l. 7 = OQ² l. 1]; , *ané-anou-na-î îâbou-î oudsafâît nît-bâkouou* «mon cœur ne m'impose (litt. : «ne m'apporte») pas la paresse des serviteurs», p. 2 l. 15-16 [cfr. p. 13 l. 1-4 = S² p. 11 l. 4 et l. 2-5 = M p. 2 l. 6-7, p. 27 l. 8-11 = OB² l. 3 et l. 9-12 = OP² l. 2, dont les variantes ont été discutées dans l'*Introduction*, p. XXV-XXVI, XXVIII]; , *ni-touk îâbou-î zasou-î* «toi, tu es mon cœur même», p. 4 l. 3-4 [cfr. p. 17 l. 5-7 = S² p. 12 l. 4 et l. 8 = M p. 3 l. 7-8 dont les variantes ont été citées dans l'*Introduction*, p. XLI-XLII]; , *anouk ma-naît nît-nattou anattou mé-îâbou-k* «je suis le pieu d'attache de tous ceux qui sont et qui ne sont pas dans ton cœur», p. 4 l. 6-7 [cfr. p. 17 l. 13 = S² p. 12 l. 5 dont le texte a été corrigé dans l'*Introduction*, p. XLII]. Le mot entre en composition dans le prénom du Pharaon Amenemhaît Iᵉʳ *Saḥatpîâ-brîya*, et dans beaucoup de locutions courantes dont deux seulement ont été employées par notre auteur , *raddou-îâbou*, *q. v.* p. 96, *s. v.* , *raddî*, 2°, et , *nafar-îâbou*, *q. v.* p. 89-90, *s. v.* , *nafar*, *nafir*. — Le mot nous est connu en transcription assyrienne comme *ibi*, en transcription grecque comme IBI, en transcription copte comme ϩⲃⲓ, dans le nom de la ville de , *Hatharîbi*, Ἄθριβις, ⲁⲑⲣⲏⲃⲓ, et en arabe El-Atrîb الاتريب. Il a disparu en copte de l'usage courant, et il y a été remplacé par ϩⲏⲧ *T. M. B. Akhm. cor.* qui dérive de , *ḥâîtî*, *q. v.* p. 99.

* abou, et à l'infinitif féminin en *-ît* abouît, abît, verbe neutre : «avoir soif, être altéré», , *ané-abou-tou amé-î* «on n'a pas eu soif par moi, sous moi», p. **3** l. **9** [cfr. p. **15** l. **9-11** = S² p. 11 l. 9 et l. **10-12** = M p. 2 l. 12 – p. 3 l. 1]. — Le mot s'est conservé en copte dans ιβι, εβι, οβε *M.* ειβε, ιβε, οβε *T. sitire,* ιβι *M.* πι, ειβε, ιβε *T.* π *sitis.*

amé, préposition et adverbe à sens multiple, forme pleine de , *mé, ma, q. v.* p. 73-77 «dans, en, par, là» : — avec le pronom de la première personne du singulier masculin , *ané-abou-tou amé-î* «on n'a pas eu soif par moi, sous moi», p. **3** l. **9** [cfr. p. **15** l. **9-11** = S² p. 11 l. 9 où M p. 2 l. 12 – p. 3 l. 1 = p. **15** l. **10-12** donne , *amé* «là», sans le pronom]; , *ḥar sazadoutou amé-î* «selon ce qui avait été promulgué par moi», p. **3** l. **10** [cfr. p. **15** l. **11** = S² p. 11 l. 9 où OP² l. 6 = p. **32** l. **7** donne , *amé* «là» sans pronom]. Les versions ramessides introduisent cette locution , *amé-î*, dans des passages où elle ne se rencontrait pas à l'origine, ainsi , *ané-aou khabâou-tou amé-î* «y a-t-il eu retranchement, diminution par moi», p. **13** l. **10** = S² p. 11 l. 5 et l. **12** = B l. 7, p. **28** l. **7-13** = OB² l. 5, et l. **14** = OP² l. 3, p. **29** l. **1** = OP³ l. 2 et l. **2** = OT l. 5 [cfr. *Introduction*, p. xxx]; , *ané-aou soukhdou-tou amé-î nazousîtou* «est-ce que les sujets ont été rendus ignorants de leurs devoirs par moi?», p. **13** l. **15** = B l. 8 [cfr. *Introduction*, p. xxxi]; , *ané-ḥaqarou-tou amé-î* «on n'a pas eu faim par moi, sous moi», p. **15** l. **9** = S² p. 11 l. 9 [cfr. *Introduction*, p. xxxiv]; — avec le pronom de la troisième personne du pluriel, , *mé-takanou amé-sounou* «ne pénètre pas en eux, ne te mêle pas à eux», p. **1** l. **6** [cfr. p. **6** l. **9** = S² p. 10 l. 3 et l. **10** = M p. 1 l. 4; p. **21** l. **1** = OL l. 3 et l. **2** = OB¹ l. 5, les scribes de l'âge ramesside ont introduit la variante moderne , *m-amé-sounou* au lieu de , *amé-sounou*]. — , *amé*, pris absolument, est employé au lieu de , *ḥar-sît*, dans , *sakhparou ḥariou amé* «produire la crainte par là», p. **8** l. **4** = M p. 1 l. 7. La préposition , *amé*, n'a point laissé de traces en copte.

* , **Amanamḥaît**, Amenemhaît, nom de quatre Pharaons de la XIIe dynastie, ici du premier, p. **1** l. **1** [cfr. p. **5** l. **3** = S² p. 10

l. 1 et l. 4 = M p. 1 l. 1, p. 19 l. 3 = OL l. 1, p. 20 l. 2 = OB[1] l. 2 et l. 4 = OC[1] l. 2]. — Le nom signifie «Amon est en avant, Amon est en tête»; il a été transcrit en grec Ἀμμενέμης, Ἀμμανάμης.

ani, ané, éné, — 1° particule qui sert à introduire le sujet d'un membre de phrase. Elle n'est employée ici qu'en proclitique, avec valeur emphatique, ..., *ané-ouânmou kâ-î îdrî-taîsît* «ce fut mon serviteur (celui qui mangeait mon pain) le fauteur de rébellion», p. 1 l. 10-11 [cfr. p. 8 l. 1 = S[2] p. 10 l. 5 et l. 2 = M p. 1 l. 7, p. 22 l. 1-4 = OL l. 6, l. 2-5 = OB[1] l. 8]; ..., *îou-s pou naṭar mé-ḥatpou-î — ané-kâ ḥasîou aqir nafar mé-bâîâît* «Explicit feliciter, pace meâ; — c'est le double des honorables instruits, merveilleusement bons», p. 18 l. 11 – p. 19 l. 1 = S[2] p. 12 l. 7-8].

2° particule interrogative: «est-ce que...?», avec une nuance fréquente de négation dans la réponse. Le texte original des *Enseignements* ne la donne qu'en rapport avec l'auxiliaire ..., *aou*, quatre fois répétée, ..., *ané-aou pâ-né-ḥîamouît-ou taîsou sâkiou — ané-aou shadou-tou khananou mé-khonou né-parou — ané-aou oubâou-tou mâou âdadou qâbabou — ané-aou soukhâou-tou nazîsou ḥar târouîtou-sounou* «Est-ce que des femmes avaient conduit des armées? — Est-ce qu'on avait introduit violemment des destructeurs dans l'intérieur du palais? — Est-ce qu'on avait ouvert l'eau par couper les digues? — Est-ce qu'on avait rendu les sujets ignorants de leurs devoirs?», p. 2 l. 16 – p. 3 l. 3 [cfr. p. 13 l. 4-13 – p. 14 l. 1 = S[2] p. 11 l. 4-6 et p. 13 l. 5-14 – p. 14 l. 2 = M p. 2 l. 7-9, dont les variantes, ainsi que celles des Ostraca et de la Tablette Carnarvon ont été indiquées dans l'*Introduction*, p. XXIX-XXXI]. La locution a été introduite à tort, par un des scribes ramessides, dans un passage qui ne la comportait pas, ..., *ané-aou hâbou*... pour ..., *aou hâbou-na-î* «après que j'avais couru», p. 30 l. 3 = OP[3] l. 3.

Le copte a conservé ..., *ané*, sous la forme ⲁⲛ *T. M. num, an?* ⲉⲛ *T. M. si* et ..., *ané-aou, an-aou*, dans ⲉⲛⲅ, *T. M. B.*, *si, sive*.

..., ... ani, anou, ané, forme ordinaire de la négation: «ne, ne... pas» devant un verbe, et avec la valeur verbale, «il n'est pas, il n'y a pas» devant un substantif ou un pronom absolu. Notre auteur l'emploie :

1° Devant les substantifs ordinaires et les substantifs verbaux : , *âqdouou ané-kamou-érâ* «des familiers non parachèvement d'eux», «des familiers non longuement éprouvés», p. 1 l. 7 [cfr. p. 7 l. 1-3 = S^2 p. 10 l. 4 et l. 2-4 = M p. 1 l. 5, p. 21 l. 3-5 = OL l. 4 et l. 4-6 = OB^1 l. 6; la variante de S^1 l. 3 = p. 7 note 3 , *ané-oudnou kamou* «il n'*existe* pas parachèvement» nous montre la substitution de la forme analytique moderne à la forme prégnante de la langue ancienne]; , *ané-kamou né-bou-nafar né-khamou rakhou-f* «si bien qu'il n'y avait point parachèvement de bonheur pour l'ignorant ni pour le savant», «si bien qu'il n'y avait pas moyen d'être complètement heureux pour l'ignorant et pour le savant», p. 2 l. 3-4 [cfr. p. 9 l. 10 = S^2 p. 10 l. 8-9, l. 11 = M p. 1 l. 11 et l. 12 = B l. 2, p. 23 l. 11 = OB^1 l. 11-12 et l. 12 = OP^1 l. 4-5, p. 33 l. 8-9 = TC^5 l. 3].

2° Devant les verbes à l'état absolu ou accompagnés des suffixes : , *ané-oudnanou maratîou né-sa hdrou-né-qâsanît* «il n'y a pas — *non solent esse* — d'amis pour un homme au jour du malheur», p. 1 l. 8-9 [cfr. p. 7 l. 5 = S^2 p. 10 l. 4-5 et l. 6 = M p. 1 l. 5-6, p. 21 l. 5-8 = OL l. 4-5, l. 6-9 = OB^1 l. 7 et l. 7-10 = OQ^2 l. 1-2]; , *ané-sazamou-ni-tou-f* «il n'a pas été entendu», p. 2 l. 1-2 [cfr. p. 9 l. 2-5 = M p. 1 l. 9-10]; , *bou-âdi ne-âhdou ané-mdâ-ni-tou-f* «une grandeur de combat, une grande bataille (telle qu')on n'en a pas vue», p. 2 l. 2 [cfr. p. 9 l. 4-7 = S^2 p. 10 l. 8, l. 5-8 = M p. 1 l. 10 et l. 6-9 = B l. 1, p. 23 l. 4-7 = OL l. 9, l. 5-8 = OB^1 l. 10-11 et l. 6-9 = OP^1 l. 2-3]; , *ané-sout-qdnanou mé-garahou* «mais il n'est pas d'être un brave imperturbable dans la nuit», p. 2 l. 11 [cfr. p. 12 l. 1 = S^2 p. 11 l. 2, l. 2 = M p. 2 l. 4 et l. 3 = B l. 4-5, p. 26 l. 1-3 = OL l. 13 et l. 2-4 = OB^1 l. 17]; , *ané-âhdou ouâîtî* «il n'est pas de (on ne peut) se battre seul», p. 2 l. 11 [cfr. p. 12 l. 1 = S^2 p. 11 l. 1, l. 2-5 = M p. 2 l. 4 et l. 3-6 = B l. 5, p. 26 l. 4 = OB^1 l. 17]; , *ané-sakhparou sapou-mârou* «il n'est pas de (on ne peut) produire le succès», p. 2 l. 12 [cfr. p. 12 l. 4 = S^2 p. 11 l. 2, l. 5 = M p. 2 l. 4 et l. 6 = B l. 5, p. 26 l. 4 = OB^1 l. 17]; , *ané-sazamou-na-î* «je n'avais pas entendu», «je n'avais pas appris», p. 2 l. 13 [cfr. p. 12 l. 10 = S^2 p. 11 l. 3, l. 11 = M p. 2 l. 5 et l. 12 = B l. 5, p. 26 l. 9 = OL l. 14, l. 10 = OB^1 l. 18, l. 11

= OB² l. 1, l. 12 = OP² l. 1 et l. 13 = OT l. 1-2]; , *ané-ḥamasît-î ḥenâ-k* «je ne siégeais plus avec toi», p. 2 l. 14 [cfr. p. 12 l. 11-14 = M p. 2 l. 5, p. 27 l. 2 = OB¹ l. 18]; , *ané-ḥarou-î ḥar-sît ané-khamou-î sît — ané-anou-na-î îâbou-î ouâsâfaît nît bakouou* «je ne m'effraie pas d'eux, je ne les méconnais pas — mon cœur ne m'inspire pas (litt. : «ne m'apporte pas») la paresse des serviteurs», p. 2 l. 15-16 [cfr. p. 12 l. 13 – p. 13 l. 1-4 = S² p. 11 l. 4 et p. 12 l. 14 – p. 13 l. 2-6 = M p. 2 l. 6-7, p. 27 l. 7 = OB¹ l. 19, l. 8-11 = OB² l. 2-3, l. 9-12 = OP² l. 2 et l. 10 = OT l. 3]; , *ané-îouît ayîouîtou* «il n'est pas survenu de malheurs», p. 3 l. 3-4 [cfr. p. 14 l. 2 = M p. 2 l. 9, p. 29 l. 10-16 = OC² l. 2, avec des variantes signalées dans l'*Introduction*, p. XXXI]; , *ané-khapar mâîtît-sît* «le pareil de cela ne s'est pas produit», p. 3 l. 4 [cfr. p. 14 l. 4 = S² p. 11 l. 6, l. 5 = M p. 2 l. 9 et l. 6 = B l. 8] et p. 4 l. 9 où c'est une restitution proposée dans l'*Introduction*, p. XLIII-XLIV; , *ané-ḥaqarou-tou* «on n'a pas été affamé», p. 3 l. 9 [cfr. p. 15 l. 9 = S² p. 11 l. 9 et l. 10 = M p. 2 l. 12]; , *ané-abou-tou* «on n'a pas été altéré», p. 3 l. 9 [cfr. p. 15 l. 9 = S² p. 11 l. 9 et l. 10 = M p. 2 l. 12 – p. 3 l. 1]; , *ané-rakhou-f-sou shâou-mé-ḥarou-k* «n'est pas qui le sait sans ta face», «qui sait cela ne manque pas de ta faveur», p. 4 l. 2-3 [cfr. p. 17 l. 3-5 = S² p. 12 l. 3 et l. 4 = M p. 3 l. 7]; , *ané-marou-naf-sou ra-gâsou ḥamou-f* «il n'y a qui l'aime, en comparaison (litt. : «à côté») de Sa Majesté», p. 4 l. 11 [cfr. p. 18 l. 9-11 = S² p. 12 l. 7]. — , *ané* se rencontre par erreur pour , *mé*, p. 31 l. 10 = OB² R l. 5.

3° On le rencontre devant une préposition : , *ané-mé-îârît-na-î îârî-qânanou*, p. 18 l. 7 = S² p. 12, l. 6-7, mais la phrase est incorrecte (cf. *Introduction*, p. XLIII-XLIV) et l'exemple est à supprimer.

De la négation dérive régulièrement, à travers la forme féminine , *anît*, et par adjonction du suffixe -*î*, l'adjectif,

1° , , , *anîtî* «celui, celle, ce qui n'est pas»; , *qamadouît anîtî bou-sazamou-ni-tou-f* «un deuil dont le pareil n'a pas été entendu», p. 9 l. 1-4 = S² p. 10 l. 7-8, p. 9 l. 2-5 = M p. 1 l. 9-10 et note 2 = S¹ l. 6, p. 23 l. 2-5 = OB¹ l. 10 et l. 3-6 = OP¹ l. 2, pour , *ané-sazamou-ni-tou-f* «qui n'a pas été entendu», p. 2 l. 1-2; et au pluriel , *anatîou* «ceux qui ne sont pas», p. 4 l. 6 [cfr. p. 17 l. 13 = S² p. 12 l. 5] dans l'expression , *natîou anatîou* «ceux qui sont et ceux qui ne sont pas», tous les êtres. [hieroglyphs], *anîtî*, est employé par erreur pour la négation simple [hieroglyph], *ané*, p. 12 l. 15 = B l. 6.

2° * [hieroglyphs], [hieroglyphs], [hieroglyphs], *anîtî-fi*, subst. masc. sing. : «celui qui n'est pas, le faible, l'homme de rien»; [hieroglyphs], *dâî-na-î paḥou anîtî-fi mâî nîtî-oudnou* «j'ai fait arriver celui qui n'était rien comme celui qui était quelque chose», p. 1 l. 10 [cfr. p. 7 l. 10 = M p. 1 l. 6, p. 21 l. 12–p. 22 l. 2 = OB[1] l. 7-8, avec des variantes [hieroglyphs], *anîtî* sans [hieroglyph], *fi*, p. 7 l. 9 = S[2] p. 10 l. 5, p. 22 l. 3 = OQ[2] l. 3].

La prononciation *anî, ané*, du signe [hieroglyph] résulte et de l'échange qui est fait de la négation [hieroglyphs] avec la particule interrogative [hieroglyphs], *anî, ané*, dans les *Plaintes du Paysan* (Vogelsang, *Kommentar zu den Klagen des Bauern*, p. 45, 46), et de la forme copte ⲁⲧ- pour *ant*, dérivée du substantif ou adjectif négatif [hieroglyphs], *anîtî*. La négation exprimée par ce signe se rencontrant dans les textes sous deux orthographes différentes [hieroglyph] et [hieroglyphs], la question s'est posée de savoir si celles-ci représentaient chacune une prononciation et un usage spécial : Erman pense qu'il y eut vraiment deux formes prononcées l'une *n* l'autre *nn*, répondant à une différence d'accentuation, la forme en *nn* étant celle de la négation pleine, et il essaie de déterminer l'emploi de chacune d'elles (*Ægyptische Grammatik*, 3e éd., p. 266-269, § 512-518). Autant que je l'ai pu vérifier jusqu'à présent, il me semble qu'il y a là un fait historique plutôt qu'un fait grammatical. Au début, dans les textes des Pyramides, c'est-à-dire au moment le plus rapproché à notre connaissance du temps où les signes syllabiques ou idéographiques de l'écriture ne prenaient pas encore le complément alphabétique qui en déterminait la prononciation, on écrit régulièrement [hieroglyph] dans tous les cas. A mesure que l'écriture se développe et se complique par l'addition de plus en plus fréquente des compléments alphabétiques, on écrit tantôt [hieroglyph] tantôt [hieroglyphs] et il se peut, mais je n'ai pas réussi encore à me le démontrer, que, vers la XVIIIe dynastie, les scribes aient essayé d'établir une distinction entre les deux : s'il en fut vraiment ainsi, il ne paraît pas que cette distinction se soit maintenue longtemps, car à partir de la XIXe dynastie [hieroglyphs] demeure l'orthographe usuelle et [hieroglyph] ne se montre plus qu'à l'état sporadique, peut-être par recherche d'archaïsme sous les Saïtes. Les orthographes [hieroglyphs] et [hieroglyph], qui ont servi à justifier la transcription *n*, ne sont à mes yeux pour la plupart que des erreurs de transcription dues à la ressemblance des tracés hiératiques des deux caractères. Dans le cas de [hieroglyphs], pourtant, quelques-unes sont légitimes, mais elles ont été mal comprises et il convient de les interpréter par la grammaire : [hieroglyphs] se décompose alors en [hieroglyph], *nî* + [hieroglyph], *ané*, litt. : «de ne pas...», où ⲙ, *ni*, est la préposition ordinaire, et marque la relation entre un nom du membre de phrase précédent et une proposition composée d'un second membre de phrase négatif où le verbe est à l'infinitif.

Le copte a conservé 1°, *ané*, sous les formes ⲛ̄ *T. M. B.*, en préfixe au commencement de la phrase, et ⲁⲛ *T. M. B.* ⲉⲛ *B. Akhm.* à la fin de la phrase, 2°, *antî*, en composition avec un autre mot sur lequel porte l'accent tonique du composé complet, perd sa finale en \\, *î*, et reporte son accent de la médiale *î* sur la syllabe initiale, devenue ainsi *anet*, puis *ant;* ce dernier, par assimilation de la nasale à la dentale, donne ⲁⲧ– dans tous les dialectes.

, **anou**, verbe actif : «porter, apporter, mener, amener», , *ané-anou-na-î tâbou-î ouâsafâît nît bakouou* «mon cœur ne m'apporte pas la paresse des serviteurs», plus clairement «mon cœur ne me suggère pas, ne m'inspire pas, la paresse des serviteurs», p. 2 l. 15-16 [cfr. p. 13 l. 1-4 = S² p. 11 l. 4 et l. 2-5 = M p. 2 l. 6-7, p. 27 l. 8-11 = OB² l. 3, l. 9-12 = OP² l. 2 et l. 10 = OT l. 3 dont les variantes ont été discutées dans l'*Introduction*, p. XXV-XXVI]; , *anou-na-î zârouou khapeshouîtou*, litt. : «j'ai apporté (prisonnières en tribut) les frontières des vaillances», plus clairement «j'ai conquis, j'ai atteint les frontières de la vaillance», p. 3 l. 7 [cfr. p. 15 l. 1-4 = S² p. 11 l. 7-8, l. 2-5 = M p. 2 l. 11 et l. 3-6 = B l. 9, avec des variantes discutées dans l'*Introduction*, p. XXXIII]; , *anou-na-î masaḥouou* «j'ai apporté (prisonniers) des crocodiles», p. 3 l. 11 [cfr. p. 16 l. 1 = S² p. 11 l. 10 et l. 2 = M p. 3 l. 2, p. 32 l. 9 = OP² l. 6]; , *anou-na-î mazâîou* «j'ai amené (prisonniers), j'ai conquis les Mazâîou», p. 3 l. 12 [cfr. p. 16 l. 3 = S² p. 11 l. 10].

Le mot s'est conservé en copte dans ⲉⲛ *T. M. B.* ⲛ̄ *T.* de , *anou*, ⲉⲓⲛⲉ *T. Akhm.*, ⲓⲛⲉ *T.* ⲉⲓⲛⲓ *B.*, ⲓⲛⲓ *M. B.* de , *aînît*, *ducere*, *adducere*, *ferre*, *inferre*, ainsi qu'à l'impératif ⲁⲛⲓ *T. M.* ⲉⲛⲓ *T. Akhm. adduc, affer*, de , *a-aînît*, *a-anî*.

, **anouki, anouk**, pronom absolu de la première personne du singulier : «je, moi je...», , *anouk îdri îâdou* «moi je suis le créateur de l'orge», p. 3 l. 8 [cfr. p. 15 l. 4 = S² p. 11 l. 8 et l. 5 = M p. 2 l. 11-12, p. 31 l. 11 = OP² l. 5]; , *anouk manaît* «je suis le pieu d'attache», p. 4 l. 6 [cfr. p. 17 l. 13 = S² p. 12 l. 5]. — Ce pronom s'est conservé dans le copte ⲁⲛⲟⲕ *T. M. B. Akhm.*, ⲁⲛⲁⲕ *Akhm. B.* et ⲁⲛ̄ⲕ, ⲁⲛ̄ⲅ *T.*, *ego*, *ego sum.*

ara, ari, aré, particule qui se met en tête des phrases ou des membres de phrase : — 1° lorsqu'elle y précède immédiatement le nom sujet, elle leur donne une valeur légèrement emphatique et elle peut se traduire : «or, alors, donc» ; — 2° lorsqu'elle y précède immédiatement le verbe, elle leur prête un sens dubitatif et elle se traduit «si». Elle ne se rencontre chez notre auteur qu'avec le sens dubitatif : , *aré shasapou-na-î âsou khâouou mé-douît-î* «si j'avais pris vite les armes dans ma main», p. 2 l. 9-10 [cfr. p. 11 l. 7-10 = S² p. 11 l. 1-2, l. 8-11 = M p. 2 l. 3 et l. 9-12 = B l. 4, avec des variantes indiquées dans l'*Introduction*, p. XXIII-XXIV]. — Cette particule ne s'est pas conservée en copte dans sa forme pleine ; dans sa forme écourtée en *aé, a,* par chute de , *ra,* elle s'est confondue avec ⲁ dérivé du verbe , *îârî, aré.*

, **arâî, arâ, érâ,** adjectif verbal dérivé de la préposition , *ara* «pour, vers, à», et qui signifie à proprement parler «ce qui appartient à...». Il n'a le plus souvent d'autre valeur que celle de notre pronom possessif : «son, sa, ses, leur, leurs, eux, elles», ou même de notre article : «le, la, les» , *âqdouou ané-kamou-érâ,* litt. : «des familiers, non parachèvement qui leur appartient, non parachèvement d'eux», «des familiers non longuement éprouvés», p. 1 l. 7 [cfr. p. 7 l. 1-3 = S² p. 1 l. 4 où la variante , *kamou-ni-érâ,* semble prouver que le scribe a cru trouver dans la particule , *érâ,* le substantif , *arâî, érâ* «compagnon», litt. : «non achèvement d'ami», en d'autres termes «qui ne soient pas des amis achevés», et p. 7 l. 2-4 = M p. 1 l. 5, p. 21 l. 3-5 = OL l. 4 et l. 4-6 = OB¹ l. 6] ; , *aou ouzouît-na-î-nabou ra-isît-érâ* «car tout ce que j'ordonnais était à la place qui lui appartient, «à sa place», plus clairement «tout ce que j'ordonnais était bien à propos», p. 3 l. 10-11 [cfr. p. 15 l. 11-13 = S² p. 11 l. 9-10, p. 32 l. 7 = OP² l. 6 et l. 8 = OQ¹⁰ l. 2-3] ; , *khatamît ra-isît-érâ* «scellée à la place qui lui appartient, scellée au bon endroit», p. 4 l. 7-8 [cfr. p. 18 l. 1-3 = S² p. 12 l. 6]. — L'orthographe ramesside du mot prouve qu'il se confondait alors pour la prononciation avec le mot , *arâî, érâ* «compagnon, gardien» ; il n'en était probablement à l'origine qu'un emploi secondaire.

, , , , **îârou, îârî, aîrî, îrî,** et à l'infinitif féminin

, **iârît, îrît,** verbe actif : «faire, fabriquer, exécuter, produire», , *sabâît iârît-ni-ḥamou ni-nasouîtî bâîtî* «Enseignement fait, donné, par la Majesté du roi des deux Égyptes», p. 1 l. 1 [cfr. p. 5 l. 1 = S² p. 10 l. 1 et l. 2 = M p. 1 l. 1, p. 19 l. 3 = OL l. 1, l. 4 = OB¹ l. 1 avec la variante sans , l. 5 = OQ¹ l. 1 avec la variante sans et l. 6 = OC¹ l. 1]; , *iârî-k* «tu fais, tu agis», p. 1 l. 3 [cfr. p. 6 l. 3 = S² p. 10 l. 2 avec la variante , et l. 4 = M p. 1 l. 3, p. 20 l. 9 = OB¹ l. 4]; , *iârî-na-î qamadouît* «j'ai fait un chant de deuil», p. 2 l. 1 [cf. p. 9 l. 1 = S² p. 1 l. 7, l. 2 = M p. 1 l. 9 et l. 3 = B l. 1, p. 23 l. 1 = OL l. 8, dans ces quatre cas avec la variante , p. 23 l. 2 = OB¹ l. 10 avec la variante et l. 3 = OP¹ l. 1-2 avec la variante]; , *iârî-kou-î* «je fis», p. 2 l. 7 [cfr. p. 10 l. 10 = S² p. 10 l. 10, l. 11 = M p. 2 l. 1 et l. 12 = B l. 3, dans ces trois cas avec l'orthographe , p. 25 l. 4 = OB¹ l. 14]; , *sapou-ni-iârît-iârî-qânanou*, litt. : «la fois d'agir les héros», plus clairement «au temps des héros», p. 3 l. 4-5 [cfr. p. 14 l. 4-7 = S² p. 11 l. 6, l. 5-8 = M p. 2 l. 9 et l. 6-9 = B l. 8, p. 30 l. 1 = OB² R l. 3 avec la variante , l. 5 = OQ⁸ l. 5 et l. 6 = OC¹ l. 4] et p. 4 l. 9-10 [cfr. p. 18 l. 7 = = S² p. 12 l. 6-7 où le texte était corrompu, ainsi qu'il est dit dans l'*Introduction*, p. XLIII-XLIV]; , *anouk iârî iâdou* «je suis celui qui produis l'orge», p. 3 l. 8 [cfr. p. 15 l. 4 = S² p. 11 l. 8 et l. 5 = M p. 2 l. 11-12, p. 31 l. 11 = OP² l. 5]; , *aou ḥamasoutou mé-iârît-na-î ḥar sazadou-tou amé-î* «car on s'employait (litt. : «on siégeait») à agir pour moi selon ce que j'avais prescrit», p. 3 l. 9-10 [cfr. p. 15 l. 11 = S² p. 11 l. 9 et l. 12 = M p. 3 l. 1, p. 32 l. 6 = OQ¹⁰ l. 2]; , *qârouîtou mé-ḥasmanou iârouîtou* «les barres des portes, les verroux en bronze fabriqué», p. 3 l. 15-16 [cfr. p. 16 l. 11 = S² p. 12 l. 2]; , *iârou ni-zatdou* «fait pour l'éternité», p. 3 l. 16 [cfr. p. 16 l. 11 = S² p. 12 l. 2 avec la variante , p. 33 l. 1 = OP² l. 8]; , *mâ-k iârît-na-î khart-ḥâît* «or ce que j'ai fait auparavant», p. 4 l. 5-6 [cfr. p. 17 l. 11 = S² p. 12 l. 5 avec l'orthographe , et l. 12 = M p. 3 l. 9 avec l'orthographe]. — Le verbe se met devant les verbes ou les substantifs pour former des noms d'agent, , *iârî-taîsît* «celui qui fait soulèvement, le rebelle», p. 1 l. 10-11 [cfr. p. 8 l. 1 = S² p. 10 l. 5 et l. 2 = M p. 1 l. 7, p. 22 l. 1-4 = OL l. 6 et l. 2-5 = OB¹ l. 8]; , *iârî-qânanou* «ceux qui font les actes de vaillance, les vaillants, les héros», p. 3 l. 5 [cfr. p. 14 l. 4-7 = S² p. 11 l. 6 et l. 5-8 = M. p. 2 l. 9] et p. 4 l. 9 [cfr. p. 18 l. 7 = S² p. 12 l. 7].

Notre auteur et les scribes ramessides qui nous ont conservé son œuvre donnent, à côté des formes , , les formes en final :

1° , *dîrî, îdrî,* et au féminin , *dîrît, îdrît,* au pluriel , , nom verbal qui prend les suffixes des personnes comme un verbe ordinaire «l'action de faire, le faire» , *akh îdrî-î har sakharou-k,* litt. : «Ah ! mon agir selon tes desseins», plus correctement «Ah ! que j'agisse (ou «j'agirai») selon tes desseins», p. **2** l. **14-15** [cfr. p. **12** l. **13** = S² p. 11 l. 3-4, l. **14** = M p. 2 l. 6 et l. **15** = B l. 6, p. **27** l. **3-8** = OB² l. 2]; , *dâî-na-î îdrî-î har Satâtîou,* litt. : «je fis mon agir sur les Satatiou», ou de façon plus correcte «j'agis sur les Satatiou si bien qu'ils vinrent comme des chiens», p. **3** l. **12-13** [cfr. p. **16** l. **3-5** = S² p. 12 l. 1 et l. **4-6** = M p. 3 l. 3]; , *ané-aou soukhdou-tou nazisou har îdrouîtou-sounou* «est-ce qu'ont été rendus ignorants les sujets sur leurs actes?», plus intelligiblement : «les sujets ont-ils été rendus ignorants de ce qu'ils doivent faire, de leurs devoirs?», p. **3** l. **2-3** [cfr. p. **13** l. **13**—p. **14** l. **1** = S² p. 11 l. 6 où il y a la variante , *îdrarouîtou* et p. **13** l. **14**—p. **14** l. **2** = M p. 2 l. 8-9 où il y a l'orthographe , p. **29** l. **10** = OC¹ l. 2, où l'on a].

2° , *îdrarouîtou,* forme à seconde radicale redoublée du précédent, ne se trouve qu'en variante dans S² p. 11 l. 6 = p. **13** l. **13**—p. **14** l. **1**, où la réduplication ajoute une nuance d'habitude au sens de la racine, , *har-îdrarouîtou-sounou* «sur leurs actes accoutumés, sur leurs devoirs accoutumés». Ici, comme pour la négation et sa variante (cfr. plus haut, p. 51-52), la variante de me semble intéresser plutôt l'histoire de l'écriture que la grammaire de la langue, et il ne me paraît pas probable qu'on doive considérer comme représentant *îr* et comme représentant *îrr* (Erman, *Ægyptische Grammatik*, 3ᵉ éd., p. 140, § 264), au moins dans l'usage ordinaire : c'est l'habitude de plus en plus prévalente d'écrire les compléments alphabétiques des signes de syllabes ou des idéogrammes, qui a modifié en la graphie du début. Il est donc possible que, dans de très vieux textes, tels que ceux des Pyramides qui remontent aux âges héliopolitains, on rencontre encore, à l'âge memphite ou plus tard, par routine des scribes, certaines graphies que le sens oblige de lire *îdrarî,* mais je pense que c'est l'exception, et que le plus souvent, même alors, et sont des variantes indifférentes l'une de l'autre : lorsque les scribes voulaient exprimer la forme à seconde radicale redoublée, ils redoublaient dans l'écriture comme dans la prononciation, . Si dans les textes postérieurs on rencontre , en variante de , cela peut tenir, soit à la chûte par usure du second , soit plutôt à ce que l'usage avait fini par effacer dans ce mot, comme dans beaucoup d'autres, la nuance rendue par le redoublement de la lettre, et que , était devenu complètement synonyme de .

Le mot , s'est conservé dans le copte : 1° Sous la forme accentuée ⲉⲓⲟⲣ-, ⲉⲓⲱⲣ *T.*, ⲉⲓⲁⲣ- *Akhm.* ⲓⲁⲣ- *M.*, et atone ⲉⲣ- *T. M.*, ⲣ̄- *T. Akhm.* ⲉⲗ- *B.* ⲗ- *Akhm.* dérivée de , *îdrî*, en composition; — 2° sous la forme pleine ⲉⲓⲣⲉ *T. Akhm.*, ⲓⲣⲉ *T. B.*, ⲓⲣⲓ *M.*, ⲉⲓⲗ[1], ⲓⲗⲓ *B. facere*, dérivée de l'infinitif féminin , *îdrît, irît*; — 3° sous la forme amoindrie ⲁⲓ- *M. B.*, ⲁ-, ⲁⲁ- *T.*, ⲉⲉ- *Akhm.*, ⲉⲓ *B.*, ⲟⲉï *Akhm.*, ⲟï, ⲟ, ⲱ *T. facere, esse*, dérivée de , *îdrî, drî*, avec amuissement de , *r*, puis, en thébain, avec disparition de ⲓ après ⲁ comme dans les atones en *aï* de l'ancien égyptien, et obscurcissement de *a* en *o-ô* à l'absolu, enfin, en Bachmourique, par atténuation de *a* en *e*; — 4° comme enclitique dans les auxiliaires ⲁⲣⲉ-, ⲉⲣⲉ-, ⲉⲗⲉ-, ϣⲁⲣⲉ-, etc., à l'impératif ⲁⲣⲓ *T. M.*, ⲉⲣⲓ *Akhm.*, ⲁⲗⲓ *B. fac*, etc., en combinaison avec les particules , *a*, , *shâd*, etc.

îâraîtî, maraîtî, subst. fém. au duel : «les deux yeux», p. **4** l. **4** [cfr. p. **17** l. **7** = S[2] p. 12 l. 4 et l. 8 M p. 3 l. 8]. — Le mot s'est conservé en copte dans le mot composé ⲉⲓⲉⲣ-ⲃⲟⲟⲛⲉ *T. invidus* , et sans *r* finale dans ⲉⲓⲁ *T.* ⲉⲓⲁ-ⲧ *T.* ⲓⲁ-ⲧ *T. M. intuitus oculorum, oculus*. Nous en possédons l'état absolu *îrou* en assyrien dans le rendu *Pousîrou* du nom , *Boustrou, Bousiri*, et *ιρι* en grec, dans le nom d'Osiris , où l'élément a été interprété à tort par *œil* et le nom complet traduit *πολυόφθαλμος, ocellatus*, comme s'il dérivait d'un composé , * ⲟϣ-ⲓⲣⲓ, *multi-oculus, doué de beaucoup d'yeux*.

akh, exclamation : «oh! ah!» qui exprime le désir, le souhait, et parfois le commandement, p. **2** l. **14** [cfr. p. **12** l. **13** = S[2] p. 11 l. 3, l. **14** = M p. 2 l. 6 et l. **15** = B l. 6, p. **27** l. **3** = OB[2] l. 2 et l. **5** = OT l. 2]. — Ce mot ne paraît pas s'être conservé en copte comme exclamation, mais il prit le sens interrogatif, au moins à partir du second empire thébain, d'où ⲁϣ *T. M. B.*, ⲉϣ *B. quis, qualis, quantus?* et les composés ⲁϧⲟ *M.* ⲁϩⲣⲟ *T.* ⲁϩⲣⲁ *Akhm.*, *cur, quid?*

îâsi, forme ramesside de , *asou, asî* «vite», *q. v.* p. 35. Elle se rencontre p. **25** l. **14** = OB[1] l. 16.

isâit, isît, à l'origine , *sâît,* subst. fém. : «siège, place, habitation», ne se rencontre chez notre auteur que dans la locution , *ra-isît-érâ* «à sa place», c'est-à-dire «en bonne place, à la place voulue, à propos», p. 3 l. 10-11 [cfr. p. 15 l. 13 = S[2] p. 11 l. 9-10, p. 32 l. 7 = OP[2] l. 6 et l. 8 = OQ[10] l. 3] et p. 4 l. 7-8 [cfr. p. 18 l. 1-3 = S[2] p. 12 l. 6]. — Le mot ne s'est pas conservé en copte, mais nous en possédons les transcriptions *Ếshou, Ếshi,* soit *Ếsou, Esi,* en assyrien, puis en grec *Ếsi,* dans les composés tels que Har-si-êsi, *Isi, Osi* dans les noms d'Isis et d'Osiris; la variante Σῖρις , pour Osiris, est conforme à l'orthographe antique *sâît, sît, sî,* du mot .

*, **asouîtou, asoutou,** et **asou, aîsou** conj. : «or, alors», et avec une nuance de subordination «car, comme, parce que..., puisque», , *asouîtou âḥdou-tou* «car on avait combattu», p. 2 l. 2-3 [cfr. p. 9 l. 7 = S[2] p. 10 l. 8 et l. 8 = M p. 1 l. 10, p. 23 l. 7 = OL l. 9, l. 8 = OB[1] l. 11 et l. 9 = OP[1] l. 3]; , *asouîtou sapakhrar khâouou* «car on avait fait circuler des armes», p. 2 l. 6-7 [cfr. p. 10 l. 7-10 = S[2] p. 10 l. 10, l. 8-11 = M p. 2 l. 1 et l. 9-12 = B l. 3, p. 24 l. 11 = OL l. 11 et l. 12 = OB[1] l. 14, p. 25 l. 1 = OQ[3] l. 4 et l. 2 = OQ[4] l. 3, p. 33 l. 12 = TC[5] l. 6]. — , , est un dérivé de , *aîsou, asou,* par adjonction de , , *-tou;* la forme simple , *aîsou, aîs, îs,* est demeurée dans ειc *T. B. Akhm.* ıc *M.* et la forme , *asoutou, astou,* dans εcτε *Akhm., ecce.*

aqarou, aqirou, adjectif : «habile, adroit, instruit, savant, sage», p. 19 l. 1 = S[2] p. 12 l. 8]. — Le mot ne s'est pas conservé en copte : nous possédons la transcription grecque *ωκρι du féminin , *aouqrît, ôqri,* dans le nom propre *Nît-aouqrît, Nît-ôqri* «Nît l'adroite, la sage».

aqdanou, verbe neutre : «dormir», forme en , *a* prothétique du mot , *qadanou* «dormir», qu'on rencontre en variante ramesside sur deux de nos manuscrits, S[2] p. 10 l. 7 = p. 10 l. 7 et OQ[4] l. 3 = p. 25 l. 2; cfr. p. 130, *s. v.* , *qâdou.*

îâdou, subst. masc. : «orge», p. 3 l. 8 [cfr. p. 15 l. 4 = S[2] p. 11 l. 8 et l. 5 = M p. 2 l. 12, p. 31 l. 11 = OP[2] l. 5]. — Le mot s'est conservé en copte dans ειωτ *T.*, ιωτ *T. M.*, π, *hordeum.*

adábouou, adébou, subst. masc. plur. : «terres cultivées» le long du Nil, à l'est et à l'ouest du fleuve, p. 1 l. 3 [cfr. p. 6 l. 3 = S^2 p. 10 l. 2 et l. 4 = M p. 1 l. 3, p. 20 l. 9 = OB^1 l. 4]. — Le mot ne s'est pas conservé en copte.

Adouḥou, Adḥou, nom des marais du littoral égyptien entre les deux branches de Damiette et de Rosette, le nord de l'Égypte, par opposition à Iabou-Éléphantine qui désigne le sud, p. 3 l. 5-6 [cfr. p. 14 l. 10 = S^2 p. 11 l. 7 et l. 11 = M p. 2 l. 10, p. 30 l. 10 = OB^2 R l. 4, l. 11 = OP^2 l. 4 et l. 13 = OC^2 l. 4]. — Le mot ne s'est pas conservé en copte : nous l'avons comme *athou, athô* dans la transcription assyrienne, *Nathou*, et comme ⲁⲑⲱ dans la transcription grecque, Ναθῶ, du nom du canton.

âou, au duel , *âouî*, subst. masc. : «bras», , *âouî-î* «mes deux bras», p. 1 l. 11 [cfr. p. 8 l. 4 = M p. 1 l. 7, p. 22 l. 5 = OB^1 l. 8]; , *âouî-fi* «ses deux bras», p. 8 l. 3 = S^2 p. 10 l. 6 et p. 22 l. 4 = OL l. 6 [cfr., pour cette variante ramesside, l'*Introduction*, p. XVIII]. — Le mot ne s'est pas conservé en copte avec son sens premier; on l'y trouve comme ⲛⲓ *M.* ⲡⲓ-*par.*

âáou, adjectif : «grand», p. 2 l. 2 [cfr. p. 9 l. 4 = S^2 p. 10 l. 8, l. 5 = M p. 1 l. 10 et l. 6 = B l. 1, p. 23 l. 5 = OB^1 l. 11 et l. 6 = OP^1 l. 2]. — Le mot est resté en copte, comme verbe, à la forme redoublée ⲁⲓⲁⲓ *T. M.*, ⲁⲓⲁⲉⲓ *T.* ⲁⲓⲉⲉⲓ *B. crescere, magnificari*, et comme adjectif ⲛⲁⲁ *T. M. magnus*, avec la préformante ⲛⲁ-, ⲛ-. En finale, dans les mots composés, il a pris les formes -ⲟ, fém. ⲱ et en bachmourique -ⲁ, ainsi de , *our-âá* «le grand chef», ⲣ̄ⲣⲟ, ⲉⲣⲣⲟ *T. Akhm. B.*, ⲟⲩⲣⲟ *M.* ⲣⲣⲁ, ⲉⲣⲣⲁ *B.* ⲡ *rex*, ⲣ̄ⲣⲱ *T.* ⲧ ⲟⲩⲣⲱ *M.* ϯ *regina.*

ââou, pl. **ââouou, ââouîtou**, subst. masc. : «porte, huis», plus particulièrement «le battant d'une porte», p. 3 l. 15 [cfr. p. 16 l. 12 = M p. 3 l. 5, p. 32 l. 13 = OP^2 l. 8 où , *ââouîtou*, doit être certainement corrigé en , *ââouî* «les deux battants de la porte»]. — Le mot ne s'est pas conservé en copte.

*, * **ââît,** subst. fém. : «bloc de pierre, pierre», puis «pierre précieuse, caillou», dans l'expression , *âdît raoudît* «bloc de pierre dure», plus particulièrement «bloc de grès», p. 3 l. 15, en correction du texte S² p. 12 l. 2 = p. 16 l. 9, ainsi qu'il a été dit dans l'*Introduction*, p. xxxvi-xxxvii. — Le mot ne s'est pas retrouvé en copte.

ââdît, faute de copiste, p. 16 l. 9 = S² p. 12 l. 2, pour , *âdît-raoudît* (*q. v. supra*), ainsi qu'il est dit dans l'*Introduction*, p. xxxvi-xxxvii.

, **ânakhou,** comme substantif : «vie», comme verbe «vivre», ne se trouve ici que dans les expressions :

1° , *ânakhou, ouzdou, sanabou,* qu'on traduit ordinairement «vie, santé, force», et qui se place derrière les cartouches des Pharaons, p. 5 l. 3 = S² p. 10 l. 1; les autres manuscrits ne l'ont pas.

2° , , *ânaoukhou, ênêkhîou,* subst. masc. plur. : «les vivants», p. 1 l. 13–p. 2 l. 1 [cfr. p. 8 l. 9 = S² p. 10 l. 7, l. 10 = M p. 1 l. 9, et l. 11 = B l. 1, p. 22 l. 10 = OL l. 8, l. 11 = OB¹ l. 10 et l. 12 = OP¹ l. 1, p. 33 l. 6 = TC⁵ l. 1].

Le mot s'est conservé : — 1° en transcription grecque, sous des formes qui répondent à autant de nuances grammaticales, ΟΝΥΧΟϹ, ΗΝΕΧΗϹ, ΩΓΧΙϹ, ΟΥΝΧΙϹ-ΥΝΧΙϹ, et en copte ⲱⲛϧ, ⲟⲛϧ *M.*, ⲱⲛϩ, ⲟⲛϩ *T.*, ⲱⲛϩ *Akhm.*, ⲱⲱⲛϩ, ⲱⲛⲁϩ *T. B.*, ⲁⲁⲛ̄ϩ *T.*, ⲁⲛϩ, ⲁⲛⲁϩ *M. A.*, ⲁⲛ̄ϩ *Akhm.*, *vivere, vita,* et avec le sens secondaire ⲁⲛⲁϣ *T. M.* ⲡ *jusjurandum;* — 2° au factitif en *sa* ⲥⲁⲛⲉϩ *Akhm.*, ⲥⲁⲛ̄ϣ, ⲥⲁⲁⲛ̄ϣ *T.* ϣⲁⲛϣ *M. nutrire, lactare.*

, **ânatîou,** subst. masc. plur. : «la myrrhe», et d'une manière générale «les parfums», p. 1 l. 14 [cfr. p. 8 l. 7 = S² p. 10 l. 6 et l. 8 = M p. 1 l. 8, p. 22 l. 9 = OB¹ l. 9]. — Le mot ne s'est pas conservé en copte.

*, , **âḥâou,** verbe neutre : «se battre, combattre», , *bou-âd-ni-âḥâou,* litt. : «un grand lieu de combattre, une grande bataille, une grande guerre», p. 2 l. 2 [cfr. p. 9 l. 4 = S² p. 10 l. 8 et l. 5 = M p. 1 l. 10, p. 23 l. 4-7 = OL l. 9 et l. 5-8 = OB¹ l. 11]; , *âḥâou-tou ḥar matounou* «on avait combattu sur

8.

l'arène», p. 2 l. 2-3 [cfr. p. 9 l. 7 = S² p. 10 l. 8 et l. 8 = M p. 1 l. 10, p. 23 l. 7 = OL l. 9, l. 8 = OB¹ l. 11 et l. 9 = OP¹ l. 3]; [hiéroglyphes], *nâ-hâsou-na-î ra-âḥâou* «je m'éveillai pour combattre», p. 2 l. 8 [cfr. p. 11 l. 1 = S² p. 11 l. 1, l. 2 = M p. 2 l. 2 et l. 3 = B l. 3, p. 25 l. 7 = OL l. 12 et l. 8 = OB¹ l. 14-15, p. 34 l. 1 = TC⁵ l. 7 avec la variante [hiéroglyphe], *ni*, pour [hiéroglyphe], *ra*]; [hiéroglyphes], *ané-âḥâou ouâîtî* «il n'est de combattre seul, on ne peut combattre seul», p. 2 l. 11 [cfr. p. 12 l. 1-4 = S² p. 11 l. 2 qui donne la variante [hiéroglyphes], *âḥâou-tou*, et l. 2-5 = M p. 2 l. 4, p. 26 l. 4 = OB¹ l. 17]; [hiéroglyphes], *âḥâou-k ḥar rakhou-tou* «toi combattant, tout en combattant pour qui te connaît», p. 4 l. 10 [cfr. p. 18 l. 9 = S² p. 12 l. 7 et l. 10 = M p. 3 l. 12, où le texte a été corrigé, ainsi qu'il est dit dans l'*Introduction*, p. XLIV-XLV]. — Le mot ne s'est conservé en copte que dans un sens secondaire du nom d'agent qui dérive de lui, [hiéroglyphes], *âḥâouîtî* «combattant, soldat», par suite «mâle», ϩⲱⲟⲩⲧ *M.* ⲡⲓ, ϩⲟⲟⲩⲧ *T.* ⲡⲉ, ϩⲁⲟⲩⲧ *B.* ⲡ, *mas, masculus, vir, maritus.*

[hiéroglyphes] **âḥâou**, verbe neutre: «se tenir debout, se dresser, se lever», [hiéroglyphes], *âḥâou-kou-î ḥar zarouou tâou* «tandis que je me tenais debout, me tenant debout sur les frontières du pays d'Égypte», p. 3 l. 6 [cfr. p. 14 l. 10 = S² p. 11 l. 7, l. 11 = M p. 2 l. 10 et l. 12 = B l. 9, p. 30 l. 9-p. 31 l. 4 = OB² R l. 4 où [hiéroglyphe] est passé, p. 31 l. 2-8 = OC⁴ l. 2 et l. 3 = OQ⁹ l. 1]. — Notre auteur emploie également deux formes de ce mot :

1° [hiéroglyphes], *âḥâni*, locution adverbiale qui peut se rendre en français : «voici, voilà, or, alors», [hiéroglyphes], *âḥâni nasoutî-k* «voici donc que tu règnes», p. 4 l. 8-9 [cfr. p. 18 l. 5 = S² p. 12 l. 6 et l. 6 = M p. 3 l. 11, avec des erreurs qui sont corrigées dans l'*Introduction*, p. XLIII]. La fin de [hiéroglyphe], *ni*, me paraît être ici cette flexion participiale en [hiéroglyphe], *ni*, que Golénischeff a étudiée longuement (*Le Conte du Naufragé*, dans la *Bibliothèque d'étude*, t. II, p. 158-163).

2° [hiéroglyphes], *saâḥâou*, forme factitive «faire se tenir debout, élever, dresser, ériger» des monuments, p. 4 l. 10 [cfr. p. 18 l. 7 = S² p. 12 l. 7].

Le verbe [hiéroglyphes], *âḥâou*, s'est conservé dans le copte ⲁϩⲉ ⲱϩⲉ *T. Akhm.* ⲟϩⲓ ⲱϩⲓ *M. B.* *stare, manere, sustinere*, et l'adverbe [hiéroglyphes], *âḥâni*, *ḥâni*, dans le copte ϩⲏⲏⲛⲉ, ϩⲏⲛⲉ, *T. ecce.*

* [hiéroglyphes], [hiéroglyphes] **âshâouîtou, âshâît**, subst. fém. : «la multitude, la foule», par suite «le commun, le vulgaire», p. 4 l. 1 [cfr. p. 17 l. 1 = S² p. 12 l. 3, p. 33 l. 5

= OQ[11] l. 3]. — Le mot s'est conservé dans le copte ⲁϣⲁⲓ *M.* ⲁϣⲏ *T. Akhm.*, ⲁϣⲉ *T.*, ⲁϣⲉⲓ *B.* ⲡ, *multitudo* : il dérive de l'adjectif , , **âshdou**, en copte ⲱϣ, ⲟϣ, *T. M.*, *multus.*

* , , **âqâou**, subst. masc. plur., litt. : «les gens qui entrent, les entrants; les visiteurs, les familiers» d'un grand seigneur ou du Pharaon, p. 1 l. 7 [cfr. p. 7 l. 1 = S[2] p. 10 l. 4 et l. 2 = M p. 1 l. 5, p. 21 l. 3 = OL l. 4 et l. 4 = OB[1] l. 6]. — Le mot dérive du verbe , *âqdou*, *âqou*, ⲁⲉⲓⲕ *T. intrare;* il ne s'est pas conservé en copte.

, **âdî, âdou**, subst. masc. : «graisse», variante erronée de S[2] p. 11 l. 5 = p. 13 l. 10, de B l. 7 = p. 13 l. 12 et de OP[3] l. 2 = p. 29 l. 1, pour , *âdadou, q. v.* — Le mot s'est conservé en copte ⲱⲧ *M. T.* ⲡ, au pluriel ⲱⲑ *T.* ⲉ̄ⲛ̄, *adeps.*

, **âdadou**, verbe actif : «houer, dépiquer» à la houe, «dépecer, trancher, couper» , *âdadou qâbabou* «couper les digues», p. 3 l. 2 [cfr. p. 13 l. 11-14 = M p. 2 l. 8, p. 28 l. 14 = OP[2] l. 3, p. 29 l. 2 = OT l. 5-6, où S[2] p. 11 l. 5, B l. 7 et OP[3] l. 2 ont]. C'est une forme à deuxième radicale redoublée de la racine , *âdou*. La confusion qui s'est établie ici entre , *âdadou*, prononcé peut-être *âddou*, et le mot , *âdou* «graisse», provient de ce que, dans l'écriture hiératique, les formes cursives des déterminatifs et sont presque identiques et ont été souvent mêlées par les scribes.

, subst. fém. de lecture douteuse, peut-être apparenté au substantif masculin , , *âzou, âdî* «champ, terrain, sol», et signifiant la partie sablonneuse de l'Égypte, entre les terres cultivées et la montagne, p. 2 l. 8 [cfr. p. 11 l. 1 = S[2] p. 11 l. 1 et l. 2 = M p. 2 l. 2, p. 25 l. 7 = OL l. 12 et l. 9 = OQ[3] l. 5]. — Le mot ne s'est pas conservé en copte.

, **ou**, particule qui sert à introduire le pronom de la première personne du singulier quand il est régime d'un verbe actif, cfr. *s. v.* C, p. 40-41.

*[hieroglyphs], [hieroglyphs] **Ouáouáîou**, le peuple qui occupait le désert de Nubie et la partie de la vallée, au voisinage de Korosko, p. 3 l. 12 [cfr. p. 16 l. 1-2 = S² p. 11 l. 10].

*[hieroglyphs], [hieroglyphs] **ouáḥou**, verbe actif : «poser, placer, ajouter, augmenter», p. 4 l. 7 [cfr. p. 18 l. 1 = S² p. 12 l. 5 et l. 2 = M p. 3 l. 10]. — Le mot s'est conservé en copte dans ⲟⲩⲱϩ, ⲟⲩⲉϩ *T. M. B. Akhm.*, ⲟⲩⲁϩ *T. M. ponere, addere, adjicere*, et à l'infinitif féminin dans ⲟⲩⲁϩⲉ *M. addicere*, de [hieroglyphs], *oudḥît.*

[hieroglyphs], [hieroglyphs] **ouaîa**, subst. masc. : «barque, bateau», p. 4 l. 8 [cfr. p. 18 l. 3-5 = S² p. 12 l. 6]. — Il ne s'est pas conservé en copte. C'était un mot archaïque, désignant à l'origine le bateau du Nil, à cabine médiane et sans mât; à l'époque historique, il servait à indiquer les barques d'apparat, celles de dieux et celles de Pharaon surtout.

*[hieroglyphs], [hieroglyphs], [hieroglyphs] **ouâou**, verbe neutre : «être seul», [hieroglyphs], *mé-takanou amé-sounou mé-ouâou-na-k* «ne pénètre point parmi eux à l'état de tu as été seul», plus clairement «ne pénètre point parmi eux tout seul», p. 1 l. 6 [cfr. p. 6 l. 9 = S² p. 10 l. 3 et l. 10 = M p. 1 l. 4, qui a la forme sans [hieroglyphs], *na*, avec l'orthographe [hieroglyphs] du pronom [hieroglyphs]-*k* de la seconde personne [hieroglyphs], *ouâou-k*; p. 21 l. 2 = OB¹ l. 5]. Ce verbe se rattache à l'adjectif numéral [hieroglyphs], [hieroglyphs], [hieroglyphs], *ouâou, ouâ* «un, unique, seul» p. 26 l. 4 = OB¹ l. 17, duquel dérive également, par adjonction de l'*t* à la forme féminine [hieroglyphs], *ouâît* :

[hieroglyphs], [hieroglyphs], *Ouaîtî* «seul», [hieroglyphs], *ané-âḥdou ouâîtî* «il n'est de combattre seul, on ne peut combattre seul», p. 2 l. 11 [cfr. p. 12 l. 2-5 = M p. 2 l. 4 et l. 3-6 = B l. 5, mais avec la variante [hieroglyphs], p. 26 l. 4 = OB¹ l. 17].

Le mot ⲟⲩⲁ, *T.*, ⲟⲩⲉ *Akhm.*, ⲟⲩⲁⲓ *M. B.*, ⲟⲩⲉⲓ, ⲟⲩⲓ *T. B.*, ⲟⲩⲉⲉⲓ *Akhm. unus, una, solus, sola*, a conservé la valeur verbale dans la forme thébaine ⲟⲩⲁⲁ- qui prend les suffixes pronominaux comme [hieroglyphs], *ouâou*, ainsi ⲛ̄ⲧⲟⲕ ⲟⲩⲁⲁⲕ *tu solus*, qui correspond à un égyptien *[hieroglyphs], *nitouk ouâou-k* «toi tu es seul, toi qui es seul, toi seul». Le mot [hieroglyphs], *ouâîtî, ouâtî*, s'est maintenu dans ⲟⲩⲁⲧ *T. M.* ⲟⲩⲁⲁⲧ *T.* ⲟⲩⲁⲉⲉⲧ *Akhm. B.* ⲟⲩⲁⲉⲧ *B. solus.*

oubáou, verbe actif : «percer à la houe, percer, ouvrir», , *ané-aou oubáou-tou máou* «est-ce que l'eau a été ouverte?», p. 3 l. 2 [cfr. p. 13 l. 11 = M p. 2 l. 8 et p. 34 l. 5 = TC[3] l. 9], où les autres textes portent une version différente qui a été notée dans l'*Introduction*, p. xxx. — Le mot ne s'est pas conservé en copte.

* , , , , **ouápouît**, subst. fém. : «message, mission, déclaration», , *zadou-f mé-oudpouît mádît* «il dit en message vrai, sincère», p. 1 l. 2 [cfr. p. 5 l. 3 – p. 6 l. 1 = S[2] p. 10 l. 1 et p. 5 l. 4 – p. 6 l. 2 = M p. 1 l. 1-2, p. 6 note 1 = S[1] l. 1, p. 20 l. 2 = OB[1] l. 2 et l. 4 = OC[1] l. 3]. — Pour la lecture , *idpouît*, mots commençant par dans ce sens, cfr. les observations d'Erman (*Zur ägyptischen Wortforschung*, III, dans les *Sitzungsberichte* de l'Académie de Berlin, 1912, p. 957-958) où le départ des mots où il faut lire , *idp*, et , *oudp, oup*, est fait nettement.

, , **ouánou, ouonou, ounou**, verbe attributif : «exister, être, être à...», ne se rencontre chez notre auteur qu'une seule fois, dans le substantif composé , , *nîtî-ouánou*, litt. : «celui qui est» quelqu'un ou quelque chose, en opposition à , *anîtî-fi* «celui qui n'est pas», quelqu'un ou quelque chose, «l'homme de rien» (cfr. plus haut, p. 50-51, *s. v.* , *anîtî*) , *dáî-na-î pahou anîtî-fi mádî nîtî-oudnou* «j'ai fait arriver celui qui n'était rien comme celui qui était quelque chose», p. 1 l. 10 [cfr. p. 7 l. 10 = M p. 1 l. 6 et note 11 = S[1] l. 4, p. 21 l. 12 – p. 22 l. 2 = OB[1] l. 7-8]. Il faut croire que cette locution n'était plus d'usage courant à l'âge Ramesside, car certains de nos scribes n'ont pas compris le passage où elle se rencontre : S[2] p. 10 l. 5 = p. 7 l. 9 donne , *aou dáî-na-î mé-pahouît anîtî ané-oudnou* «je me suis mis à la suite de qui n'avait rien et n'existait pas(?)», ou ils ont renversé les termes : , *aou dáî-na-î nîtî mádî anîtî* «j'ai fait arriver celui qui était quelqu'un comme celui qui n'avait rien», p. 21 l. 13 – p. 22 l. 3 = OQ[2] l. 3, substituant la forme plus ordinaire , *nîtî*, à , *nîtî-oudnou*, et produisant un non-sens par le renversement. En dehors de cet exemple, notons que S[1] l. 3 = p. 7 note 3, a intercalé , *ouánou*, derrière la négation , *ané-oudnou kamou* «il *n'existe* pas parachèvement», pour la leçon simple [hiéroglyphes], *ané-kamou*, que portent les autres textes [cfr. p. 1 l. 7]. On rencontre également, mais seulement une fois, la forme à seconde radicale redoublée :

[hiéroglyphes], *ouánanou, ouánounou, ouánon, ounon* «être habituellement, être perpétuellement, avoir l'habitude de...», [hiéroglyphes], *ané-ouánanou maratîou-ni-sá harou-ni-qásanít* «d'habitude il n'y a plus d'amis pour un homme, le jour du malheur», «*non solent esse* amici», p. 1 l. 8-9 [cfr. p. 7 l. 6 = M p. 1 l. 5-6, où tous les autres manuscrits, négligeant la nuance exprimée par la réduplication de la seconde radicale, ont la forme simple [hiéroglyphes], *ouánou*, S² p. 10 l. 4-5 = p. 7 l. 5 et OB¹ l. 7 = p. 21 l. 6-9, OQ² l. 1-2 = p. 21 l. 7-10. La présence d'un [hiéroglyphe], *mé*, partitif [hiéroglyphes], *mé-maratîou* «*des* amis», dans ces variantes, peut faire croire que les scribes ont pris le second [hiéroglyphe], *ni*, de [hiéroglyphes], *ouánanou* pour une préposition [hiéroglyphe], *ni*; ils lui auraient substitué le [hiéroglyphe], *mé*, qui dès lors tendait à remplacer partout le [hiéroglyphe], *ni* dans cette valeur].

Le mot s'est conservé en copte, à la forme simple seulement, dans ⲟⲩⲟⲛ *T. M. B.*, ⲟⲩⲁⲛ *Akhm. B.*, ⲟⲩⲛ *T. Akhm.*, *esse, habere.*

[hiéroglyphes], [hiéroglyphes] **ouánouît, ounouît,** subst. fém. : «heure», p. 2 l. 4 [cfr. p. 10 l. 1 = S² p. 10 l. 9, l. 2 = M p. 1 l. 12 et l. 3 = B l. 2, p. 24 l. 1 = OQ³ l. 1, p. 33 l. 10 = TC⁵ l. 4], p. 4 l. 4 [cfr. p. 17 l. 7-9 = S² p. 12 l. 4]. — Le mot s'est conservé en copte dans ⲟⲩⲛⲟⲩ *Akhm. T. M. B.* ϯ ⲧ, *hora*, au pluriel ⲟⲩⲛⲱⲟⲩⲓ *M.* ⲟⲩⲛⲟⲟⲩⲉ *T.*

* [hiéroglyphes], [hiéroglyphes], [hiéroglyphes], [hiéroglyphes] **ouánamou, ouánmou, ouámmou, ouâmou**, verbe actif : «manger», n'est employé par notre auteur que dans le composé [hiéroglyphes], *ouánmou-kd*, litt. : «celui qui mange le pain» de quelqu'un, «domestique, serviteur, fidèle» [hiéroglyphes], *ané ouámou-kd târi-taisit* «ce fut mon serviteur, le fauteur de rébellion», p. 1 l. 10-11 [cfr. p. 8 l. 1 = S² p. 10 l. 5 et l. 2 = M p. 1 l. 7, p. 22 l. 1-4 = OL l. 6 et l. 2-5 = OB¹ l. 8]. — Le mot s'est conservé dans le copte ⲟⲩⲱⲙ *T. Akhm. M. B.*, ⲟⲩⲁⲙ *B.*, *manducare, consumere.*

* [hiéroglyphes], [hiéroglyphes], [hiéroglyphes] **ouánakhou, ouánkhou, ounkhou,** verbe actif : «revêtir, parer, s'habiller, se parer», n'est employé par notre

auteur que dans le composé [hiéroglyphes], *ouânkhou-pâqâouîtou par-î* «celui qui revêtait les fines étoffes de mon palais», p. 1 l. 11-12 [cfr. p. 8 l. 3-5 = S² p. 10 l. 6 et l. 4-6 = M p. 1 l. 7-8, p. 22 l. 7 = OB¹ l. 9 avec une variante [hiéroglyphes], *ouânkhou par-î mé-pâqâouîtou par-î* «celui qui ornait mon palais des fines étoffes de mon palais», qui prouve que le scribe ne comprenait plus bien son texte]. — Le mot ne s'est pas conservé en copte.

* [hiéroglyphes] **ouârahou, ouârhou,** verbe actif: «frotter, oindre, parfumer, se frotter, se parfumer», n'est employé par notre auteur que dans le composé [hiéroglyphes], *ouârahou-ânatîou-î* «celui qui se frotte, qui se parfume de mes myrrhes», p. 1 l. 12-13 [cfr. p. 8 l. 5-7 = S² p. 10 l. 6 où le verbe [hiéroglyphes], *ouârahou*, introduit son régime avec la préposition [hiéroglyphe], *mé* «celui qui se frotte *de* mes parfums», ce qui est également le cas pour OB¹ l. 9 = p. 22 l. 9, tandis que M² p. 1 l. 8 = p. 8 l. 6-8 l'introduit directement «celui qui frotte mes parfums»]. — Le mot se retrouve peut-être, avec amuissement de [hiéroglyphe], *ra*, médial, dans le copte ⲟⲩⲉϩ-ⲃⲱ, ⲟⲩⲉϩ-ϥⲱ *T.* κομᾶν, *comam alere.*

* [hiéroglyphes] **oukhâou, oukhâ,** subst. masc.: «ignorant, sot, imbécile», employé par notre auteur dans une phrase que les scribes ramessides n'ont point comprise, mais qui a été corrigée d'après le passage des *Admonitions* signalé par Gardiner (cfr. *Introduction*, p. XXXIX-XL), [hiéroglyphes], *oukhâou har nafarou-f* «l'ignorant, l'imbécile dit : C'est bien», p. 4 l. 2. La même racine se rencontre, comme verbe, à la forme factitive en [hiéroglyphe], *sa* :

[hiéroglyphes], *saoukhâou, saoukhâ,* verbe actif : «faire ignorer, rendre ignorant de...», [hiéroglyphes], *ané-aou saoukhâou-tou nazisou har îdrouîtou-sounou* «est-ce qu'on a rendu les sujets ignorants de leurs devoirs?», p. 3 l. 2-3 [cfr. p. 13 l. 14 – p. 14 l. 2 = M p. 2 l. 8-9 et p. 13 l. 15 – p. 14 l. 3 = B l. 8, p. 29 l. 4-10 = OC¹ l. 2, tandis que S² p. 11 l. 6 = p. 13 l. 13 – p. 14 l. 1, OB² R l. 1 = p. 29 l. 5, OP² l. 3 = p. 29 l. 6, OP³ l. 2 = p. 29 l. 7 et OQ⁸ l. 3 = p. 29 l. 9 donnent [hiéroglyphes], *sakhâ,* ce qui prête à confusion avec le verbe signifiant «se souvenir, se rappeler, rappeler»].

Le mot ne s'est conservé en copte ni à la forme simple, ni à la forme factitive.

oukhâou, verbe actif : «chercher», a été substitué à , *oukhâou* «ignorant», par le scribe de S² p. 12 l. 3 = p. 17 l. 3 qui ne comprenait plus le passage. a été lu pendant longtemps *oukhâkhou, oukhâkh* : c'est une orthographe archaïque pour , , où le a été rejeté derrière par goût de la carrure. Le mot s'est conservé probablement dans le copte ⲟⲩⲁϩⲉ, *Akhm.* ⲟⲩⲱϣⲉ *T.* dérivé de l'infinitif féminin, et ⲟⲩⲱϣ *T. M. B.*, ⲟⲩⲟϣ, ⲟⲩⲁϣ, ⲟⲩⲉϣ, *velle, cupere.*

* **ouâsafâît, ouâsfâît**, subst. fém. : «paresse, manque d'énergie, chômage, p. 2 l. 16 [cfr. p. 13 l. 1-3 = S² p. 11 l. 4 et l. 2-4 = M p. 2 l. 6, p. 27 l. 11 = OB² l. 3 et l. 12 = OP² l. 2]. — Le mot ne s'est pas conservé en copte sous la forme féminine, mais on trouve dans cette langue les mots ⲟⲩⲱⲥϥ *T. B.* ⲟⲩⲉⲥϥ *T. vacare, otiosus esse*, et ⲟⲩⲱⲥϥ, ⲟⲩⲟⲥϥ *T.* ⲡ, *segnities, torpor, vacuus*, dérivés de , *ouâsafâou, ouâsfâou* «être paresseux, chômer, cesser».

* **oudou, oudi**, verbe actif : «jeter, renverser, culbuter», , *oudou-na-i Ouâouâîou* «j'ai renversé les Ouaouaî», p. 3 l. 11-12, où le mot a été introduit en correction de , *dâî*, que donne le manuscrit S² p. 11 l. 10 = p. 16 l. 1-2 (cfr. *Introduction*, p. XXXV-XXXVI). L'archétype devait avoir ici la forme , , ou qu'un scribe intermédiaire aura interprétée , *dâî* «donner» par erreur. — Le mot ne s'est pas conservé en copte.

, **ouzou, oudou**, et à l'infinitif féminin * **ouzouît, oudouît**, verbe actif : «ordonner, commander», p. 3 l. 10 [cfr. p. 15 l. 11 = S² p. 11 l. 9 et p. 32 l. 7 = OP² l. 6, où les manuscrits donnent la forme simple , *ouzou*, au lieu de la forme relative , *ouzouît*, que la grammaire préfère en pareil cas]. — Le mot ne s'est pas conservé en copte.

ouâzâou, ouzâou, ne se rencontre ici qu'écrit en abrégé, dans le titre , *ânakhou, ouzâou, sanabou*, *q. v.* p. 59, *s. v.* , *ânakhou*, que S² p. 1 l. 1 = p. 5 l. 3 et p. 12 l. 3 = p. 17 l. 5, met derrière le nom des Pharaons. — Le mot s'est conservé en copte dans ⲟⲩⲟϫ *T. M.* ⲟⲩⲁϫ *Akhm.* et dans ⲟⲩϫⲁï *T. M.* ⲟⲩϫⲉï *Akhm. B.* ⲟⲩϫⲉⲉï *Akhm. sanus esse, sanus.*

𓃀

bâbâou, verbe actif : «frapper à coups redoublés, mettre en pièces», à l'origine avec la houe, plus tard avec toute arme ou tout instrument tranchant, , *aou dât-naî khatou ḥamouou mâ-bâbâou-tou* «je faisais reculer ces salauds», litt. : «par être frappés à coups redoublés», plus intelligiblement «à grands coups» de hache, p. 2 l. 10-11 [cfr. p. 11 l. 10–p. 12 l. 1 = S² p. 11 l. 2, p. 11 l. 11–p. 12 l. 2 = M p. 2 l. 3 et p. 11 l. 13–p. 12 l. 3 = B l. 4, p. 25 l. 13–p. 26 l. 1 = OL l. 13 et p. 25 l. 14–p. 26 l. 2 = OB¹ l. 16]. — Le mot ne s'est pas conservé en copte : il est la forme redoublée de , , *bâou, bâî* «dépiquer à la houe, briser, rompre».

* **bâgâou, bâgâî,** verbe neutre : «tomber de fatigue, se laisser aller à la fatigue, s'affaisser», , *sazar-kou-î ḥar ḥounikîtpar-î bâgâ-na-î* «me couchant sur un lit de mon palais, je me laissai aller — *membra solvi*», p. 2 l. 5-6 [cfr. p. 10 l. 4-7 = S² p. 10 l. 9-10, l. 5-8 = M p. 1 l. 12 et l. 6-9 = B l. 2-3, p. 24 l. 3-7 = OL l. 11, l. 4-8 = OB¹ l. 13 avec la variante , *ḥar bâgâî-î* «pour me laisser aller à ma fatigue, *ut membra solverem*», l. 5-9 = OQ³ l. 2-3 et l. 6-10 = OQ⁴ l. 1-2, qui ont tous les deux la variante , *ne-bâgâî-na-î* qui présente un sens analogue à celui de la variante précédente, p. 33 l. 10-11 = TC⁵ l. 4-5]. — Le mot ne s'est conservé en copte qu'avec l'un des sens secondaires de la racine, ⲃⲓϫⲓ *M naufragium facere, naufragium,* en égyptien ancien , *bâgdou,* litt. : «tomber, s'affaisser» au fond de l'eau, «sombrer».

bâkouou, bakouîou, subst. masc. plur. : «serviteurs, valets», p. 2 l. 16 [cfr. p. 13 l. 4 = S²

p. 11 l. 4 et l. 5 = M p. 2 l. 6-7, p. 27 l. 11 = OB² l. 3 et l. 12 = OP² l. 2]. — Le mot s'est conservé dans le copte ⲃⲱⲕ *M.* ⲡⲓ *servus, famulus*, ⲃⲱⲕⲓ, ⲃⲟⲕⲓ *M.* ϯ *serva, ancilla*, avec le pluriel irrégulier ⲉⲃⲓⲁⲓⲕ *M.* ⲛⲓ *servi, ancillæ*.

bâiâît, subst. fém. : «merveille, miracle», dans l'épithète : , *nafar-mé-bâtaît* «bon à merveille», p. 19 l. 1 = S² p. 12 l. 8 — Le mot ne s'est pas conservé en copte, mais l'exclamation , *iâ-bâîyît*, s'est conservée chez les paysans du Saîd يا باي avec les prononciations *ia-bâîye* et *ia-bôîye*, cette dernière donnant un exemple excellent de cet obscurcissement de *â* en *ô*, qui continue de s'opérer dans les parlers paysans du pays.

, **bâîtî, bâîyâ**, subst. masc. : «le roi de la Basse-Égypte», p. 1 l. 1 [cfr. p. 5 l. 1 = S² p. 10 l. 1 et l. 2 = M p. 1 l. 1, p. 19 l. 4 = OB¹ l. 1 et l. 6 = OC¹ l. 1]. — Le mot ne s'est pas conservé en copte. Il paraît avoir existé en égyptien sous deux formes, l'une *bâyîtî* , dérivé de , *bâyît* «guêpe», par adjonction de , , *î*, des noms d'agent, l'autre plus récente, dont l'existence nous a été révélée par la transcription cunéiforme *biya*, dérivée du nom *baîy, béty*, de la guêpe dont le *-t* final s'était amui selon la règle : c'est probablement cette dernière forme qui explique l'orthographe sans qu'on rencontre dans l'expression à côté de .

1.* , , **bou**, subst. masc. : «lieu, place». Il ne se rencontre chez notre auteur que dans les composés à sens abstrait :

1° , *bou-ââ* «grandeur», dans , *bou-ââ-ni-âḥdou* «une grandeur de bataille, de guerre», plus clairement «une grande bataille, une grande guerre», p. 2 l. 2 [cfr. p. 9 l. 4 = S² p. 10 l. 8, l. 5 = M p. 1 l. 10 et l. 6 = B l. 1, p. 23 l. 5-8 = OB¹ l. 10-11 et l. 6-9 = OP¹ l. 2-3].

2° , *bou-nafar* «le bien, le bonheur», p. 2 l. 3 [cfr. p. 9 l. 10 = S² p. 10 l. 8, l. 11 = M p. 1 l. 11 et l. 12 = B l. 2, p. 23 l. 12 = OP¹ l. 4, p. 33 l. 8-9 = TC⁵ l. 3].

Le mot ne s'est pas conservé en copte.

2. **bou**, négation : «ne, ne... pas». Elle ne se rencontre que dans une variante fautive du passage , *idrî-na-i qdmadouît*

ané sázamou-ni-outou-f «j'ai fait un cri de deuil dont (le pareil) n'a pas été entendu», p. 2 l. 1-2 où S² p. 10 l. 7-8 = p. 9 l. 1-4 donne , *iárou-na-î qámadouîtou mé-antî bou-sázamou-ni-outouf* «j'ai fait des endeuillés de qui ne l'était pas et qui n'avait jamais été entendu» poussant des cris de deuil; OB¹ l. 10 = p. 23 l. 2-5 et OP¹ l. 1-2 = p. 23 l. 3-6 ont cette même leçon. — Le mot ne s'est pas conservé en copte.

1.* , , **pá**, verbe attributif : «être, exister», , *ané-aou pá-né-ḥiámouîtou táîsou sákîou* «est-ce que des femmes avaient été conduisant des armées, est-ce que des femmes avaient conduit des armées?», p. 2 l. 16 – p. 3 l. 1 [cfr. p. 13 l. 4-7 = S² p. 11 l. 4-5 et l. 5-8 = M p. 2 l. 7, p. 27 l. 11 – p. 28 l. 1 = OB² l. 3-4 qui donne , *pá*, sans , *ni*, p. 27 l. 13 – p. 28 l. 3 = OP³ l. 1, p. 34 l. 3-4 = TC⁵ l. 8]. Ce , , *pá*, est la forme proclitique du thème pronominal et verbal dont , *pou*, est la forme enclitique. Son usage est très rare en dehors des emplois neutres , *pdoutou*, dans , *ané-paou-tou* «point n'a été», et l'on n'en connaît guère, pour les temps antérieurs au second âge thébain, que les exemples cités par Erman dans sa *Grammaire* (3ᵉ édit., p. 187, § 361; cfr. Vogelsang, *Kommentar zu den Klagen*, p. 222, l. 107). Il reparaît quelquefois dans la langue ramesside, conjugué avec les pronoms, ainsi qu'il a été montré il y a longtemps, dans mon mémoire sur les *Formes de la Conjugaison*, p. 23 et dans la *Chrestomathie* de Rougé, t. III, § 333, p. 79-81.

2. , **pá**, article masculin singulier : «le», a été intercalé par un scribe ramesside dans le passage , *ídrît pá-qánanou* «l'action du preux», p. 30 l. 5 = OQ³ l. 5 au lieu de , *ídrît ídrî-qánanou* «l'action des preux», p. 3 l. 4-5, ainsi que dans le passage , *tarî-né-ou-î pá-Ḥáâpi* «le Nil m'a béni», p. 15 l. 7 = S² p. 11 l. 8 au lieu de , *tarî-né-ou-î Ḥáâpi* que portent les autres textes, selon l'usage du premier âge thébain (cfr. *Introduction*, p. LI). Il se trouve, par confusion avec , *sa*, dans , *pá-táou*, chez OL l. 12 = p. 25 l. 3 pour , *sátáou* «serpent», p. 2 l. 7-8.

, **pou**, est à l'origine le pronom démonstratif enclitique du masculin et du singulier : «celui-ci, ceci, ce, cet», mais il a pris de bonne heure une valeur analogue à celle de notre verbe impersonnel : «c'est, c'était», et il est resté invariable. Il se rencontre trois fois seulement dans notre texte : [hiéroglyphes], *ra-sá masouîtou-pou* «c'était après le repas du soir», p. 2 l. 4 [cfr. p. 9 l. 10 — p. 10 l. 1 = S² p. 10 l. 9 et p. 9 l. 11 — p. 10 l. 2 = M p. 1 l. 11, p. 23 l. 13 = = OL l. 10 et l. 14 = OB¹ l. 12, p. 24 l. 1 = OQ³ l. 1 et l. 2 = OQ⁴ l. 1, p. 33 l. 9 = TC⁵ l. 4]; [hiéroglyphes], *gámouna-î hount-ra-ḥar-pou ni-mâounîfiou* «je trouvai que c'était une attaque des gardes», p. 2 l. 8-9 [cfr. p. 11 l. 4-7 = S² p. 11 l. 1, l. 5-8 = M p. 2 l. 2-3 et l. 6-9 = B l. 4, p. 25 l. 12 = OB¹ l. 15]; [hiéroglyphes], *îou-s-pou nafar mé-ḥatpou*, litt. : «c'est cela va heureusement en paix, *explicit feliciter in pace*», p. 4 l. 11 [cfr. p. 18 l. 11 = S² p. 12 l. 7-8]. Les scribes de l'âge ramesside ont intercalé ce mot dans plusieurs endroits où le texte ne le contenait pas à l'origine : [hiéroglyphes], *khapar-pou tamâmou* «c'est que le peuple devient», p. 20 l. 13 = OB¹ l. 5, [hiéroglyphes], *ané-khapar-pou sapou mâroudou* «c'est qu'il ne se produit pas de succès, le succès n'arrive pas», p. 26 l. 4 = OB¹ l. 17, les deux fois derrière le verbe [hiéroglyphe], *khapar* «être, devenir». — Le mot s'est conservé sous la forme ⲡⲉ, *esse*, dans tous les dialectes du copte.

[hiéroglyphe], [hiéroglyphe] **parou, perou, pirou, par,** et, par amuïssement du [hiéroglyphe], *ra*, final, *pa, pé, pi, pou*, subst. masc. : «maison, demeure», par suite «palais, temple», p. 1 l. 12 [cfr. p. 8 l. 5 = S² p. 10 l. 6 et note 5 = S¹ l. 5, p. 22 l. 6 = OL l. 7 et l. 7 = OB¹ l. 9], p. 2 l. 5 [cfr. p. 10 l. 4 = S² p. 10 l. 9 et l. 5 = M p. 1 l. 12, p. 24 l. 3 = OL l. 11, l. 4 = OB¹ l. 13 et l. 6 = OQ⁴ l. 2, p. 33 l. 11 = TC⁵ l. 5], p. 3 l. 2 [cfr. p. 13 l. 10 = S² p. 11 l. 5 et l. 11 = M p. 2 l. 8, p. 28 l. 7 = OB² l. 5, l. 11 = OQ⁸ l. 2 et l. 12 = OC¹ l. 1, p. 34 l. 4 = TC⁵ l. 9], p. 3 l. 13 [cfr. p. 16 l. 7 = S² p. 12 l. 1, p. 32 l. 12 = OP² l. 7] et p. 4 l. 10 [cfr. p. 18 l. 10 = M p. 3 l. 12 où S² p. 12 l. 7 = p. 18 l. 9 omet le mot]. Le mot se retrouve dans le titre [hiéroglyphes], *sâkhou parout-ḥazout* «scribe des deux maisons blanches» que portent deux des personnages mentionnés dans l'*explicit feliciter* de S² p. 12 l. 8 = p. 19 l. 1-2. — Le mot ne s'est pas conservé en copte, le mot ⲏⲓ *T. M. B. Akhm.* ⲡ, ⲡⲓ, *domus*, que Steindorff a dérivé de lui, étant la transcription exacte de [hiéroglyphes], *âyît*, ainsi qu'il est démontré depuis longtemps. On le rencontre en transcription assyrienne sous la forme pleine dans *Pir[a]ou*, Pharaon, et sous les formes écourtées *Pi* dans *Bintiti-Mendès* et *Pishapti* [hiéroglyphes], *Pisapdît, Pou*, dans *Pounoubou*-ⲡⲓⲛⲟⲩⲃ.

* parît, parouîtou, subst. fém. : «les grains, la semence» au propre et au figuré, , *parît noûtar* «la graine, la semence du dieu», p. 4 l. 7 [cfr. p. 18 l. 1 = S² p. 12 l. 6 et l. 2 = M p. 3 l. 10]. — Le mot s'est conservé en copte, après amuissement de , *ra*, radical et du -*t* féminin, dans ϥⲓⲏ *M. granum, germen.*

* pahou, verbe actif : «atteindre, arriver à..., parvenir à...», au propre et au figuré, , *dâî-na-î pahou anîtî-fi mâî nîtî-ouânou* «j'ai fait arriver celui qui n'était rien comme celui qui était quelque chose», p. 1 l. 10 [cfr. p. 7 l. 9 = S² p. 10 l. 5 et l. 10 = M p. 1 l. 6-7, p. 21 l. 12 – p. 22 l. 2 = OB¹ l. 7-8 et p. 21 l. 13 – p. 22 l. 3 = OQ² l. 3]. — Le mot s'est conservé en copte dans ⲡⲱϩ *T. M.*, ⲡ̄ϩ, ⲡⲉϩ, ⲡⲏϩ *T.* ϥⲟϩ, ϥⲉϩ, *M. pervenire, pertingere, attingere.*

* pahouî, subst. masc. : «la partie postérieure, l'extrémité, la fin», dans la locution , *mé-pahouî* «à l'extrémité, enfin, en dernier lieu», , *îârît-na-î kharî-hâît taîsou-î-na-k mé-pahouî* «ce que j'avais fait auparavant je te l'attribue en dernier lieu», p. 4 l. 5-6 [cfr. p. 17 l. 11-13 = S² p. 12 l. 5]. — Le mot s'est conservé en copte dans ⲡⲁϩⲟⲩ *T. Akhm.* ⲡ, ⲡⲉϩⲟⲩ *B.*, ϥⲁϩⲟⲩ *M. pars posterior.*

* pakhrarou, verbe neutre : «circuler, parcourir, courir», ne se rencontre chez notre auteur qu'au factitif en , *sa*, , *sapakhrarou* «faire circuler, répandre, distribuer», p. 2 l. 6 [cfr. p. 10 l. 7-10 = S² p. 10 l. 10, l. 8-11 = M p. 2 l. 1 et l. 9-12 = B l. 3, p. 24 l. 11 = OL l. 11 et l. 12 = OB¹ l. 14, p. 25 l. 1 = OQ³ l. 4 et l. 2 = OQ⁴ l. 3]. — Le mot ne s'est pas conservé en copte.

* pasashouîtou, pasashouî, pashouîtou, subst. fém. : «moitié, part, portion, division», p. 2 l. 1 [cfr. p. 8 l. 9 – p. 9 l. 1 = S² p. 10 l. 7 et p. 8 l. 10 – p. 9 l. 2 = M p. 1 l. 9, p. 23 l. 1 = OL l. 8, l. 2 = OB¹ l. 10 et l. 3 = OP¹ l. 1, p. 33 l. 6 = TC⁵ l. 1]. — La variante , *pashouîtou*, nous montre que la seconde radicale , , *s*, s'était assimilée à la troisième , *sh*, dès l'âge ramesside, et que le mot y avait pris la

forme qu'on lui trouve en copte, comme verbe, πωϣ, ποϣ, πεϣ, πηϣ *T.* φⲁϣ, φωϣ, φεϣ, φηϣ *M.* ou aux dérivés de l'infinitif féminin πωϣε *Akhm, frangere, dividere, dividi, dimidiari,* et comme substantif, πⲁϣε *T.* πεϣε *Akhm.* τ, φⲁϣι *M.* ϯ *dimidium.*

pougáou, pougá, subst. masc. : «la partie large» d'une vallée «la plaine», p. 3 l. 8-9 [cfr. p. 15 l. 7-9 = S² p. 11 l. 9 et l. 8-10 = M p. 2 l. 12, p. 32 l. 4 = OQ¹⁰ l. 1]. — Le mot ne s'est pas conservé en copte.

páqáît, páqáouîtou, páqouî, subst. fém. : «fine étoffe, fin lin, linon», p. 1 l. 12 [cfr. p. 8 l. 5 = S² p. 10 l. 6 et l. 6 = = M p. 1 l. 8, p. 22 l. 6 = OL l. 7 et l. 7 = OB¹ l. 9]. — Le mot ne s'est pas conservé en copte.

-f, -ef -fi, pronom enclitique de la troisième personne du singulier et du masculin «il, lui, le». Il se rencontre dans notre texte :

1° Comme sujet du verbe : , *zadou-f* «il dit», p. 1 l. 2 [cfr. p. 5 l. 3 = S² p. 10 l. 1 et l. 4 = M p. 1 l. 1, p. 6 l. 1 = S² p. 10 l. 2 et l. 2 = M p. 1 l. 2, p. 20 l. 2 = OB¹ l. 2, l. 4 = OC¹ l. 3, l. 6 = OB¹ l. 3 et l. 7 = OC¹ l. 4]; , *sdzamou-ni-tou-f* «il a été entendu», p. 2 l. 1-2 [cfr. p. 9 l. 4 = S² p. 10 l. 7-8, l. 5 = M p. 1 l. 10 et l. 6 = B l. 1]; , *máá-ni-tou-f* «il a été vu», p. 2 l. 2 [cfr. p. 9 l. 4-7 = S² p. 10 l. 8, l. 5-8 = M p. 1 l. 10 et l. 6-9 = B l. 1, p. 23 l. 7 = OL l. 9, l. 8 = OB¹ l. 11 et l. 9 = OP¹ l. 3]; , *rakhou-f* «il sait», ce qui forme ici un substantif : «le il sait, le savant, le malin», p. 2 l. 4 [cfr. p. 9 l. 10 = S² p. 10 l. 9, l. 11 = M p. 1 l. 11 et l. 12 = B l. 2, p. 23 l. 11 = OB¹ l. 12 et l. 12 = OP¹ l. 5]; , *nafarou-f* «c'est bien, il est bien!», p. 4 l. 2 [cfr. p. 17 l. 3 = S² p. 12 l. 3]; , *rakhou-f-sou* «il le connaît», p. 4 l. 2 [cfr. p. 17 l. 3 = S² p. 12 l. 3 et l. 4 = M p. 3 l. 7 où l'on trouve la variante , *sît*, pour , *sou*]; , *marî-naf-sou* «il a aimé cela», p. 4 l. 11 [cfr. p. 18 l. 9-11 = S² p. 12 l. 7].

2° Comme suffixe possessif du nom «son, sa, ses» : , *sa-f* «son fils», p. 1 l. 2 [cfr. p. 6 l. 1 = S² p. 10 l. 1 et l. 2 = M p. 1 l. 2, p. 20 l. 6 = OB¹ l. 3 et l. 7 = OC¹ l. 4]; , *qábou-f* «son pourtour», p. 3 l. 6 [cfr. p. 15

l. 1 = S² p. 11 l. 7 et l. 2 = M p. 2 l. 12, p. 31 l. 4 = OB² R l. 4]; , *hdouatîou-f* «ses plafonds», p. 3 l. 14 [cfr. p. 16 l. 7 = S² p. 12 l. 1 et l. 8 = M p. 3 l. 4]; , *hamou-f* «Sa Majesté», p. 4 l. 11 [cfr. p. 18 l. 11 = S² p. 12 l. 7]. On le trouve abusivement dans , *dâouît-f* «sa main», p. 11 l. 7-10 = S² p. 11 l. 2 et l. 9-12 = B l. 4, au lieu de , *dâouît-î* «ma main», que comporte le texte, p. 2 l. 9.

3° Comme régime des prépositions simples ou composées : , *raddî-na-î-na-f âoui-î* «je lui ai donné mes deux bras», p. 1 l. 11 [cfr. p. 8 l. 2-4 = M p. 1 l. 7, p. 22 l. 5 = OB¹ l. 8]; — , *ra-f*, litt. : «à cela», particule qui se place derrière un mot pour attirer l'attention sur lui : , *saqâou-tou ra-samadouîtou-raf tamaît* «tiens-toi uni à la clientèle *mais* entière», p. 1 l. 4-5 [cfr. p. 6 l. 5-7 = S² p. 10 l. 2 et l. 6-8 = M p. 1 l. 3, p. 20 l. 11-13 = OB¹ l. 4].

4° La forme , *-fi*, est employée par enharmonie derrière les mots dont la finale est , *-tî*, ou bien , , *-oui*, qu'ils soient au duel ou non. On ne la rencontre ici que dans les variantes ramessides , *raddî-na-î-na-f âouî-fi* «je lui ai donné ses deux mains», p. 8 l. 1-3 = S² p. 10 l. 5-6, p. 22 l. 4 = OL l. 6, d'un passage où le texte correct donne , *âouî-î* «mes deux bras», et dans la locution , *ânîtî-fi* «celui qui n'est rien», *q. v.*, plus haut p. 51; il est à noter que OB¹ l. 8 = p. 22 l. 2 donne la variante , *anîtî-f*, de laquelle on pourrait déduire que cet , *-î* final tombait à l'âge ramesside.

Le pronom , *-f*, a été conservé dans tous les dialectes du copte sous la forme -ϥ, qui est écrite souvent -ⲃ dans les manuscrits d'âge moyen ou récent; , *-fi* a disparu.

1. **má, mé,** plus tard *m, em*, préposition, forme atone de , *amé*, *q. v.* p. 47. Le sens fondamental est «en, dans», avec ou sans mouvement, mais elle exprime aussi la provenance, l'instrument, l'état.

1° «Dans, en, sur, parmi, pendant» : , *sananou-î mé-ânékhîou pasashouîtou-î mé-ramîtou* «mes décrets étant parmi les vivants, mes parts parmi les Égyptiens», p. 1 l. 13—p. 2 l. 1 [cfr. p. 8 l. 9—p. 9 l. 1 = S² p. 10 l. 7, p. 8 l. 10—p. 9 l. 2 = M p. 1 l. 9 et p. 8 l. 11—p. 12 l. 3 = B l. 1, p. 22 l. 10—p. 23 l. 1 = OL l. 8, p. 22 l. 11—p. 23

l. 2 = OB^1 l. 10 et p. 22 l. 12–p. 23 l. 3 = OP^1 l. 1, p. 33 l. 6 = TC^5 l. 1, où le premier, *mé* est omis]; , *mé-dáouît-î* «dans ma main», p. 2 l. 10 [cfr. p. 11 l. 7-10 = S^2 p. 11 l. 2, p. 11 l. 8-11 = M p. 2 l. 3 et p. 11 l. 9-12 = B l. 4, où S^2 et B donnent , *dáouît-f* «sa main», pour , *dáouît-î* «ma main», p. 25 l. 14 = OB^1 l. 16]; , *mé-garaḥou* «dans la nuit», p. 2 l. 11 [cfr. p. 12 l. 1 = S^2 p. 11 l. 2 et l. 3 = B l. 5, p. 26 l. 2-4 = OB^1 l. 17; M p. 2 l. 5 = p. 12 l. 2 omet , *mé*]; , *mé-ranpaouîtou-î* «dans mes années, pendant mes années», p. 3 l. 9 [cfr. p. 15 l. 10 = M p. 2 l. 12]; , *mé-mararouîtou* «dans les rues», p. 4 l. 1 [cfr. p. 17 l. 1 = S^2 p. 12 l. 3, p. 33 l. 4 = OP^2 l. 9 et l. 5 = OQ^{11} l. 3]; , *mé-ounouît nît nafar-îábou* «dans une heure de joie», p. 4 l. 4 [cfr. p. 17 l. 7-9 = S^2 p. 12 l. 4]; , *mé-îábou-k* «dans ton cœur», p. 4 l. 6-7 [cfr. p. 17 l. 13 = S^2 p. 12 l. 5]; , *mé-ouaîya ni-Rîya* «dans la barque de Râ», p. 4 l. 8 [cfr. p. 18 l. 3-5 = S^2 p. 12 l. 6]; , *mé-ḥatpou* «en paix», p. 4 l. 11 [cfr. p. 18 l. 11 = S^2 p. 12 l. 8]; , *mé-baîáît* «à merveille, merveilleusement», p. 19 l. 1 = S^2 p. 12 l. 8; , *mé-ranpouît ouâît* «en l'an I», p. 19 l. 2 = S^2 p. 12 l. 8.

2° «De, hors de..., d'entre...» : , *ḥáâ mé-sabáît* «commencement de l'enseignement», p. 1 l. 1 [cfr. p. 5 l. 1 = S^2 p. 10 l. 1 et l. 2 = M p. 1 l. 1, p. 19 l. 4 = OB^1 l. 1, l. 5 = OQ^1 l. 1 et l. 6 = OC^1 l. 1]; , *mé-maḥou îábou-k mé-sanou* «ne remplis pas ton cœur d'un frère», p. 1 l. 6 [cfr. p. 6 l. 9 = S^2 p. 10 l. 3 et l. 10 = M p. 1 l. 4, p. 21 l. 2 = OB^1 l. 5]; , *sakhakarou mé-noubou* «orné d'or», p. 3 l. 13-14 [cfr. p. 16 l. 7 = S^2 p. 12 l. 1 et l. 8 = M p. 3 l. 3-4]; , *ḥdouaîtou-f mé-khasboudou* «ses plafonds de lapis-lazuli», p. 3 l. 14 [cfr. p. 16 l. 7 = S^2 p. 12 l. 1 et l. 8 = M p. 3 l. 4]; , *mé-áaît-roudît* «de grès», p. 3 l. 15 [cfr. p. 16 l. 9 = S^2 p. 12 l. 2 dont la leçon est corrigée dans l'*Introduction*, p. XXVI-XXVII]; , *mé-ḥamît* «de cuivre», p. 3 l. 15 [cfr. p. 16 l. 11 = M p. 3 l. 5, p. 33 l. 1 = OP^2 l. 8]; , *mé-ḥasmanou* «de laiton», p. 3 l. 15 [cfr. p. 16 l. 11 = S^2 p. 12 l. 2, p. 33 l. 1 = OP^2 l. 8]; , *shaou mé-ḥarou-k*, litt. : «vide de ta face», «sans ta face», plus intelligiblement «privé de ta faveur», p. 4 l. 3 [cfr. p. 17 l. 3-5 = S^2 p. 12 l. 3 et l. 4-6 = M p. 3 l. 7].

3° «De, par, avec» : , *mé-khapashouou-î mé-khaparou-î* «par mes harpés et par mes formes», p. 3 l. 7 [cfr. p. 15 l. 4 = S^2 p. 11 l. 8 et l. 5 = M p. 2 l. 11, p. 31 l. 12 = OP^3 l. 4].

4° «A l'état de..., en qualité de..., en, comme» : , *zadou-f mé-ìdpouît mââît* «il dit en message vrai», p. 1 l. 2 [cfr. p. 5 l. 3–p. 6 l. 1 = S² p. 12 l. 1 et p. 5 l. 4–p. 6 l. 2 = M p. 1 l. 1, p. 20 l. 2 = OB¹ l. 2 et l. 4 = OC¹ l. 3]; , *khâdou mé-natar* «se levant en dieu, comme un dieu», p. 1 l. 2 [cfr. p. 6 l. 1 = S² p. 10 l. 2 et l. 2 = M p. 1 l. 2, p. 20 l. 5 = OL l. 2, l. 6 = OB¹ l. 3 et l. 7 = OC¹ l. 4]; , *mé-ouâou-na-k* «à l'état de tu as été tout seul, étant tout seul», p. 1 l. 6 [cfr. p. 6 l. 9 = S² p. 10 l. 3 et l. 10 = M p. 1 l. 4, p. 21 l. 2 = OB¹ l. 5]; , *mé-khamou-kou-î,* litt. : «à l'état de j'ignore, ignorant, inconscient», p. 2 l. 12 [cfr. p. 12 l. 4 = S² p. 11 l. 3, l. 5 = M p. 2 l. 4 et l. 6 = B l. 5] et l. 13 [cfr. p. 12 l. 7 = S² p. 11 l. 3 et l. 8 = M p. 2 l. 5, p. 26 l. 9 = OL l. 14, l. 10 = OB¹ l. 18, l. 11 = OB² l. 1 et l. 12 = OP² l. 1]; , *aou ḥamasou-tou mé-ìdrît-na-î* «l'on s'occupait à agir pour moi», litt. : «à l'état de faire à moi», p. 3 l. 9-10 [cfr. p. 15 l. 11 = S² p. 11 l. 9 et l. 12 = M p. 3 l. 1]; , *mé-tasamouou* «comme des chiens», p. 3 l. 13 [cfr. p. 16 l. 5 = S² p. 12 l. 1, mais , *mé,* est omis p. 32 l. 11-12 = OP² l. 7].

5° , *mé,* joint à des substantifs forme avec eux des prépositions complexes : , *mé-â, mââ,* v. p. 80, *s. v.* , *mââ;* — , *mé-ḥâou ḥarou,* v. p. 97-98, *s. v.* , *ḥâou;* — , *mé-sâou, mé-sa,* v. p. 113, *s. v.* , *sâou, sâ;* — , *mé-khonou,* v. p. 110, *s. v.* , *khonou;* — , *mé-paḥouî,* v. p. 71, *s. v.* , *paḥouî.*

6° Devant un verbe conjugué «quand, lorsque, tandis que, depuis que», , *mé-shââ-na-k hânouou* «depuis que tu as commencé les acclamations», p. 4 l. 8 [cfr. p. 18 l. 3 = S² p. 12 l. 6].

7° Les manuscrits de l'âge ramesside ont employé , *mé,* dans des cas où nous sommes habitués à voir , *ni, né.* C'est ainsi qu'on trouve , *sapou-î mé-ìârît-na-î ìârî-qânanou,* p. 14 l. 4 = S² p. 11 l. 6, l. 5 = M p. 2 l. 9 et l. 6 = B l. 8, p. 30 l. 6 = OC² l. 4, au lieu de , *sapou-ne-ìârît ìârî-qânanou* «la fois d'agir des preux», «au temps de la prouesse des preux», que j'ai rétabli dans le texte, p. 3 l. 4-5 et plus loin p. 4 l. 9-10, où S² p. 12 l. 6-7 = p. 18 l. 7 porte la leçon incomplète et fautive , *ané-mé-ìarît-na-î ìârî-qânanou;* cfr. *Introduction,* p. XLIII-XLIV, et p. 50, 3°.

Certains des mêmes manuscrits introduisent parfois un , *mé,* dans leur texte, là où il n'était pas nécessaire. Le plus souvent sa présence ne change rien au sens général et elle y ajoute simplement une nuance partitive contraire à la grammaire , *ané-oudnou mé-maratîou* «il n'y a pas *de* fidèles», p. 7 l. 5 = S^2 p. 10 l. 4, p. 21 l. 6-9 = OB^1 l. 7 et l. 7-10 = OQ^2 l. 1-2, au lieu de , *ané-oudnounou maratîou* «il n'y a pas fidèles», p. 1 l. 8 [cfr. p. 7 l. 6 = M p. 1 l. 5]; , *oudn-khou par-î mé-pâqaouîtou par-î* «ceux qui ornaient ma maison des fins lins de ma maison», p. 8 l. 3-5 = S^2 p. 10 l. 6 et p. 22 l. 6 = OL l. 7 et l. 7 = OB^1 l. 9 au lieu de , p. 1 l. 11-12; , *oudra-ḥou mé-ânatîou* «oindre *de* myrrhes», p. 8 l. 5-7 = S^2 p. 10 l. 6, p. 22 l. 9 = OB^1 l. 9 au lieu de , *oudraḥou ânatîou*, p. 1 l. 12-13 [cfr. p. 8 l. 6-8 = M p. 1 l. 8]; , *shasapou-na-î mé-ounouît* «je me suis saisi *d'*une heure», p. 10 l. 1 = S^2 p. 10 l. 9 et l. 3 = B l. 2 au lieu de , *shasapou-na-î ounouît* «j'ai pris, j'ai saisi une heure», p. 2 l. 4 [cfr. p. 10 l. 2 = M p. 1 l. 10-11, p. 23 l. 14 = OB^1 l. 12, p. 33 l. 10 = TC^5 l. 4]; , *zarouou mé-khapashouîtou* «les limites de la vaillance», p. 15 l. 1-4 = S^2 p. 11 l. 7-8 et l. 3-6 = B l. 9, au lieu de , *zarouou khapashouîtou* «les limites des exploits», p. 3 l. 7 [cfr. p. 15 l. 2-5 = M p. 2 l. 11, p. 31 l. 12 = OP^3 l. 4]; , *mé-amé-sounou* «parmi eux», p. 21 l. 1 = OL l. 3 et l. 2 = OB^1 l. 5, au lieu de , *amé-sounou*, p. 1 l. 6 [cfr. p. 6 l. 9 = S^2 p. 10 l. 3 et l. 10 = M p. 1 l. 4]; , *ané-aou shadou-tou mé-khanounou* «est-ce qu'il a été suscité *des* rebelles?», p. 13 l. 7 = S^2 p. 11 l. 5, p. 28 l. 1-7 = OB^2 l. 4-5 au lieu de , *ané-aou shadou-tou khanounou* «a-t-il été suscité rebelles?», p. 3 l. 1 [cfr. p. 13 l. 8 = M p. 2 l. 7 et l. 9 = B l. 7, p. 28 l. 6-12 = OC^2 l. 1]; , *khâdou mé-nazi-ra ḥar-î* «des instruments *de* discuter contre moi», p. 33 l. 12 = TC^5 l. 6, au lieu de , *khâdou-nou-nazi-ra ḥar-î*, que j'ai admis dans le texte p. 2 l. 7 [cfr. p. 24 l. 12-p. 25 l. 4 = OB^1 l. 14]. Quelquefois aussi l'intercalation de , *mé*, modifie complètement le sens et elle montre que le scribe ramesside n'avait pas compris l'intention de son auteur , *aou dâî-na-î ne-shoudou-na-î mé-sakhparou namaḥou-na-î* «j'ai donné à l'indigent *en* enrichissant le pauvre», p. 7 l. 7-9 = S^2 p. 10 l. 5, p. 21 l. 10-13 = OQ^2 l. 2-3 au lieu de , *aou dâî-na-î ne-shoudou — sakh-parou-na-î namaḥou* «pourtant je donnais à l'indigent, j'enrichissais le pauvre», p. 1 l. 9 [cfr. p. 7 l. 8 = M p. 1 l. 6, p. 21 l. 8-11 = OL l. 5 et l. 9-12 = OB^1 l. 7 et pour la correction du texte, v. p. 36, *s. v.*];

, *aou dâî-na-î mé-pahouît anîtî* «j'ai donné (j'ai couru) après celui qui n'était rien», p. 7 l. 9 = S^2 p. 10 l. 5 et note 10 = S^1 l. 4 au lieu de , *dâî-na-î pahou ânîtî-fi* «j'ai fait arriver celui qui n'était rien», p. 1 l. 10 [cfr. p. 7 l. 10 = M p. 1 l. 6, p. 21 l. 12–p. 22 l. 2 = OB^1 l. 7-8 et p. 21 l. 13–p. 22 l. 3 = OQ^2 l. 3]; , *sananou-î ânakhouou mé-pasashouîtou mé-ramouîtou* «mes images vivent dans les parts des Égyptiens», p. 8 l. 9–p. 9 l. 1 = S^2 p. 10 l. 7, au lieu de , *sananou-î mé-ânakhouou pa-sashouîtou-î mé-ramouîtou* «mes décrets étant chez les vivants, mes parts chez les Égyptiens», p. 1 l. 13–p. 2 l. 1 [cfr. p. 8 l. 10–p. 9 l. 2 = M p. 1 l. 9 et p. 8 l. 11–p. 9 l. 3 = B l. 1, p. 22 l. 10–p. 23 l. 1 = OL l. 8, p. 22 l. 11–p. 23 l. 2 = OB^1 l. 10 et p. 22 l. 12–p. 23 l. 3 = OP^1 l. 1, p. 33 l. 6 = TC^5 l. 1]; , *îdrî-na-î qamadouîtou mé-anîtî* «j'ai fait l'endeuillé à l'état de qui ne l'était pas», p. 9 l. 1-4 = S^2 p. 10 l. 7, p. 23 l. 2-5 = OB^1 l. 10 et l. 3-6 = OP^1 l. 1-2, au lieu de , *îdrî-na-î qamadît ané-sazamou-nitou-f* «j'ai fait une lamentation qui n'avait jamais été entendue», p. 2 l. 1-2 [cfr. p. 9 l. 2-4 = M p. 1 l. 9-10]; , *mââ-na-î mé-qâbouou-f* «j'ai vu *dans* ses contours», p. 14 l. 10–p. 15 l. 1 = S^2 p. 11 l. 7 et p. 14 l. 12–p. 15 l. 3 = B l. 9, au lieu de , *mââ-na-î qâbou-f* «j'ai vu son contour», p. 3 l. 6 [cfr. p. 14 l. 11–p. 15 l. 2 = M p. 2 l. 11, p. 31 l. 7 = OC^3 l. 2]; , *dâî-na-î mé-khaît hamouou* «je me mis après (à la poursuite de) ces efféminés», p. 25 l. 13–p. 26 l. 1 = OL l. 13 au lieu de , *dâî-na-î khaît* «je fis reculer», p. 2 l. 10 [cfr. p. 11 l. 10 = S^2 p. 11 l. 2 l. 11 = M p. 2 l. 3 et l. 12 = B l. 4, p. 25 l. 14–p. 26 l. 2 = OB^1 l. 16].

Le mot ne s'est pas conservé en copte, mais la préposition , *na, ne, ni*, ⲛ̄, qui l'a remplacé dans la plupart de ses emplois, prend la forme ⲙ̄ devant les labiales.

2. **mé, m, em,** négation impérative : «ne, ne... pas» : , *mé-takanou amé-sounou* «ne pénètre pas parmi eux», p. 1 l. 6 [cfr. p. 6 l. 9 = S^2 p. 10 l. 3 et l. 10 = M p. 1 l. 4, p. 21 l. 1 = OL l. 3 et l. 2 = OB^1 l. 5]; , *mé-mahou îdbou-k* «ne remplis pas ton cœur», p. 1 l. 6 [cfr. p. 6 l. 9 = S^2 p. 10 l. 3 et l. 10 = M p. 1 l. 4 et p. 21 l. 2 = OB^1 l. 5]; , *mé-rakhou* «ne connais pas», p. 1 l. 6 [cfr. p. 7 l. 1 = S^2 p. 10 l. 3 et l. 2 = M p. 1 l. 4, p. 21 l. 4 = OB^1 l. 6]; , *mé-sakhparou-na-k* «ne fais pas être

à toi, ne te crée pas», p. 1 l. 7 [cfr. p. 7 l. 1 = S² p. 10 l. 3-4 et l. 2 = M p. 1 l. 4-5, p. 21 l. 3 = OL l. 4, mais l. 4 = OB¹ l. 6 [hiéroglyphe], *ané,* remplace [hiéroglyphe], *mé*]. — Le mot ne s'est pas conservé en copte.

[hiéroglyphes] **mááou, máá,** et au simple [hiéroglyphes], *máou, má,* verbe actif : «voir», gouverne son régime direct, tantôt sans intercalation de préposition, tantôt par l'intermédiaire de la préposition [hiéroglyphe], *ni, ne* «Celui qui revêtait les fins lins de ma maison [hiéroglyphes], *har-mád-na-í* me vit comme les mauvaises herbes», p. 1 l. 12 [cfr. p. 8 l. 5 = S² p. 10 l. 6 et l. 6 = M p. 1 l. 8, p. 22 l. 6-8 = OL l. 7 et l. 7-9 = OB¹ l. 9]. En dehors de cet exemple, il est employé par notre auteur une fois au passé passif [hiéroglyphes], *ané-mád-ni-outou-f* «il n'a pas été vu», p. 2 l. 2 [cfr. p. 9 l. 4-7 = S² p. 10 l. 8, l. 5-8 = M p. 1 l. 10 et l. 6-9 = B l. 1, p. 23 l. 7 = OL l. 9, l. 8 = OB¹ l. 11 et l. 9 = OP¹ l. 3], et une fois au passé actif [hiéroglyphes], *mád-na-í* «j'ai vu», p. 3 l. 6 [cfr. p. 14 l. 10-p. 15 l. 1 = S² p. 11 l. 7, p. 14 l. 11-p. 15 l. 2 = M p. 2 l. 11 et p. 14 l. 12-p. 15 l. 3 = B l. 9, p. 31 l. 4 = OB² R l. 4 et l. 7 = OC³ l. 2]. La faculté d'introduire le régime direct par [hiéroglyphe], *ni, ne,* qui n'est pas rare pour [hiéroglyphes], *mád,* sous le premier empire thébain (cfr. de bons exemples dans Vogelsang, *Kommentar zu den Klagen des Bauern,* p. 71), lui est commune avec plusieurs des autres verbes qui expriment une action des sens, notamment avec [hiéroglyphes], *sazamou* «entendre» (cfr. p. 120-121, *s. v.* [hiéroglyphes], et Vogelsang, *Kommentar,* p. 222-225). — Le mot ne s'est conservé en copte que dans le composé [hiéroglyphes], *íàrí-mád, íàrí-má,* ειορ̄м, ειωр̄м *T. Akhm.*, ιορεм, ιωρεм *M.*, ειαр̄м *Akhm.*, ιαρεм *B.*, *oculos convertere, intueri, stupescere.*

* [hiéroglyphes], [hiéroglyphes] **máîou,** subst. masc. plur. : «lions», p. 3 l. 11 [cfr. p. 15 l. 13-p. 16 l. 1 = S² p. 11 l. 10 et p. 15 l. 14-p. 16 l. 2 = M p. 3 l. 2, p. 32 l. 9 = OP² l. 6]. — Le mot s'est conservé en copte dans μογι *T. Akhm. M. B.* π *leo,* et μογει ν̄ϲϩιμε *T.* τ, μογη *M* ϯ *leæna.*

* [hiéroglyphes], [hiéroglyphes] **mâôou,** * [hiéroglyphes] **mââît,** [hiéroglyphes], [hiéroglyphes] **mâôouîtou,** adjectif : «vrai, authentique», p. 1 l. 1 [cfr. p. 5 l. 3 = S² p. 10 l. 1 et l. 4 = M p. 1 l. 1, p. 20 l. 2 = OB¹ l. 2, l. 3 = OQ¹ l. 2 et l. 4 = OC¹ l. 2] dans l'expression [hiéroglyphes], *mádí-khardou* «juste de voix», appliquée aux vivants comme aux morts, et p. 1 l. 2 [cfr. p. 6 l. 1 = S² p. 10 l. 1 et l. 2 = M p. 1 l. 2, p. 20

l. 2 = OB[1] l. 2 et l. 4 = OC[1] l. 3]. — Le mot s'est conservé en copte dans ⲙⲏⲓ *M. verus* et dans ⲙⲏⲓ *M. B.* ⲑ, ⲙⲏⲉ, ⲙⲓ̈ⲉ, *Akhm.*, ⲙⲉ *T.*, ⲙⲉⲉⲓ *B.* ⲧ, *veritas.*

[hiéroglyphes], [hiéroglyphe] **mâî, méî, mî,** conjonction : «comme, de même que..., conformément à...», p. 1 l. 10 [cfr. p. 7 l. 10 = M p. 1 l. 6 et note 11 = S[1] l. 4, p. 22 l. 2 = OB[1] l. 8 et l. 3 = OQ[2] l. 3] et l. 12 [cfr. p. 8 l. 5 = S[2] p. 10 l. 6 et l. 6 = M p. 1 l. 8, p. 22 l. 8 = OL l. 7 et l. 9 = OB[1] l. 9], p. 2 l. 7 [cfr. p. 10 l. 10 = S[2] p. 10 l. 10 et l. 11 = M p. 2 l. 1, p. 25 l. 4 = OB[1] l. 14, l. 5 = OQ[3] l. 5 et l. 6 = OQ[4] l. 4]. [hiéroglyphes], *mâî,* paraît être à l'origine un adjectif en [hiéroglyphe]-*î,* dérivé de la préposition [hiéroglyphe], *mé, mâ;* il a eu un féminin, [hiéroglyphes], [hiéroglyphes], *mâît,* dont je ne connais pas d'exemple, mais d'où dérive le nom [hiéroglyphes], *mâîtî* «celui», ou «ce qui est semblable», «le pareil», «l'image», et, au féminin : [hiéroglyphes], * [hiéroglyphes], *mâîtît* «ce qui est semblable», [hiéroglyphes], *ané-khaparou mâîtît-sît* «point ne s'est produit le semblable de cela, son pareil», p. 3 l. 4 [cfr. p. 14 l. 4 = S[2] p. 11 l. 6, l. 5 = M p. 2 l. 9 et l. 6 = B l. 8, p. 30 l. 1 = OB[2] R l. 3] et p. 4 l. 9 où le mot a été rétabli par conjecture, cfr. *Introduction,* p. XLIII-XLIV. La conjonction [hiéroglyphes], *mâî, mâ,* ne s'est pas conservée dans l'usage courant du copte.

1. [hiéroglyphes], [hiéroglyphe] **mâà, mâ,** particule provenant d'un ancien verbe, [hiéroglyphes], [hiéroglyphes], *mâî* «aller», [hiéroglyphes], *mâî* «donner», qui prend les suffixes des personnes et qui peut se traduire en français par «voici, voilà» : [hiéroglyphes], *mâ-k-ou-î* «voici pour toi moi», ou *mâ-kouî* «me voici, tel est mon état, ma condition», p. 2 l. 12 [cfr. p. 12 l. 4-7 = S[2] p. 11 l. 3 et l. 5-8 = M p. 2 l. 4]; [hiéroglyphes], *mâ-k satâou-î khaparou* «voici pour toi, or donc mes humiliations se produisirent», p. 2 l. 12-13 [cfr. p. 12 l. 7 = S[2] p. 11 l. 3 et l. 8 = M p. 2 l. 5, p. 26 l. 5 = OL l. 14]; [hiéroglyphes], *mâ-k îârît-na-î khart-ḥâît* «ainsi donc (litt. : «voici pour toi»), ce que j'avais fait auparavant», p. 4 l. 5-6 [cfr. p. 17 l. 11 = S[2] p. 12 l. 5 et l. 12 = M p. 3 l. 9]. Sous le second empire thébain, les scribes, ne comprenant plus le sens premier de l'expression, ont donné à ce complexe [hiéroglyphes], *mâ-k,* la forme matérielle et les déterminatifs du verbe [hiéroglyphes], *mâkî* «protéger, défendre», ou «méditer, songer»; ils ont écrit [hiéroglyphes], *mâ-kî,* pour [hiéroglyphes], *mâ-k* [S[2] p. 11 l. 3 = p. 12 l. 7] ou même pour [hiéroglyphes], *mâ-k-ouî* [S[2] p. 11 l. 3 = p. 12 l. 4-7], de même qu'ils ont écrit [hiéroglyphes], *touat* «image, statue», pour le pronom archaïque [hiéroglyphes], *touat* «toi, c'est toi». — Le mot ne s'est pas conservé en copte.

2. [hieroglyphs], mé-â, mâà, préposition composée de [hieroglyph], *mé, má*, et de [hieroglyph], *â* «par le moyen de..., par, en», [hieroglyphs], *mââ bâbâou-tou* «par être mis en pièces», p. 2 l. 10-11 [cfr. p. 11 l. 10—p. 12 l. 1 = S² p. 11 l. 2, p. 11 l. 11—p. 12 l. 2 = M p. 2 l. 3 et p. 11 l. 12—p. 12 l. 3 = B l. 4, p. 26 l. 1 = OL l. 13 et l. 2 = OB¹ l. 16].

* [hieroglyphs], mââounîfiou, mânîfiou, subst. plur. masc. : «gardes, gardes du corps, satellites», p. 2 l. 9 [cfr. p. 11 l. 4-7 = S² p. 11 l. 1, l. 5-8 = M p. 2 l. 2-3 et l. 6-9 = B l. 4, p. 25 l. 12 = OB¹ l. 15]. — Le mot, qui paraît être la forme ancienne de [hieroglyphs], *manîfouîtou, manîfiou*, semble être un dérivé en [hieroglyph], *mé*, initial d'un thème * [hieroglyph], *dounîfou*, qui est inconnue jusqu'à présent : il ne s'est pas conservé en copte.

* [hieroglyphs], mââroù, mârou, mâroudou, adjectif : «heureux, favorable, prospère», [hieroglyphs], *ané-sakhaparou sapou-mârou* «on ne produit pas condition favorable, on ne remporte pas de succès», p. 2 l. 12 [cfr. p. 12 l. 4 = S² p. 11 l. 2, l. 5 = M p. 2 l. 4 et l. 6 = B l. 5, p. 26 l. 4 = OB¹ l. 17]. — La forme première est [hieroglyphs], *mââroù*, qui est un composé en [hieroglyph], *má, mé*, d'un thème [hieroglyph], *ârou*, que je ne connais pas avec le sens «être heureux». [hieroglyphs], *mâroudou*, qui est fréquent dès l'âge Ahmesside, me paraît un dérivé en [hieroglyph], *mé*, [hieroglyph], *mââ*, initiale du thème [hieroglyphs], *roudou* «prospérer, être en bonne santé, croître». L'assonance et l'identité des déterminatifs explique la confusion qui se produisit entre les deux mots. Ils ne se sont conservés en copte ni l'un ni l'autre.

[hieroglyph] mââiou, mââou, mâou, subst. masc. : «eau», p. 3 l. 2 [cfr. p. 13 l. 11 = M p. 2 l. 8, p. 34 l. 5 = TC⁵ l. 9 et l'*Introduction*, p. XXX]. Ce mot est employé aussi dans la locution euphémistique [hieroglyphs], *mâou-kharâî* «l'eau inférieure, l'eau d'en bas, l'urine», [hieroglyphs], *har-satî mâou-kharâî* «les gens qui usaient de mes parfums, jettent, lancent l'eau d'en bas, l'urine» en signe de mépris, p. 1 l. 13 [cfr. p. 8 l. 8-10 = M p. 1 l. 8-9, où S² p. 10 l. 6-7 = p. 8 l. 7-9 et OB¹ l. 10 = p. 22 l. 11 donnent une leçon que j'ai corrigée dans l'*Introduction*, p. XVIII]. — Le mot s'est conservé en copte dans ⲙⲟⲟⲩ *T.* ⲙⲱⲟⲩ *M.*, ⲙⲁⲟⲩ *T.* ⲙⲁⲩ *T. Akhm. B.* II, *aqua* et dans le dérivé ⲙⲏ *T. M.* ⲧ *urina*.

* , manaît, manaou, subst. fém. : «le pieu» auquel on attache les bateaux. Il est pris ici au figuré : «Je suis», dit Amenemhaît, «le pieu auquel s'attachent tous ceux qui sont et ne sont pas dans ton cœur», , p. 4 l. 6-7 [cfr. p. 17 l. 13 = S² p. 12 l. 5 et l'*Introduction*, p. XLII]. — Le mot ne s'est pas conservé en copte, à moins qu'on ne veuille lui rattacher par métaphore le terme ΜΟΝΗ *T.* Τ *M.* ϯ *statio navium, portus.*

* , , maianou, subst. plur. masc. : «monuments», plus précisément ici «statues», p. 4 l. 10 [cfr. p. 18 l. 7 = S² p. 12 l. 7]. — Le mot s'est conservé en copte dans ΜΑΕΙΝ, *T.* ΜΗΙΝ *M.* ΜΕΕΙΝΕ, ΜΕΪΝΕ *Akhm.* ΜΗΙΝΙ *B.* *μνημεῖον, monumentum.*

, marouî, marî, verbe actif : «aimer», p. 3 l. 8 [cfr. p. 15 l. 7 = S² p. 11 l. 8 et l. 8 = M p. 2 l. 12, p. 31 l. 11 = OP² l. 5], p. 4 l. 11 [cfr. p. 18 l. 9 = S² p. 12 l. 7]. De ce mot dérive :

* , , *maratîou,* subst. masc. plur. : «amis», puis «fidèles, sujets, vassaux», p. 1 l. 8 [cfr. p. 7 l. 5 = S² p. 10 l. 4 et l. 6 = M p. 1 l. 5, p. 21 l. 8 = OL l. 5, l. 9 = OB¹ l. 7 et l. 10 = OQ² l. 2].

Le verbe , *marî,* s'est conservé en copte, sans son *ra* radical, dans ΜΑΕΙΕ, ΜΕΕΙΕ, ΜΕΪΕ *Akhm.*, ΜΑΙ, ΜΕΙ *T. M. B.*, ΜΗΙ *B.*, ΜΕ *T. amare, amor,* et avec son *ra* dans ΜΕΡΕ *T.*, ΜΕΝΡΕ *M.* dérivé de l'infinitif féminin en *-ît,* par déplacement de l'accent et chute du *-t* final; le nom , , *maratîou,* est demeuré dans ΜΕΡΙΤ *T. Akhm.*, ΜΡΡΙΤ- *Akhm.*, ΜΕΝΡΙΤ *M.*, ΜΕΛΙΤ *B.*, au pluriel ΜΕΡΑΤΕ *T.* ΜΕΝΡΑϯ *M.* ΜΕΛΕϯ *B. dilectus, dilecti.*

* , , mararouîtou, marouîtou, subst. fém. plur. : «rues», et par suite «quartiers» d'une ville, les quartiers se composant d'une ou plusieurs rues et ruelles fermées par des portes à chaque extrémité, p. 4 l. 1 [cfr. p. 17 l. 1 = S² p. 12 l. 3, p. 33 l. 4 = OP² l. 9 et l. 5 = OQ¹¹ l. 3]. — Le mot ne s'est pas conservé en copte.

 mahou, verbe actif : «remplir», dans l'expression , *mé-mahou tâbou-k mé-sanou* «ne remplis pas ton cœur d'un frère, ne t'éprends pas d'un frère, ne fais pas ton favori d'un frère», p. 1 l. 6 [cfr. p. 6 l. 9 = S² p. 10

l. 3 et l. 10 = M p. 1 l. 4, p. 24 l. 2 = OB[1] l. 5]. — Le mot s'est conservé en copte dans ⲙⲏϩ, ⲙⲟⲩϩ *T. Akhm. B*, ⲙⲉϩ *T. M. B.*, ⲙⲁϩ, ⲙⲟϩ *M.*, *implere, impleri, plenus esse.*

* [hiéroglyphes], [hiéroglyphes] **masouî, masî**, participe passé passif du verbe [hiéroglyphes], *masou, masî* «naître», ici «né», p. 4 l. 4 [cfr. p. 17 l. 7 = S[2] p. 12 l. 4], et avec la valeur d'un substantif masculin pluriel :

1° [hiéroglyphes], [hiéroglyphes], [hiéroglyphes], *masoutou, masîtou* «enfants», [hiéroglyphes], *masîtou âshdouîtou* «les enfants de la foule», c'est-à-dire : «la foule», p. 4 l. 1 [cfr. p. 17 l. 1 = S[2] p. 12 l. 3 et l. 2 = M p. 3 l. 6, p. 33 l. 2 = OP[2] l. 9 et l. 3-5 = OQ[11] l. 3]. Au féminin on a :

2° [hiéroglyphes], [hiéroglyphes], [hiéroglyphes], *masouît, masît*, subst. fém. sing. : «naissance», p. 3 l. 4 [cfr. p. 14 l. 4 = S[2] p. 11 l. 6, l. 5 = M p. 2 l. 9 et l. 6 = B l. 8, p. 29 l. 11 = OB[2] R l. 3 et l. 15 = OQ[6] l. 4].

Le mot s'est conservé en copte sous les formes ⲙⲁⲥ- *T. M.* ⲡ, ⲡⲓ *infans, pullus, catulus, vitulus* et ⲙⲁⲥⲉ *T.* ⲡⲉ, ⲙⲁⲥⲓ *M.* ⲡⲓ, ⲙⲉⲥⲓ *B.* ⲙⲉⲥⲉ ⲡ, *Akhm.* ⲡⲉ *vitulus.*

* [hiéroglyphes], [hiéroglyphes], [hiéroglyphes] **masouîtou, masouîou**, subst. fém. : «le repas du soir, le souper», p. 2 l. 4 [cfr. p. 9 l. 10–p. 10 l. 1 = S[2] p. 10 l. 9 et p. 9 l. 11–p. 10 l. 2 = M p. 1 l. 11, p. 23 l. 13 = OL l. 10, l. 14 = OB[1] l. 12 et l. 15 = OP[1] l. 5, p. 24 l. 1 = OQ[3] l. 1 et l. 2 = OQ[4] l. 1]. — Le mot ne s'est pas conservé en copte.

* [hiéroglyphes], [hiéroglyphes] **masaḥouou**, subst. masc. plur. : «crocodiles», p. 3 l. 11 [cfr. p. 16 l. 1 = S[2] p. 11 l. 10 et l. 2 = M p. 3 l. 2]. — Le mot s'est conservé dans le copte ⲉⲙⲥⲁϩ, ⲙ̄ⲥⲁϩ *T. M.* ⲡ, ⲙ̄ⲥⲟⲟϩ, ⲉⲙⲥⲟⲟϩ *T.* ϩⲡ, *crocodilus;* les variantes [hiéroglyphes], *ḥamsou*, qu'on rencontre dès la fin de l'empire memphite, prouvent que la transcription χάμψαι, pluriel de * χάμψης, que donne Hérodote (II, LXIX), répondait à une prononciation populaire où l'aspirée [hiéroglyphe], *ḥ*, passait de la fin au commencement du mot.

* [hiéroglyphes], [hiéroglyphes], [hiéroglyphes] **matounou, matoun**, subst. sing. masc. : «arène où se battent les taureaux», et, sans le déterminatif [hiéroglyphes], «taureau de combat, taureau», [hiéroglyphes], *asou-tou*

âḥdou-tou ḥar matounou «car on avait combattu sur l'arène, en champ clos», p. 2 l. 2-3 [cfr. p. 9 l. 7 = S² p. 10 l. 8 et l. 8 = M p. 1 l. 10, p. 23 l. 7 = OL l. 9 et l. 8 = OB¹ l. 11]. — Le mot ne s'est pas conservé en copte.

* [hiéroglyphes], [hiéroglyphes] **Mazâîou**, peuple du désert nubien, p. 3 l. 12 [cfr. p. 16 l. 3 = S² p. 11 l. 10]. — Le nom a été transcrit en grec Ματάεις, puis en copte ΜΑΤΑΕΙ *Akhm.*, ΜΑΤΟΙ *T. M.* ΠΙ, ΜΑΤΟΕΙ *T. Akhm.* Π, *miles*.

[hiéroglyphe]

1\. [hiéroglyphe] **na, ne, ni**, particule qui, mise derrière le thème d'un verbe, élève ce verbe au passé. Elle se place : 1° devant les pronoms suffixes des personnes; 2° devant le sujet exprimé par un substantif; 3° entre le verbe et son régime direct lorsque celui-ci est un pronom personnel; 4° entre le thème verbal et les marques [hiéroglyphe], [hiéroglyphe], *-outou, -out*, du passif.

1° Devant les pronoms suffixes des personnes : — Première personne du singulier [hiéroglyphes], *-naî, -nèî*, cfr., pour les exemples, p. 41-42, *s. v.* [hiéroglyphe] -*î* D; — Deuxième personne du singulier masculin, [hiéroglyphes], *na-k, ne-k*, cfr., pour les exemples, p. 125-126, *s. v.* [hiéroglyphe], *-ek, -k*. — A l'âge Ahmesside et Ramesside, [hiéroglyphe], *na, ne*, est parfois redoublé [hiéroglyphes], *nna, nné*, dans cet emploi : le scribe de S² p. 12 l. 6 = p. 18 l. 3 a introduit cette forme dans le passage [hiéroglyphes], *shââ-nna-k hânou* «tu as commencé un service d'acclamations» qui équivaut à [hiéroglyphes], *shââ-na-k hânou*, p. 4 l. 8, et celui de B l. 3 = p. 10 l. 9, ainsi que celui de OQ³ l. 3 = p. 24 l. 9 dans le passage [hiéroglyphes], *shââ-nna-î ḥâîtî-î* «je commençai moi-même», qui équivaut à [hiéroglyphes], *shââ-ne-ḥâîtî-î* «mon cœur commença», p. 2 l. 6. Dans les trois cas il s'agit du verbe [hiéroglyphes], *shââ, shâ* : le [hiéroglyphe], *â*, final serait-il pour quelque chose dans la prononciation forte que [hiéroglyphes] redoublé indique pour [hiéroglyphe], *na, né*? Le redoublement de Ν se retrouve en copte dans le bachmourique devant une voyelle ordinaire (Stern, *Koptische Grammatik*, p. 43, § 72).

2° Devant le sujet exprimé par un substantif : [hiéroglyphes], *sabâît îârît ne-ḥamou* «Enseignement qu'a fait la Majesté», p. 1 l. 1 [cfr. p. 5 l. 1 = S² p. 10 l. 1 et l. 2 = M p. 1 l. 1, p. 19 l. 3 = OL l. 1, l. 4 = OB¹ l. 1 et l. 6 = OC¹ l. 1]; [hiéroglyphes], *shââ-ne-ḥâîtî-î ḥar shamsou qádou-î* «mon cœur commença à suivre mon sommeil», p. 2 l. 6 [cfr. p. 10 l. 7 = S² p. 10 l. 10 et l. 8 = M p. 1 l. 12—p. 2 l. 1 où les autres textes ont [hiéroglyphes], *shâá-nna-î* comme on vient de le voir]; [hiéroglyphes], *ané-aou pá-ne-ḥiamouîtou* «y avait-il eu des femmes?», p. 2 l. 16 [cfr. p. 13 l. 4 = S² p. 11 l. 4 et l. 5 = M p. 2 l. 7, p. 28 l. 3 = OP³ l. 1]. Les scribes ramessides ont employé cette forme dans un passage où le texte original ne le comportait pas, [hiéroglyphes], *sâzamou-ni-tá-shanîti* «les courtisans entendirent», p. 26 l. 10 = OB¹ l. 18 et l. 11 = OB² l. 1 [ce dernier sans l'article [hiéroglyphes], *tá*, que le scribe de OB¹ avait ajouté machinalement] au lieu de [hiéroglyphes], *sazamou-na-î shanîti*, p. 2 l. 13-14.

3° Entre le verbe et son régime, quand celui-ci est un pronom des personnes : [hiéroglyphes], *tarî-ne-ou-î Ḥâápi* «le Nil m'a béni», p. 3 l. 8 [cfr. p. 15 l. 7 = S² p. 11 l. 8 et l. 8 = M p. 2 l. 12, p. 32 l. 3 = OP² l. 5].

4° Entre le thème verbal et la marque [hiéroglyphes], *-outou*, *-out*, du passif : [hiéroglyphes], *sâzamou-ni-oûtou-f* «il a été entendu», p. 2 l. 1-2 [cfr. p. 9 l. 4 = S² p. 10 l. 8, l. 5 = M p. 1 l. 10 et l. 6 = B l. 1]; [hiéroglyphes], *mâá-ni-outou-f* «il a été vu», p. 2 l. 2 [cfr. p. 9 l. 4-7 = S² p. 10 l. 8, l. 5-8 = M p. 1 l. 10 et l. 6-9 = B l. 1, p. 23 l. 7 = OL l. 9, l. 8 = OB¹ l. 11 et l. 9 = OP¹ l. 3].

2. [hiéroglyphe] **na, ne, ni**, «de», particule qui se place entre deux substantifs ou entre un substantif ou un verbe à l'infinitif, pour marquer la relation du second au premier. Elle s'accordait à l'origine en genre et en nombre avec le premier des deux termes, et elle devenait [hiéroglyphes], *naît*, *néît*, *nît*, quand celui-ci était au féminin, [hiéroglyphes], *naou*, *néou*, *niou*, quand il était au pluriel, [hiéroglyphes], *néoui*, quand il était au duel : dès le début de la première époque thébaine, ces distinctions n'étaient plus rigoureusement observées.

1° [hiéroglyphe], *na*, *né*, *ni* «de» : [hiéroglyphes], *ḥamou-ne-nasoutti bâîtî* «la Majesté du roi des deux Égyptes», p. 1 l. 1 [cfr. p. 5 l. 1 = S² p. 10 l. 1 et l. 2 = M p. 1 l. 1, p. 19 l. 3 = OL l. 1 avec la variante [hiéroglyphes] «fils du roi», et l. 6 = OC¹ l. 1]; [hiéroglyphes], *hârou-ne-qâsanît* «le jour du malheur», p. 1 l. 8-9 [cfr. p. 7 l. 5 = S² p. 10 l. 4-5 et l. 6 = M p. 1 l. 5-6, p. 21 l. 8 = OL l. 5, l. 9 = OB¹ l. 7 et l. 10 = OQ² l. 2, ces trois derniers avec la variante ramesside [hiéroglyphes], *nît*]; [hiéroglyphes], *bou-âá-ni-âḥâou* «une grandeur de combattre, une grande guerre», p. 2 l. 2 [cfr. p. 9 l. 4 = S² p. 10 l. 8 et l. 5 = M

p. 1 l. 10, p. 23 l. 5 = OB^1 l. 10-11]; , *ané-kamou-ne-bou-nafar* «sans perpétuité de bonheur», p. 2 l. 3 [cfr. p. 9 l. 10 = S^2 p. 10 l. 8, l. 11 = M p. 1 l. 11 et l. 12 = B l. 2, p. 23 l. 11 = OB^1 l. 11 et l. 12 = OP^1 l. 4]; , *sabisabî-ne-sâtdou-ne-âzît* (?) «la dépouille d'un serpent de la campagne», p. 2 l. 7-8 [cfr. p. 10 l. 10—p. 11 l. 1 = S^2 p. 10 l. 10—p. 11 l. 1, et p. 10 l. 11—p. 11 l. 2 = M p. 2 l. 1-2, p. 25 l. 5-9 = OQ^3 l. 5 et l. 6 = OQ^4 l. 4]; , *hounî-ra-harou pou ne-mâounifiou* «c'était une attaque des gardes», p. 2 l. 9 [cfr. p. 11 l. 4-7 = S^2 p. 11 l. 1 et l. 5-7 = M p. 2 l. 2-3, p. 25 l. 12 = OB^1 l. 15]; , *sapou-ne-târît târî-qânanou* «au temps d'agir des preux», p. 3 l. 4-5 et p. 4 l. 9-10 où , *ne*, est une correction introduite dans le texte pour , *mé* [cfr. p. 14 l. 4-7 = S^2 p. 11 l. 6, l. 5-8 = M p. 2 l. 9 et l. 6-9 = B l. 8, p. 30 l. 6 = OC^2 l. 4]. — Les manuscrits ramessides suppriment parfois ce , *ne*, *ni*, de relation, ainsi B l. 4 = p. 11 l. 6-9 donne , *hounî-ra-harou pou mânifiou* sans , *ne;* parfois au contraire, ils ont introduit un , *ne*, où le texte original ne le comportait pas, , *aou dât-na-î ne-khaît ne-hamou* «je fis *de* reculer *de* l'efféminé», S^2 p. 11 l. 2 = p. 11 l. 10 pour , *dât-na-î khaît hamouou* «je fis reculer les efféminés», p. 2 l. 10; , *âdadou-ne-qbabou* «percement de digues», p. 13 l. 11-14 = M p. 2 l. 8, où les autres textes n'ont pas , *ne;* , *ne-zarou masouîtou* «*de* depuis la naissance», p. 14 l. 1-4 = S^2 p. 11 l. 6 pour , *zarou masouît-î* «depuis ma naissance», p. 3 l. 4; , *oud-hou-ne-hauîtou* «poser *de* couronnes blanches», p. 18 l. 1 = S^2 p. 12 l. 5-6 pour , p. 4 l. 7. On lit même dans OQ^3 l. 5 = p. 25 l. 5 et dans OQ^4 l. 4 = p. 25 l. 6 [] *sa-ne-tâou* pour , *satdou* «serpent, vipère».

Ce , *nâ*, *ni*, *ne*, antique n'est demeuré que dans quelques transcriptions assyriennes et grecques de noms propres , *Satap-na-rîya*, , *Boukkou-na-nnipi*, , Μανέθων, , Μενέφθης, et dans quelques mots composés du copte ϩⲁ-ⲛⲁ-ⲧⲟⲩⲓ *M. mane*, ϩⲁ-ⲛⲁ-ⲣⲟⲩϩⲓ *M. sero, vesperi*, ϫⲉ-ⲛⲉ-ⲡⲱⲣ *T.* ϫⲉ-ⲛⲉ-ⲫⲱⲣ *M. tectum*.

2° , *naît*, *néît*, *nît*, au féminin : «de la..., de», , *ounouît nît-nafar-tâbou* «une heure de plaisir», p. 2 l. 4-5 [cfr. p. 10 l. 2 = M p. 1 l. 12 et l. 3 = B l. 2, p. 23 l. 14—p. 24 l. 4 = OB^1 l. 12 et p. 24 l. 2-5 = OQ^3 l. 2, p. 33 l. 10 = TC^5 l. 4] et p. 4 l. 4 [cfr. p. 17 l. 7-9 = S^2 p. 12 l. 4];

, *oudsafdît nît-bâkouou* «la paresse, le manque d'énergie des serviteurs», p. 2 l. 16 [cfr. p. 13 l. 2-5 = M p. 2 l. 6-7, p. 27 l. 11 OB[2] l. 3 et l. 12 = OP[2] l. 2]. — Les scribes ramessides ont remplacé parfois , *nît*, par , *nîtî* (*q. v.* p. 91-92) , *ounouît nîtî-nafar-tâbou* dans S[2] p. 10 l. 9 = p. 10 l. 1 , *oudsfdoui-tou nîtî ḥar-bâkouou* dans S[2] p. 11 l. 4 = p. 13 l. 1-4, ou bien ils mettent , *nît*, derrière un nom masculin qui exigerait , *na, ni, né*, , *hârou nît-qâsanouîtou* «le jour des malheurs», p. 21 l. 8 = OL l. 5, l. 9 = OB[1] l. 7 et l. 10 = OQ[2] l. 2 pour , *hârou né-qasanît*, p. 1 l. 8-9; , *sabsdbît nît-satdou* «la dépouille du serpent», p. 25 l. 3 = OL l. 12 et l. 4 = OB[1] l. 14 pour , *sabsabî-ne-satdou*, p. 2 l. 7-8; , *pâ-nît-ḥidmouîtou* «l'être des femmes», p. 34 l. 3 = TC[5] l. 8 au lieu de , *pâ-né-ḥiamouîtou*, p. 12 l. 16. Dans ce dernier exemple, le scribe a cru probablement voir une forme analogue à , *tâ-nît-ḥatarou* «la cavalerie, la charrerie», où , *pâ* avait la valeur ordinaire de l'article ou du pronom.

3° , *naou, néou, niou*, au pluriel : «des» n'est employé qu'une fois par notre auteur dans la phrase , *khâdou-néou-nazou-ra* «des armes *de* comploter, pour comploter», p. 2 l. 7 où seul OB[1] l. 14 = p. 24 l. 12 —p. 25 l. 4 donne la forme correcte, M p. 2 l. 1 = p. 10 l. 11 ne met aucune particule de liaison entre , *khâdou*, et , *nazou*, S[2] p. 10 l. 10 = p. 10 l. 10 intercale en cet endroit la préposition , *mé* = , *né*, et B l. 3 = p. 10 l. 12 la préposition , *né, ni*.

3. **na, né, ni,** préposition «de, par, à, vers», qui marque le régime indirect, beaucoup plus rarement le régime direct, et qui introduit les compléments circonstanciels du verbe ou du nom.

A. Elle introduit le régime indirect des verbes que ce régime soit : 1° un substantif ou un membre de phrase, ou 2° simplement un des pronoms suffixes des personnes :

1° , *zadou-f mé-tâpouît mdâît né-sa-f* «il dit en message sincère à son fils», p. 1 l. 2 [cfr. p. 5 l. 3—p. 6 l. 1 = S[2] p. 10 l. 1 et p. 5 l. 4—p. 6 l. 2 = M p. 1 l. 1-2, p. 20 l. 2-6 = OB[1] l. 2 et l. 4-7 = OC[1] l. 3]; , *aou ddî-na-t né-shoudou* «j'ai donné à l'indigent», p. 1 l. 9 [cfr. p. 7 l. 7 = S[2] p. 10 l. 5 et l. 8 = M p. 1 l. 6, p. 21 l. 8-11 =

OL l. 5, l. 9-12 = OB^1 l. 7 et l. 10-13 = OQ^2 l. 2]; , *ané kâmou né-bou-nafar né-khamou rakhou-f* «il n'y a durée de bonheur pour l'ignorant ni pour l'instruit», p. 2 l. 3-4 [cfr. p. 9 l. 10 = S^2 p. 10 l. 8-9, l. 11 = M p. 1 l. 11 et l. 12 = B l. 2, p. 23 l. 11 = OB^1 l. 11-12 et l. 12 = OP^1 l. 4-5]; , *aou-î né-ḥâdou-î* «j'étais de mes membres, j'étais seul et nu», p. 2 l. 8 [cfr. p. 11 l. 1-4 = S^2 p. 11 l. 1, l. 2-5 = M p. 2 l. 2 et l. 3-6 = B l. 3, p. 25 l. 7 = OL l. 12 et l. 8 = OB^1 l. 15, p. 34 l. 1-2 = TC^5 l. 7].

2° , *zadî-tî-î-na-k* «ce que je te dis», p. 1 l. 3 [cfr. p. 6 l. 3 = S^2 p. 10 l. 2, l. 4 = M p. 1 l. 2, p. 20 l. 5-8 = OL l. 2 et l. 6-9 = OB^1 l. 3]; , *mé-sakhparou-na-k* «ne te fais pas être, ne te crée pas», p. 1 l. 7 [cfr. p. 7 l. 1 = S^2 p. 10 l. 3-4 et l. 2 = M p. 1 l. 4-5, p. 21 l. 3 = OL l. 4 et l. 4 = OB^1 l. 6]; , *sâou-na-k îâbou-k zasou-k* «garde pour toi ton cœur, toi-même», p. 1 l. 8 [cfr. p. 7 l. 3-5 = S^2 p. 10 l. 4 et l. 4-6 = M p. 2 l. 5, p. 21 l. 6 = OB^1 l. 6-7 et l. 7 = OQ^2 l. 1]; , *radâî-na-î-na-f âouî-î* «celui j'avais donné à lui, celui à qui j'avais donné mes deux bras», p. 1 l. 11 [cfr. p. 8 l. 2-4 = M p. 1 l. 7, p. 22 l. 5 = OB^1 l. 8 où les autres textes ont , p. 8 l. 1-3 = S^2 p. 10 l. 5-6 et p. 22 l. 4 = OL l. 6]; , *saḥazît-ou-î-na-k* «les courtisans m'avaient livré à toi», p. 2 l. 14 [cfr. p. 12 l. 10 = S^2 p. 11 l. 3, l. 11 = M p. 2 l. 5 et l. 12 = B l. 6, et *Introduction*, p. XXVII-XXVIII]; , *ané-anou-na-î îâbou-î* «mon cœur ne m'avait pas apporté», p. 2 l. 15-16 [cfr. p. 13 l. 1 = S^2 p. 11 l. 4 où M p. 2 l. 6 = p. 13 l. 2 omet , *na-î*]; , *aou ḥamasou-tou mé-îârît-na-î* «on s'occupait à agir pour moi», p. 3 l. 9-10 [cfr. p. 15 l. 11 = S^2 p. 11 l. 9 et l. 12 = M p. 3 l. 1]; , *daît-sounou-na-k îdouou*, p. 4 l. 5 [cfr. p. 17 l. 9-11 = S^2 p. 12 l. 4-5 et l. 11-13 = M p. 3 l. 9]. — Les scribes ramessides ont inséré ce , *né*, dans des passages où le texte original ne le comportait pas : , *târî-tatsît-na-k* «celui qui se soulève *contre toi*», p. 8 l. 1 = S^2 p. 10 l. 5; , *ané-îou-tou-na-î* «point n'est venu *à moi*», p. 14 l. 1 = S^2 p. 11 l. 6 au lieu de , *ané-îou-tou ayîouîtou* «aucun accident n'était survenu», p. 3 l. 3-4; , *hârou-nît-qâsanou na-k* «le jour du malheur *pour toi*», p. 21 l. 9 = OB^1 l. 7, au lieu de , p. 1 l. 8-9, «le jour du malheur».

3° Elle est introduite par les scribes ramessides dans des endroits qui ne la comportaient pas au texte primitif, pour marquer les circonstances de temps ou de lieu : , *né-hârou-né-qasanouîtou-k* «*au* jour de tes malheurs», p. 7 note 6 = S[1] l. 4, où les autres textes donnent , *hárou* «le jour», p. 1 l. 8; , *ni-ra-Adhou* «vers *Adhou*», p. 30 l. 10 = OP[2] l. 4.

B. Elle introduit le régime direct des verbes qui expriment une action des sens : , *sazamou-ni-zadout-ti-na-k* «écoute ce que je te dis», p. 1 l. 3 [cfr. p. 6 l. 1-3 = S[2] p. 10 l. 2 et l. 2-4 = M p. 1 l. 2, p. 20 l. 5-8 = OL l. 2 et l. 6-9 = OB[1] l. 3]; , *har mâá-na-î mâî shouîou* «celui qui revêtait les linons de ma maison me considéra comme les mauvaises herbes», p. 1 l. 11-12 [cfr. p. 8 l. 5 = S[2] p. 10 l. 6 et l. 6 = M p. 1 l. 8, p. 22 l. 6-8 = OL l. 7 et l. 7-9 = OB[1] l. 9].

C. Elle est employée par les scribes de l'âge ramesside à la place de la préposition , *ra* «pour» , *nahás-na-î né-âhdou* «je m'éveillai pour combattre», p. 11 l. 2 = M p. 2 l. 2 et p. 34 l. 1 = TC[5] l. 7, ou de la préposition , *mé*, , *târou-k né-hâou har nafrouîou* «pour que tu sois dans l'extrême de la prospérité», p. 20 l. 9-11 = OB[1] l. 4.

La préposition , *né, ni*, s'est conservée dans le copte ɴ, ɴ̄ commun à tous les dialectes.

1. **nabou, nib, neb**, subst. masc. : «maître, seigneur», ne se rencontre chez notre auteur que dans le composé , *nabou-ra-zarou* dont la variante ramesside est , *nabît-ra-zarou*, , *nabît-érâ-zarou* «le maître pour tout, le maître de tout, le maître absolu, complet», p. 1 l. 2 [cfr. p. 6 l. 1 = S[2] p. 10 l. 1 et l. 2 = M p. 1 l. 2, p. 20 l. 6 = OB[1] l. 3] et p. 4 l. 1 [cfr. p. 16 l. 13 = S[2] p. 12 l. 2 et l. 14 = M p. 3 l. 6], épithète d'Osiris qui, ici, s'applique au roi. — Le mot , *nabou, nibou* «maître», transcrit *Nam, nim*, en assyrien, dans *Nammouria, Nimmouria* = par assimilation du son de , *b-v* avec *m* initial du mot , *mâáît*, s'est conservé dans le copte ɴɪʜʙ *M.* ɴɪ en composition ɴᴇʙ- *dominus*.

2. **nabou, nab, au féminin nabît**, pronom enclitique : «tout, toute, tous, toutes, chaque», , *har pagáou-nabou* «sur toute plaine», p. 3 l. 8-9 [cfr. p. 15 l. 7-9 = S[2] p. 11 l. 9 et l. 8-10 = M p. 2 l. 12, p. 32 l. 4 = OQ[10] l. 1]; , *ouzouît-na-î-nabou* «tout ce que j'ai ordonné», p. 3 l. 10 [cfr. p. 15 l. 11-13 = S[2] p. 11 l. 9, p. 32 l. 7 = OP[2] l. 6]. — Le mot s'est conservé en copte sous les formes : 1° ɴɪᴍ *T. Akhm. B.*, *omnis*, qui dérive du masculin ancien, avec passage du , *b-v*, à *m*, comme dans le précédent;

2° ɴɪʙɪ *B.* dérivé du féminin, *nabît, nibît,* avec une perte du genre qui remonte au moins à la fin de l'âge ramesside, puisque les scribes de la XXe et de la XXIe dynastie écrivent presque indifféremment et au masculin et au féminin; 3° ɴɪʙᴇɴ *M. omnes, omnia,* qui s'est développé de, *nibou, nibî,* par suffixion de, *n,* en analogie avec les formes des pronoms démonstratifs *poun,* *toun,* *noun,* de *pou,* *tou,* , *nou.*

* , , **noubou,** subst. masc. : «l'or», p. 3 l. 14 [cfr. p. 16 l. 7 = S² p. 12 l. 1 et l. 8 = M p. 3 l. 4]. — Le mot s'est conservé en copte dans ɴⲟⲩⲃ *T. M. B. Akhm.,* ɴⲟⲩϥ *T.* ⲡ *aurum.*

* , , , **naparaî, naparî, naprî,** «le grain, le dieu des grains», p. 3 l. 8 [cfr. p. 15 l. 7 = S² p. 11 l. 8 et l. 8 = M p. 2 l. 12, p. 31 l. 11–p. 32 l. 3 = OP² l. 5]. — Comme substantif commun, le mot s'est conservé en copte dans ɴⲁⲡⲣⲉ *T.* ⲧ, ɴⲁϥⲣⲓ *M.* ϯ *semen, granum,* où le changement de genre paraît être dû à la présence dans le mot égyptien d'une finale masculine *i-é,* que l'on aura prise pour la finale féminine ɪ-ⲉ, résultant de la chute d'un *-t* antique. L'orthographe, *Naptarî, Naptérâ,* de certains scribes ramessides provient probablement d'une confusion avec, *ptarî, ptérâ,* produite par le déterminatif du mot et aidée par l'amuissement du *t* médial, comme dans ⲙⲉⲉⲣⲉ *T.* ⲙⲉⲣⲓ *M. meridies,* puis confirmée (cfr. *Introduction,* p. xxxiv) par l'assonance avec le nom de la reine, prononcé *Naftérâ.*

, **nafar, nafer, nafir,** adjectif et verbe : — 1° comme adjectif, il signifie «bon, beau, heureux», et il n'est employé par notre auteur que dans des expressions composées, , *bou-nafar* «le bien, le bonheur», *q. v.* p. 68, *s. v.* , *bou,* et *, *nafar-îdbou,* masc., et, *nafrît-îdbou,* fém. : «la joie, le plaisir», p. 2 l. 5 [cfr. p. 10 l. 1 = S² p. 10 l. 9, l. 2 = M p. 1 l. 12 et l. 3 = B l. 2, p. 24 l. 4 = OB¹ l. 12, l. 5 = OQ³ l. 2 et note 2 = OQ⁵ l. 2, p. 33 l. 10 = TC⁵ l. 4] et p. 4 l. 4 [cfr. p. 17 l. 9 = S² p. 12 l. 4]. Il se rencontre au féminin, comme substantif, *nafraîtou, nafrêtou,* , , *nafrîou, nafré,* avec chute du *-t* féminin «les bonnes choses, les belles choses, les choses utiles», en un seul mot «la bonté, la beauté, l'utilité», p. 1 l. 4 [cfr. p. 6 l. 5 = S² p. 10 l. 2 et l. 6 = M p. 1 l. 3, p. 20 l. 11 = OB¹ l. 4], et il sert d'adverbe «bien, heureusement», dans la locution, *tou-s pou nafar* «explicit *feliciter*», p. 4 l. 11 [cfr. p. 18 l. 11 = S²

p. 12 l. 7-8]. — 2° Comme verbe il signifie : «être bon, être bien, être heureux», , *oukhdou har nafarou-f* «le sot dit : C'est bien!», p. 4 l. 2 [cfr. p. 17 l. 3 = S² p. 12 l. 3 et l'*Introduction*, p. XL-XLI, où le texte est discuté et rétabli]; ici l'expression : «C'est bien» semble entraîner une nuance d'indifférence de la part de celui qui l'emploie, et elle correspond à notre «Cela m'est égal». — Le mot s'est conservé en copte, comme adjectif, ⲛⲟⲩϥⲉ *T. Akhm.* ⲛⲟⲩϥⲓ *M. B. bonus* de , *nafar-nafer,* avec chute de *ra*, et comme substantif, ⲛⲟϥⲣⲉ, ⲛⲟⲃⲣⲉ *T.* ⲧ, ⲛⲟϥⲣⲓ *M.* ϯ, ⲛⲁϥⲣⲉ *Akhm.*, ⲛⲁⲃⲣⲉ *B. utilitas, commodum*, de , *nafrit,* avec chute du -*t* féminin.

* , , **namahou, namhou,** subst. masc. : «malheureux, indigent, pauvre», p. 1 l. 9 [cfr. p. 7 l. 7-9 = S² p. 10 l. 5 et l. 8 = M p. 1 l. 6, p. 21 l. 11 = OL l. 5, l. 12 = OB¹ l. 7 et l. 13 = OQ² l. 3]. — Le mot ne s'est pas retrouvé en copte; pour la variante , voir ce qui est dit p. 36, *s. v.* .

* , , **nahásou,** verbe neutre : «s'éveiller, se réveiller», p. 2 l. 8 [cfr. p. 11 l. 1 = S² p. 11 l. 1, l. 2 = M p. 2 l. 2 et l. 3 = B l. 3, p. 25 l. 7 = OL l. 12 et l. 8 = OB¹ l. 14-15, p. 34 l. 1 = TC⁵ l. 7]. — Le mot s'est conservé dans le copte ⲛⲁϩⲥⲓ, ⲛⲉϩⲥⲓ *M.* ⲛⲉϩⲥⲉ *T. excitari, evigilare,* dérivé de l'infinitif féminin , *nahásit, nahsit.*

, **nahamou, nahmou,** erreur des copistes ramessides, p. 11 l. 10 = S² p. 11 l. 2 et l. 12 = B l. 4 pour , *hamou, q. v.* p. 100.

* , **nasou, nasî,** subst. masc. : «roi, souverain», p. 4 l. 3 [cfr. p. 17 l. 5 = S² p. 12 l. 3 et l'*Introduction*, p. XLI, où le texte du papyrus est corrigé]. De ce mot dérivent :

1° , *nasouîti,* subst. masc. : «celui qui est royal, le roi», principalement «le roi de la Haute-Égypte», p. 1 l. 1 [cfr. p. 5 l. 1 = S² p. 10 l. 1 et l. 2 = M p. 1 l. 1, p. 19 l. 4 = OB¹ l. 1 et l. 6 = OC¹ l. 2] dans l'expression , *nasouîti-báîti* «roi de la Haute et de la Basse-Égypte»; , *sa-nasouîti* «fils du roi», p. 19 l. 3 = OL l. 1, et *Introduction*, p. XI-XII, où la variante est discutée.

2° [hiéroglyphes], *nasouîtî*, verbe actif et neutre : «gouverner comme roi, régner», p. 1 l. 3 [cfr. p. 6 l. 3 = S[2] p. 10 l. 2 et l. 4 = M p. 1 l. 2, p. 20 l. 8 = OL l. 2 et l. 9 = OB[1] l. 3] et p. 4 l. 9 [cfr. p. 18 l. 6 = M p. 3 l. 11], auquel se rattache la forme :

3° [hiéroglyphes], *sanasouîtî*, factitif du précédent «faire régner», ne se rencontre que dans une variante fautive de S[2] p. 12 l. 6 = p. 18 l. 5, pour [hiéroglyphes], *nasouîtî*, cfr. p. 4 l. 9.

Le mot ne s'est pas conservé en copte, mais on le rencontre en grec, dans des mots composés, sous la forme σο dans Amonrâsonther [hiéroglyphes], en copte sous la forme ⲛⲥ dans ϣⲛⲥ *T. M. byssus* de [hiéroglyphes], *shé-nsou* avec chute du [hiéroglyphe] -*t* final et report de la voyelle tonique sur le premier degré du composé, puis, sous la forme ⲛⲏⲥ, dans ϩⲛⲏⲥ [hiéroglyphes], *Khane-nsou*, nom antique de la ville Ahnas el-Médinéh, Héracléopolis Magna. Le mot, qui appartient au plus vieux fond de la langue, est apparenté à l'hébreu נָשִׂיא «prince», et celui-ci se dit aussi bien du «chef de tribu» que du «roi». Sa forme simple [hiéroglyphes], *nasouî*, *nasou*, ne se rencontre que rarement, dans des textes très anciens ou dans des textes archaïsants de l'âge ptolémaïque. Elle a fourni le nom abstrait [hiéroglyphes], *nasouît* «royauté», qui de fort bonne heure a produit le nom d'agent en -*î*, [hiéroglyphes], *nasouîtî* «l'homme de la royauté, le royal, le roi» : celui-ci a effacé le simple *nasouî-nasou*, dans l'usage courant.

[hiéroglyphes] **naît, néît, nît,** forme féminine de la particule de relation, *q. v.* p. 84, 85-86, *s. v.* 2. [hiéroglyphe] *na-né-ni*. D'elle dérive par adjonction de la flexion [hiéroglyphe], -*î*, un nom d'agent qui joue le rôle de notre pronom relatif : [hiéroglyphes], *naîtî-néîtî-nîtî* «celui qui, ce qui, ce que, qui, que», au féminin [hiéroglyphes], *nétît*, *nêtét* «celle qui», au pluriel [hiéroglyphes], *naâtîou*, *nâtîou*, *nât*, *net* «ceux qui, celles qui».

1° [hiéroglyphes], *nîtî* «celui qui», [hiéroglyphes], *mâî nîtî-oudnou*, litt. : «comme qui est, comme celui qui est quelque chose», p. 1 l. 10 [cfr. p. 7 l. 10 = M p. 1 l. 6-7, p. 22 l. 2 = OB[1] l. 8] où [hiéroglyphes], *nîtî-oudnou*, forme un terme composé déterminé par [hiéroglyphe]. La forme masculine [hiéroglyphes], *nîtî*, est employée souvent pour le féminin [hiéroglyphes], *nîtît*, à partir des débuts du second âge thébain, par suite de l'amuissement du [hiéroglyphe] -*t* final dans ce dernier.

2° [hiéroglyphes], *nîtît*, *nîtî* «celle qui», n'est employé par notre auteur que dans la locution conjonctive *[hiéroglyphes], *ḥar-nîtît*, *ḥar-nîtî* «parce que..., comme..., car», p. 1 l. 8 [cfr. p. 7 l. 5 = S[2] p. 10 l. 4 avec la variante [hiéroglyphes], *nîtî*, et l. 6 = M p. 1 l. 5 avec la variante, *nîtît*, p. 21 l. 6 = OB[1] l. 7 et l. 7 = OQ[2] l. 1 tous les deux avec la variante, *nîtî*], p. 2 l. 15 [cfr. p. 12 l. 13 = S[2] p. 11 l. 4 avec la variante, *nîtî*, et l. 14 = M p. 2 l. 6 avec la variante, *nîtît*, p. 27 l. 7 = OB[1] l. 19 et l. 8 = OB[2] l. 2 tous les deux avec la variante, *nîtî*], p. 4 l. 2 [cfr. p. 17 l. 3 = S[2] p. 12 l. 3 et l. 4 = M p. 3 l. 7 tous les deux avec l'orthographe, *nîtî*] et p. 4 l. 11 [cfr. p. 18 l. 9 = S[2] p. 12 l. 7 encore avec l'orthographe, *nîtî*].

3° *, *nadîtou, nâtîou* «ceux qui..., celles qui...», n'a été employé par notre auteur que p. 4 l. 6 [cfr. p. 17 l. 13 = S[2] p. 12 l. 5 et *Introduction*, p. XLII-XLIII].

Le mot ne s'est conservé en copte que dans le relatif ⲉⲧ- *T. M. B. Akhm.*, ⲉⲑ- *M. qui, quæ*, et dans la conjonction ⲛ̄ⲧⲉ *T. M. B. Akhm. ab* de, *nîtît-nîtî*.

natar, nata, subst. masc. : «dieu», p. 1 l. 2 [cfr. p. 6 l. 1 = S[2] p. 10 l. 2 et l. 2 = M p. 1 l. 2, p. 20 l. 5 = OL l. 2, l. 6 = OB[1] l. 3 et l. 7 = OC[1] l. 4] et p. 4 l. 7 [cfr. p. 18 l. 1 = S[2] p. 12 l. 6 et l. 2 = M p. 3 l. 10 où, *natar*, est placé, selon le principe d'honneur, devant, *parouîtou* dont il dépend]. — Le mot s'est conservé en copte dans ⲛⲟⲩⲧⲉ *T. Akhm.* ⲡ, ⲧ, ⲛⲟⲩϯ *M. B.* ⲡ, ⲫ, ϯ, *deus, dea.*

nîtouk, ᵉntouk, pronom absolu de la deuxième personne du singulier masculin : «toi, tu», p. 4 l. 3 [cfr. p. 17 l. 5 = S[2] p. 12 l. 4 où le scribe ramesside a introduit la forme emphatique de son temps, *mantouk*]. — Le mot s'est conservé en copte dans ⲛ̄ⲧⲟⲕ, ⲛ̄ⲧⲁⲕ, ⲛⲧⲕ *T. Akhm. B.*, ⲛ̄ⲑⲟⲕ *M. tu.*

* **nazou, nazanou,** verbe actif dont le sens est : «frotter, moudre», d'où par métaphore : «traiter, discuter, ressasser» une affaire. Il ne se trouve chez notre auteur que dans la locution, *nazou-ra har*, litt. : «frotter la bouche sur...», par suite «consulter, conseiller, se consulter, se concerter» contre quelqu'un, et ici «se conjurer, comploter», *khdâou nou-nazou-ra har-î* «des armes pour se concerter, pour comploter au sujet de moi», p. 2 l. 7 [cfr. p. 10 l. 10 = S[2] p. 10 l. 10 et l. 11 = M p. 2 l. 1, p. 24 l. 12–p. 25 l. 4 = OB[1] l. 14, p. 33 l. 12 = TC[5] l. 6]; cfr. p. 107 *s. v.*, *khdâou*. La forme redoublée,

naznazou, se rencontre en variante de ce passage, p. **10** l. **12** = B l. 3. — Le mot ne s'est conservé en copte qu'avec son premier sens matériel ⲛⲟⲩⲧ *T. M. molere*.

nazasou, nazasoutou, subst. masc. plur. : «petits, humbles, vassaux», p. **3** l. **3** [cfr. p. **13** l. **13** = S² p. 11 l. 6, l. **14** = M p. 2 l. 8 et l. **15** = B l. 8, p. **29** l. **5** = OB² R l. 1, l. **7** = OP³ l. 2, l. **9** = OQ⁸ l. 3 et l. **10** = OC² l. 2]. — Le mot ne s'est pas conservé en copte.

ra, re, préposition qui, au sens premier, paraît avoir marqué le mouvement d'un point à un autre, que ce soit pour l'arrivée ou pour le départ; «à, vers, jusqu'à, pour, contre, de», soit avec les substantifs ou avec les pronoms, soit avec les verbes :

1° Avec les substantifs ou les pronoms, *saqdou-tou ra-samadouîtou* «unis-toi aux séides, p. **1** l. 4 [cfr. p. **6** l. **5** = S² p. 10 l. 2 et l. **6** = M p. 1 l. 3, p. **20** l. **11** = OB¹ l. 4]; *hâbou-na-î ra-Idbou, ḥasou-na-î za-Adḥou* «après avoir couru à Éléphantine, je m'élançais vers le Delta», p. **3** l. **5-6** [cfr. p. **14** l. **7-10** = S² p. 11 l. 7 et l. **8-11** = M p. 2 l. 10, p. **30** l. **1-9** = OB² R l. 3-4, l. **2-10** = OP² l. 4 et l. **6-13** = OC² l. 4, p. **30** l. **7**—p. **31** l. **1** = OC³ l. 1 et p. **30** l. **8** OC⁴ l. 1]; *aou ouzouît-na-î-nabou ra-isît-érâ* «car tout ce que j'ordonnais était bien à sa place, bien à propos», p. **3** l. **10-11** [cfr. p. **15** l. **11-13** = S² p. 11 l. 9-10, p. **32** l. **7** = OP² l. 6 et l. **8** = OQ¹⁰ l. 2-3]; *khatamît ra-is't-érâ* «scellée à la place qui lui convient», p. **4** l. **7-8** [cfr. p. **18** l. **1-3** = S² p. 12 l. 6]. Les scribes de l'âge ramesside ont introduit parfois, *ra*, dans le texte à la place d'autres prépositions, *ra-khâmou* «*pour* l'ignorant», p. **9** note **5** = S¹ l. 7 au lieu de *né-khamou* «*de* l'ignorant», p. **2** l. **3-4**; *anou-na-î ra-zarouou* «j'ai conduit *vers* les frontières», p. **15** l. **2** = M p. 2 l. 11 et l. **3** = B l. 9, au lieu de *anou-na-î zarouou* «j'ai amené les frontières», p. **3** l. **7**; *shamasou ra-aqdou-na-î* «suivre *vers* mon sommeil», p. **25** l. **2** = OQ⁴ l. 2-3, au lieu de *shamasou qâdou-î* «suivre mon sommeil», p. **2** l. **6**. — Jointe à certains substantifs, elle forme des locutions composées, dont quelques-unes forment de véritables prépositions, [hiéroglyphes], *ra-sá*, *q. v.* p. 113, *s. v.* [hiéroglyphe], *sá*, [hiéroglyphes], *ra-gásou*, *q. v.* p. 124, *s. v.* [hiéroglyphe], *gásou*, ou des noms propres [hiéroglyphes], *nabou-ra-zarou* «le maître pour tout» *q. v.* p. 88, 1. *s. v.* [hiéroglyphe] *nabou*. Avec le pronom [hiéroglyphe] *-f* de la troisième personne du singulier masculin, [hiéroglyphe], *ra*, constitue la particule [hiéroglyphes], *ra-f*, *q. v.* p. 73, 3°, *s. v.* [hiéroglyphe] *-f*.

2° Avec les verbes : [hiéroglyphes], *ra-âḥdou* «pour combattre», p. 2 l. 8 [cfr. p. 11 l. 1 = S² p. 11 l. 1 et l. 3 = B l. 3, p. 25 l. 7 = OL l. 12 et l. 8 = OB¹ l. 14-15, mais p. 11 l. 2 = M p. 2 l. 2 et p. 34 l. 1 = TC⁵ l. 7 on a la variante [hiéroglyphe], *ni*, *né*, pour [hiéroglyphe], *ra*]. Les scribes de l'âge ramesside l'ont introduite dans des passages qui ne la comportaient pas : [hiéroglyphes], *khâáou ra-nouzou-ra* «des armes *pour* comploter», p. 10 l. 10 = S² p. 10 l. 10, au lieu de [hiéroglyphes], *khâáou nou-nouzou-ra* «des armes *de* comploter», p. 2 l. 7. La préposition [hiéroglyphe], *ra*, *re*, est la forme atone de la préposition [hiéroglyphe] *ara*, *aré*. Elle a perdu sa consonne de bonne heure, et elle est devenue [hiéroglyphes], *a*, dans les dialectes de l'Égypte du *Sud*, [hiéroglyphes], [hiéroglyphes], *é*, dans ceux de l'Égypte du Nord, d'où dérivent les formes coptes ⲁ *Akhm. B. T.* et ⲉ *T. M. B.*

[hiéroglyphes] **ra, ro,** subst. masc. : «bouche», n'est employé par notre auteur que dans l'expression [hiéroglyphes], *nazou-ra*, litt. : «frotter la bouche», d'où «discuter, se concerter, comploter», *q. v.* p. 92-93, *s. v.* [hiéroglyphes], *nazou*. — Le mot se trouve en copte dans ⲣⲟ *T. M.* ⲗⲱ *B.* ⲣⲁ, ⲗⲁ *B. os*, avec les suffixes ⲣⲱ- *T. Akhm. M.* ⲗⲱ *B.*

[hiéroglyphes], [hiéroglyphes], [hiéroglyphes], [hiéroglyphes], ☉ **Raîya, Réîya, Rîa, puis Rêî, Rê,** subst. masc. : «le Soleil», astre et dieu, p. 4 l. 8 [cfr. p. 18 l. 5 = S² p. 12 l. 6 et M p. 3 l. 11]. Il est employé également dans l'expression [hiéroglyphes], *Sa-rîya* «fils du Soleil», *q. v.* p. 113, *s. v.* [hiéroglyphes], *sa*. Ce mot, transcrit *Riya, Ria* en assyrien, Ῥα-, -ρη, -ρι en grec, s'est conservé en copte sous les formes ⲣⲏ *T. M.*, ⲣⲉ *B.*, ⲣⲉⲓ, ⲣⲓ *Akhm. B.* ⲡ, *sol.*

* [hiéroglyphes], [hiéroglyphes], [hiéroglyphes] **raoudou, raoud, roud,** subst. masc. : «germination», et, au figuré, «accroissement, prospérité», p. 4 l. 10 [cfr. p. 18 l. 10 = M p. 3 l. 12 où S² p. 12 l. 7 = p. 18 l. 9 supprime le complément [hiéroglyphe], *parou*, de l'expression]. — Le mot ne s'est conservé en copte que sous la forme verbale de laquelle il dérive, ⲣⲱⲧ *T. M. germinare* ⲣⲏⲧ *T. M. plantari.*

* , raoudît, roudît, adjectif et substantif féminin dans l'expression , *âdît roudît* «pierre vigoureuse, pierre dure», στερεὸς λίθος, plus particulièrement «bloc de grès, grès»; cfr. p. 59, *s. v.* , *âdît*, et, pour la correction apportée à ce passage, l'*Introduction*, p. XXXVI-XXXVII.

ramouîtou, ramîtou, subst. masc. plur. : «hommes, gens», de préférence «les Égyptiens», p. 2 l. 1 [cfr. p. 9 l. 1 = S² p. 10 l. 7, l. 2 = M p. 1 l. 9 et l. 3 = B l. 1, p. 23 l. 1 = OL l. 8, l. 2 = OB¹ l. 10 et l. 3 = OP¹ l. 1]. — Le mot nous a été conservé en transcription grecque dans Hérodote (II, CXLIII) Πιρῶμις. Il se présente en copte sous la forme ρωμε *T. Akhm. B.* ρωμι *M. B.* λωμι *B.* π, πι, *homo*.

ranpouîtou, ranpîtou, subst. fém. plur. : «années», p. 3 l. 9 [cfr. p. 15 l. 10 = M p. 2 l. 12 où S² p. 11 l. 9 = p. 15 l. 9 donne la variante , *amé-î* «sous moi»]. — Le mot s'est conservé dans le copte ρμπε, ρομπε *T.*, ρομπι *M.*, ρλμπε *Akhm.*, λαμπι *B. annus*, pluriel ρμποουε *T. anni.*

* , rakhou, rakh, verbe actif : «savoir, connaître, pouvoir», , *mé-rakhou khanoumsou* «ne connais pas un ami, n'aie pas un ami», p. 1 l. 6-7 [cfr. p. 7 l. 1 = S² p. 10 l. 3 et l. 2 = M p. 1 l. 4, p. 21 l. 4 = OB¹ l. 6]; , *aou-î rakh-kou-î* «je sais, je connais», p. 3 l. 16 [cfr. p. 16 l. 13 = S² p. 12 l. 2]; , *ḥar nîtît ané-rakhou-f-sou* «parce que celui qui ne le connaît pas», p. 4 l. 2 [cfr. p. 17 l. 3 = S² p. 12 l. 3 et l. 4 = M p. 3 l. 7]; , *âḥdou-k ḥar rakhou-tou ḥar rakhou-k* «te battant pour celui qui te connaît et que tu connais», p. 4 l. 10 [cfr. p. 18 l. 9 = S² p. 12 l. 7, et, pour les corrections apportées au texte de Sallier II, l'*Introduction*, p. XLIV-XLV]. Notre auteur emploie comme substantif, pour exprimer «le savant, l'intelligent, l'avisé», tantôt le thème seul, , *rakhou*, , *aou rakhou ḥar tîou* «l'avisé dit oui, approuve», p. 4 l. 1-2 [cfr. p. 17 l. 1-3 = S² p. 12 l. 3 qui donne le texte corrompu , *aou-î rakh-kou-î ḥar tîou-tou* qui est corrigé dans l'*Introduction*, p. XL], tantôt le thème verbal suivi du pronom , *-f*, , *ané-kamou né-bou-nafar né-khamou rakhou-f* «si bien qu'il n'y avait pas moyen d'être heureux pour l'ignorant et pour le savant», p. 2 l. 3-4 [cfr. p. 9 l. 10 = S² p. 10 l. 8-9, l. 11

= M p. 1 l. 11 et l. 12 = B l. 2, p. 23 l. 11 = OB[1] l. 11-12 et l. 12 = OP[1] l. 4-5, p. 33 l. 8-9 = TC[5] l. 3]. — Comme E. de Rougé l'a dit il y a bien longtemps, le mot paraît s'être conservé en copte dans ϵϣ-, ϣ- *T. M. B. posse*, dont le parallèle akhmimique est ϩ-, à travers une forme [hiér.], *arkhou, erkhou*, par amuissement de [hiér.], *ra*, médial et affaiblissement de [hiér.] en ϩ et en ϣ.

[hiér.], [hiér.] **radouî, radî**, subst. masc. duel : «les deux jambes, les deux pieds», p. 4 l. 3 [cfr. p. 17 l. 5 = S[2] p. 12 l. 4]. — Le mot s'est conservé en copte dans ⲣⲁⲧ *T. M.*, ⲣⲉⲧ, ⲣⲉⲉⲧ *Akhm.*, ⲗⲉⲧ *B.* ⲡ *pes*.

* [hiér.], [hiér.], [hiér.] **radâou**, verbe actif : «donner, placer, poser», est employé par notre auteur dans deux locutions différentes :

1° [hiér.]... [hiér.], *radâou... âouî*, litt. : «donner les bras, aider», [hiér.], *radâou-na-î-na-f âouî-î* «celui à qui j'avais donné mes deux bras, celui que j'avais aidé», p. 1 l. 11 [cfr. p. 8 l. 1-3 = S[2] p. 10 l. 5-6 avec la variante [hiér.], *âouî-fi* «ses deux bras», et l. 2-4 = M p. 1 l. 7, p. 22 l. 4 = OL l. 6 avec la variante [hiér.], *âouî-fi*, et l. 5 = OB[1] l. 8].

2° [hiér.], [hiér.], [hiér.], *radâou-îâbou*, litt. : «donner son cœur, prendre à cœur, être attentif à..., s'appliquer à..., être reconnaissant de...», [hiér.], *khapar tamamîtou radâou-îâbou* «le peuple devient aimant, confiant», litt. : «donnant le cœur», p. 1 l. 5 [cfr. p. 6 l. 7 = S[2] p. 10 l. 3 et l. 8 = M p. 1 l. 3-4, p. 20 l. 12 = OL l. 3 et l. 11 = OB[1] l. 5].

Le mot ne s'est pas conservé en copte.

[hiér.]

[hiér.] **hâî**, [hiér.] **hâît**, verbe neutre : «descendre, tomber, pénétrer, aller contre...», [hiér.], *saoutou hâî mé-âdît-raoudît* «les sols, les pavements descendent en pierre dure, sont en grès», p. 3 l. 14-15 [cfr. p. 16 l. 9 = S[2] p. 12 l. 2, et pour la restitution du texte, l'*Introduction*, p. XXXVI-XXXVII]. L'emploi du verbe [hiér.], *hâî* «descendre», dans ce passage s'explique, si l'on se rappelle que le dallage des chambres, dans les tombeaux ou dans les temples, est constitué par deux ou trois lits de blocs superposés qui, en effet, *descendent* dans le sol. — Ce mot s'est conservé en copte dans ϩⲉ *T. M.*, et à la forme dérivée de l'infinitif féminin en *-ît*, dans ϩⲉï *M.*, ϩⲏⲏï, ϩⲏï *B.*, ϩⲁⲉïⲉ, ϩⲉⲉïⲉ, ϩⲉïⲉ, *Akhm. cadere, incidere in...*, *delinquere.*

* [hieroglyphs] **háouátîou**, subst. masc. plur. : «plafonds», p. 3 l. 14 [cfr. p. 16 l. 7 = S² p. 12 l. 1 et l. 8 = M p. 3 l. 4]. — Le mot ne s'est pas conservé en copte.

* [hieroglyphs] **hábou**, verbe neutre : «courir à..., vers...», p. 3 l. 5 [cfr. p. 14 l. 7 = S² p. 11 l. 7 et l. 8 = M p. 2 l. 10, p. 30 l. 1 = OB² R l. 3, l. 2 = OP² l. 4, l. 3 = OP³ l. 3, l. 6 = OC² l. 4, l. 7 = OC³ l. 1 et l. 8 = OC⁴ l. 1]. — Le mot n'existe pas en copte.

[hieroglyphs] **hárou**, subst. masc. : «jour, journée», p. 1 l. 8 [cfr. p. 7 l. 5 = S² p. 10 l. 4 et l. 6 = M p. 1, l. 5-6, p. 21 l. 8 = OL l. 5, l. 9 = OB¹ l. 7 et l. 10 = OQ² l. 2]. — Le mot s'est conservé avec son [hieroglyph], *ra*, intervocalique dans le pluriel ϩⲣⲉⲩ *Akhm.*, formé avant l'amuissement définitif de [hieroglyph], *ra*, au singulier, puis, avec chute de [hieroglyph], *ra*, et obscurcissement de l'*a* tonique en *o*, dans ϩⲟⲟⲩ *T. B.*, ϩⲟⲟⲩⲉ *Akhm.*, ϩⲁⲟⲩ *B.* ⲡ et, avec ⲉ prothétique, dans ⲉϩⲟⲟⲩ *M.* ⲡⲓ *dies.*

[hieroglyph]

[hieroglyphs] **ḥáou, ḥâî, ḥá**, préposition : «derrière, à la suite de...»; [hieroglyphs], *ané-touît ayîouîtou ḥá-î* «il n'est pas survenu des malheurs derrière moi», p. 3 l. 3-4 [cfr. p. 14 l. 1 = S² p. 11 l. 6, l. 2 = M p. 2 l. 9 et l. 3 = B l. 8, p. 29 l. 14 = OT l. 6, l. 15 = OQ⁸ l. 4 et l. 16 = OC² l. 2, p. 34 l. 6 = TC⁵ l. 10, avec des leçons erronées qui ont été indiquées dans l'*Introduction*, p. XXXI]. — Le mot ne s'est pas conservé en copte.

* [hieroglyphs] **ḥáou**, subst. masc. plur. : «abondance, surabondance, excédent, surplus, exagération», dans la phrase [hieroglyphs], *îárou-k mé-ḥáou ḥar nafrouîtou* «pour que tu sois (litt. : «tu fasses») en surplus par-dessus la prospérité, pour que tu sois dans l'extrême de la prospérité», p. 1 l. 3-4 [cfr. p. 6 l. 3-5 = S² p. 10 l. 2 et l. 4-6 = M p. 1 l. 3 sans

, *mé*, p. 20 l. 9-11 = OB[1] l. 4 avec la variante , *na*, au lieu de , *mé*]. — Le mot s'est conservé en copte avec des vocalisations qui répondent à des formes différentes de l'expression : 1° ϩηγ *T. B.* π, ϩηογ *M.* πι *utilitas, commodum, lucrum;* 2° ϩογω *Akhm.* ϩογο *T. Akhm. M.* π, ϩογⲁ *B.* πε, *plures, major pars*, où le ω-ο-ⲁ final correspond sans doute à , *âou*, , *ḥâou-âou;* 3° ϩογε *T. major*, forme à finale atone du précédent.

, **ḥá-â**, subst. masc. : «commencement» de la tablette, du livre, p. 1 l. 1 [cfr. p. 5 l. 1 = S[2] p. 10 l. 1, et l. 2 = M p. 1 l. 1, p. 19 l. 4 = OB[1] l. 1, l. 5 = OQ[1] l. 1 et l. 6 = OC[1] l. 2]. Le mot se lisait probablement *ḥâît-â* et, avec chute du *-t* féminin *ḥâî-â, ḥá-â*. Il ne s'est pas conservé en copte.

* , , **ḥââou**, subst. masc. plur. : «membres», , *aou-î né-ḥâdou-î* «j'étais de mes membres, j'étais seul et nu», p. 2 l. 8 [cfr. p. 11 l. 1-4 = S[2] p. 11 l. 1, l. 2-5 = M p. 2 l. 2 et l. 3-6 = B l. 3, p. 25 l. 7 = OL l. 12 et l. 8 = OB[1] l. 15, p. 34 l. 1-2 = TC[5] l. 7]. — Le mot ne s'est conservé en copte que comme particule support des pronoms ϩογογ- *Akhm.* ϩω-, ϩωω-, *T. M. B. etiam, ipse.*

* , **Ḥââpi, Ḥâpi**, subst. masc. : «le Nil», fleuve et dieu, p. 3 l. 8 [cfr. p. 15 l. 7 = S[2] p. 11 l. 8 et l. 8 = M p. 2 l. 11, p. 32 l. 3 = OP[2] l. 3 et l. 4 = OQ[10] l. 1]. — Le mot ne s'est pas conservé en copte.

, **ḥâît**, subst. féminin : «la partie antérieure d'un objet, le devant, l'avant, le commencement», en copte ϩη *T. M. B.* ϩι *Akhm.* τ, *facies, conspectus*, ne se rencontre chez notre auteur qu'en composition dans :

1° , *Amanamḥâît* «Amon est en avant» de moi, nom propre de quatre rois de la XII° dynastie, *q. v.* p. 47-48;

2° , *khart-ḥâît* «avant, auparavant, antérieurement», , *târît-na-î khari-ḥâît* «ce que j'avais fait auparavant», p. 4 l. 5-6 [cfr. p. 17 l. 11 = S[2] p. 12 l. 5]; , *sakhparou khari-ḥâît* «ce qui existait auparavant», p. 4 l. 9 [cfr. p. 18 l. 5 = S[2] p. 12 l. 6], pour ces deux passages avec des leçons fautives qui sont indiquées dans l'*Introduction*, p. XLII, XLIII. — La locution s'est conservée en copte dans ϩⲁ-ⲧⲉϩⲓ, ϩⲁ-ⲧϩⲓ *Akhm.* ϩⲁ-ⲧϩⲏ, ϩⲁ-ⲑⲏ *T. M. B.* ϧⲁ-ⲧϩⲏ *M. ante, coram.*

ḥâîtî, subst. masc. sing. : «le cœur», litt. : «celui qui est en avant», p. 2 l. 6 [cfr. p. 10 l. 7 = S[2] p. 10 l. 10 et l. 8 = M p. 2 l. 1, p. 24 l. 7 = OL l. 11, l. 8 = OB[1] l. 13 et l. 9 = OQ[3] l. 3]. — Le mot s'est conservé en copte dans ϩⲏⲧ *T. Akhm. M. B.* ⲡ, *cor.*

ḥounaî, ḥounî, verbe actif : «frapper», forme en , *-naî, -nî*, du verbe , , *ḥou* «frapper», qui ne se rencontre chez notre auteur que dans la locution composée * , , , , *ḥounî-ra-ḥarou*, litt. : «frapper à la face», puis «frapper, battre, combattre», p. 2 l. 9 [cfr. p. 11 l. 4 = S[2] p. 11 l. 1, l. 5 = M p. 2 l. 1 et l. 6 = B l. 4, p. 25 l. 12 = OB[1] l. 15]. — Le mot ne s'est pas conservé en copte.

* , **ḥounamamît, ḥounmamît, ḥoummamît,** subst. collectif féminin : «l'humanité, les hommes, le peuple», p. 4 l. 5 [cfr. p. 17 l. 9 = S[2] p. 12 l. 4]. — Le mot, qui est de la langue littéraire plus que de la langue courante, ne s'est pas conservé dans le copte.

, , , **ḥounkaît, ḥounkît**, subst. féminin : «lit», plus particulièrement à ce qu'il semble, un lit analogue à l'*angareb* des Nubiens modernes, p. 2 l. 5 [cfr. p. 10 l. 4 = S[2] p. 10 l. 9, l. 5 = M p. 1 l. 12 et l. 6 = B l. 2, p. 24 l. 4 = OB[1] l. 13, l. 5 = OQ[3] l. 2 et l. 6 = OQ[4] l. 2, p. 33 l. 10 = TC[5] l. 5]. — Le mot ne s'est pas conservé en copte.

, , , , **ḥamou, ḥam**, subst. masc. sing. : titre des Pharaons qu'on traduit en à peu près par «Majesté, Sainteté», p. 1 l. 1 [cfr. p. 5 l. 1 = S[2] p. 10 l. 1 et l. 2 = M p. 1 l. 1, p. 19 l. 3 = OL l. 1, l. 4 = OB[1] l. 1 et l. 6 = OC[1] l. 2] et p. 4 l. 11 [cfr. p. 18 l. 11 = S[2] p. 12 l. 7]. — Le mot, qui est transcrit *kham* en assyrien dans le nom propre , *Pakhamnata*, et *Pakhanata*, par assimilation de *m* à *n*, puis εν- en grec dans le nom propre Φεντεμοῦτος , où εντε répond à , ne s'est pas conservé en copte directement : on ne le rencontre en cette langue que dans le composé ϩⲟⲛⲧ *M.* ⲡ *sacerdos* de [hiér.], *ḥam-noute.*

[hiér.], [hiér.], [hiér.], [hiér.] **ḥamou**, subst. masc. : *cinædus, pathicus*, ou, mieux, d'après les exemples que Lefébure a réunis (*Œuvres diverses*, t. II, p. 175-195), «castrat, eunuque», p. 2 l. 10 [cfr. p. 11 l. 11 = M p. 2 l. 3, p. 25 l. 13-p. 26 l. 1 = OL l. 13 et p. 25 l. 14-p. 26 l. 2 = OB[1] l. 16, où S[2] p. 11 l. 2 = p. 11 l. 10 et B l. 4 = p. 11 l. 12 écrivent [hiér.], [hiér.], *naḥamou, naḥmou,* par confusion avec le verbe [hiér.], *naḥamou, naḥmou* «enlever, arracher, délivrer»]. — Le mot est employé comme insulte à l'adresse des soldats de la garde royale : c'est peut-être la même épithète ou une épithète de ce genre, rencontrée dans un document aujourd'hui perdu, qui donna naissance à la tradition d'après laquelle le second Amenemhaît aurait été assassiné par ses propres *eunuques*, ὑπὸ τῶν ἰδίων εὐνούχων ἀνῃρέθῃ (Unger, *Manetho*, p. 118, 120).

[hiér.], [hiér.] **ḥamanît, ḥamant,** subst. masc. : «cuivre», p. 3 l. 15 [cfr. p. 16 l. 11 = S[2] p. 12 l. 2 et l. 12 = M p. 3 l. 5, p. 33 l. 1 = OP[2] l. 8]. — Le mot s'est conservé en copte dans ϩⲁⲙ̄ⲛ̄ⲧ *Akhm.* ϩⲟⲙ̄ⲛ̄ⲧ *T.* ϩⲁⲙ̄ⲧ *Akhm.* ϩⲟⲙⲧ *T. M.* ⲡ, *æs, pecunia.*

[hiér.], [hiér.] **ḥamasou, ḥamsou,** et, à l'infinitif féminin, [hiér.], [hiér.] **ḥamsît,** verbe neutre : «s'asseoir, siéger», et, au figuré, «s'occuper à..., s'appliquer à...», [hiér.], *ané-ḥamasît-î ḥenâ-k* «je n'avais pas siégé, je ne m'étais pas abouché avec toi», p. 2 l. 14 [cfr. p. 12 l. 11-14 = M p. 2 l. 5 où S[2] p. 11 l. 3 = p. 12 l. 10-13 donne [hiér.], *aou ḥamasou-tou ḥenâ-k* «étant assis avec toi», et B l. 6 = p. 12 l. 12-15 porte [hiér.], *ané-ḥamasou-tou ḥenâ-k* «on ne s'était pas assis avec toi»], [hiér.], *aou ḥamasou-tou mé-târît-na-î ḥar sazadou-tou amé-î* «on s'asseyait, on s'appliquait à agir pour moi selon ce que j'avais dit», p. 3 l. 9-10 [cfr. p. 15 l. 11 = S[2] p. 11 l. 9 et l. 12 = M p. 3 l. 1, p. 32 l. 6 = OQ[10] l. 2]. — Le mot s'est conservé en copte, à la forme simple dans ϩⲙⲟⲟⲥ *T. B.* ϩⲙⲁⲁⲥ *B. sedere, habitare, nubere,* et aux dérivées de l'infinitif féminin dans ϩⲉⲙⲥⲓ, ϩⲉⲙⲥⲉ *M. sedere, habitare,* puis de l'infinitif en [hiér.], *-tou,* final dans ϩⲙⲁⲥⲧ, ϩⲙⲉⲥⲧ, *Akhm., sedere, nubere.*

ḥiâmouîtou, ḥiamîtou, subst. fém. : «femme, épouse», p. 2 l. 16 [cfr. p. 13 l. 4 = S[2] p. 11 l. 4 et l. 5 = M p. 2 l. 7, p. 28 l. 1 = OB[2] l. 3 et l. 3 = OP[3] l. 1, p. 34 l. 3 = TC[5] l. 8]. — Le mot s'est conservé en copte dans ϩιⲙⲉ *T.* ⲧ orthographié ⲑⲓⲙⲉ, au pluriel ϩⲓⲟⲙⲉ *T.* ϩⲓⲁⲙⲉ *Akhm.* ϩⲓⲟⲙⲓ *M.* ϩⲓⲁⲙⲓ *B.* *mulier, uxor;* pour le singulier, le copte emploie le plus souvent la forme ⲥϩⲓⲙⲉ *T. Akhm.* ⲧ ⲥϩⲓⲙⲓ *M.B.* + de , *sâît-ḥîmît, sâḥîmî, s-ḥimî, s-ḥîmé.*

ḥenâ, préposition : «avec», p. 2 l. 14 [cfr. p. 12 l. 13 = S[2] p. 11, l. 3, l. 14 = M p. 2 l. 5 et l. 15 = B l. 6, p. 27 l. 3 = OB[2] l. 2 et l. 5 = OT l. 2]. — Le mot ne s'est pas conservé en copte.

1. , , ḥarou, ḥar, ḥá, ḥo, préposition qui s'emploie avec les noms, avec les pronoms et avec les verbes. Avec les noms et avec les pronoms, elle signifie : 1° «sur, au-dessus de..., en plus de..., à, vers, par, à cause de..., à propos de..., avec, hors de...». Avec les verbes, elle marque 2° un état ou une action qui s'accomplit à la suite ou comme conséquence d'une action précédente, 3° précédée du verbe auxiliaire , *aou,* conjugué, elle forme un temps qui équivaut selon les cas au présent et au passé de nos langues. Notre texte ne présente pas d'exemple de ce dernier emploi.

1° «Sur (sans mouvement), au-dessus de..., en plus de...», , *mé-ḥâou ḥar nafrouîtou* «en surcroît sur les bonnes choses, dans l'extrême de la prospérité», p. 1 l. 4 [cfr. p. 6 l. 5 = S[2] p. 10 l. 2 et l. 6 = M p. 1 l. 3, p. 20 l. 9-11 = OB[1] l. 4]; , *ḥar-sît* «au sujet de cela, à ce propos, par là», p. 1 l. 5 [cfr. p. 6 l. 7 = S[2] p. 10 l. 3, p. 20 l. 12-p. 21 l. 1 = OL l. 3] et l. 11 [cfr. p. 8 l. 3 = S[2] p. 10 l. 6 où M p. 1 l. 7 = p. 8 l. 4 a , *amé* au lieu de , *ḥar-sît*], p. 2 l. 15 [cfr. p. 13 l. 1 = S[2] p. 11 l. 4 où M p. 2 l. 6 = p. 13 l. 2 a simplement ; *sît*] et p. 3 l. 16 [cfr. p. 16 l. 13 = S[2] p. 12 l. 3]; , *âḥdou-tou ḥar matounou* «on avait combattu sur l'arène», p. 2 l. 2-3 [cfr. p. 9 l. 7 = S[2] p. 10 l. 8 et l. 8 = M p. 1 l. 10, p. 23 l. 7 = OL l. 9 et l. 8 = OB[1] l. 11]; , *sazirou-kou-î ḥar ḥounkît parou-î* «me couchant sur un lit de ma maison», p. 2 l. 5 [cfr. p. 10 l. 4 = S[2] p. 10 l. 9, l. 5 = M p. 1 l. 12 et l. 6 = B l. 2, p. 24 l. 4 = OB[1] l. 13, l. 5 = OQ[3] l. 2 et l. 6 = OQ[4] l. 1-2]; , *khâdou nou-nazou-ra ḥar-î* «des armes pour comploter à mon sujet», p. 2 l. 7 [cfr. p. 10 l. 10 = S[2] p. 10 l. 10 et l. 11 = M p. 2 l. 1, p. 24 l. 12—

p. 25 l. 4 = OB[1] l. 14, p. 33 l. 12 = TC[5] l. 6]; , *akh îdrî-î ḥar sakhirou-k* «ah! j'agirai selon tes desseins», p. 2 l. 14-15 [cfr. p. 12 l. 13 = S[2] p. 11 l. 3-4 et l. 15 = B l. 6 où M p. 2 l. 6 = p. 12 l. 14 passe , *ḥar*]; , *ḥar îdrouîtou-sounou* «à propos de leurs devoirs, sur leurs devoirs», p. 3 l. 3 [cfr. p. 13 l. 13 – p. 14 l. 1 = S[2] p. 11 l. 6 et p. 13 l. 14 – p. 14 l. 2 = M p. 2 l. 8-9, p. 29 l. 5 = OB[2] R l. 2 et l. 10 = OC[2] l. 2]; , *âḥâ-kou-î ḥar zarouou tdou* «me tenant sur les frontières du pays», p. 3 l. 6 [cfr. p. 14 l. 10 = S[2] p. 11 l. 7, l. 11 = M p. 2 l. 10 et l. 12 = B l. 9, p. 31 l. 1-7 = OC[3] l. 1-2, l. 2-8 = OC[4] l. 2 et l. 3-9 = OQ[9] l. 1]; , *ḥar pougdou-nabou* «sur toute plaine», p. 3 l. 8-9 [cfr. p. 15 l. 7-9 = S[2] p. 11 l. 9 et l. 8-10 = M p. 2 l. 12, p. 32 l. 4 = OQ[10] l. 1]; , *ḥar sazadou-tou amé-î* «selon l'énoncé par moi, selon ce que j'avais énoncé», p. 3 l. 10 [cfr. p. 15 l. 11 = S[2] p. 11 l. 9]; , *dâî-na-î îdrî-î ḥar Satâtiou* «j'exerçai mon action sur les Satatiou», p. 3 l. 12-13 [cfr. p. 16 l. 3-5 = S[2] p. 12 l. 1 où M p. 3 l. 3 = p. 16 l. 4-6 passe , *ḥar*]. — Les scribes ramessides insèrent , *ḥar,* dans des endroits où le texte primitif ne l'avait pas : , *oudsafdît nîtî ḥar baoukou* «l'indolence qui est *pour* les serviteurs», p. 13 l. 1-3 = S[2] p. 11 l. 4 au lieu de , *oudsafdît nîtî baoukou* «l'indolence des serviteurs», p. 2 l. 16; , *tâîsou ḥar sakîou*, p. 13 l. 4-7 = S[2] p. 11 l. 4-5 pour la vulgate , *tâîsou sakîou* «ranger des armées», p. 2 l. 16 – p. 3 l. 1; , *âḥâou-kou-î ḥar-zarouou ḥar-î* «me tenant sur les frontières moi-même, ⲉⲱ», litt. : «pour moi», p. 14 l. 12 = B l. 9, où , *ḥar-î* n'existait certainement pas dans l'archétype; , *anou-na-î ḥar zarouou* «j'ai amené, j'ai acquis *sur* les frontières», p. 15 l. 1 = S[2] p. 11 l. 7 où M p. 2 l. 11 et B l. 9 = p. 15 l. 2-3 ont , *ra,* et où le contexte n'exige aucune préposition, p. 3 l. 7; , *ḥar nafêrou-f* «pour ses beautés, pour sa prospérité», p. 17 l. 3 = S[2] p. 12 l. 3 où le texte doit être interprété comme il est dit dans l'*Introduction*, p. XL. On remarquera ici que, devant les pronoms suffixes, conserve la forme pleine, , *ḥarou-sît*, , *ḥarou-î*. — C'est à cette série que se rattache la conjonction composée * , *ḥar-nîtît*, , , *ḥar-nîtî* «pour ce que, parce que», *q. v.* p. 91-92, *s. v.* , *nîtî* 2°.

2° Avec un verbe comme complément, pour marquer un état ou une action qui se produit à la suite ou en conséquence d'une action précédente , *radâî-na-î-naf âouî-î ḥar sakhpar ḥarou ḥar-sît* «celui que j'avais favorisé, répand la crainte par là», p. 1 l. 11 [cfr. p. 8 l. 1-3 = S^2 p. 10 l. 5-6 et l. 2-4 = M p. 1 l. 7, p. 22 l. 4 = OL l. 6 et l. 5 OB^1 l. 8]; , *ouánkhou-pou-qdouîtou parou-î ḥar máá-na-î* «celui qui revêtait les linons de mon palais, me regarda», p. 1 l. 11-12 [cfr. p. 8 l. 3-5 = S^2 p. 10 l. 6 et l. 4-6 = M p. 1 l. 7-8, p. 22 l. 6-8 = OL l. 7 et l. 7-9 = OB^1 l. 9]; , *oudraḥou-ânatîou-î ḥar-satî* «celui qui s'oignait de mes essences de myrrhe, aspergea», p. 1 l. 12-13 [cfr. p. 8 l. 5-7 = S^2 p. 10 l. 6-7 et l. 6-8 = M p. 1 l. 8-9]; , *shââ-né-ḥâîtî-î ḥar shamsou qâdou-î* «mon cœur commença à suivre mon sommeil», p. 2 l. 6 [cfr. p. 10 l. 7 = S^2 p. 10 l. 10, l. 8 = M p. 1 l. 12 – p. 2 l. 1 et l. 9 = B l. 3, où la leçon que j'ai prise dans le texte résulte de la combinaison des variantes], , *Satâtîou ḥar shamît mé-tasamouou* «les Bédouins vinrent comme des chiens», p. 3 l. 12-13 [cfr. p. 16 l. 5 = S^2 p. 12 l. 1 où OP^2 l. 7 = p. 32 l. 11-12 passe , *ḥar* et , *mé*]; , *aou rakhou ḥar tîou* «l'avisé approuve», p. 4 l. 1-2 [cfr. p. 17 l. 1-3 = S^2 p. 12 l. 3 et, pour la correction du texte, l'*Introduction*, p. XL]; , *radouî-k ḥar shamît* «tes deux pieds vont», p. 4 l. 3 [cfr. p. 17 l. 5 S^2 p. 12 l. 4]; , *îárouîtî-î ḥar gamaḥou-na-k* «mes deux yeux te contemplent», p. 4 l. 4 [cfr. p. 17 l. 7 = S^2 p. 12 l. 4 et l. 8 = M p. 3 l. 8]; , *toudtou ḥar ouáḥou* «la statue pour poser, où poser», p. 4 l. 7 [cfr. p. 17 l. 13 – p. 18 l. 1 = S^2 p. 12 l. 5]; , *âḥá-ou-k ḥar rakhou-tou ḥar rakhou-k* «tu combats pour qui te connaît, pour qui tu connais», p. 4 l. 10-11 [cfr. p. 18 l. 9 = S^2 p. 12 l. 7], ce qui pourrait se rattacher à la série précédente, , *rakhou-tou*, et , *rakhou-k*, jouant ici le rôle d'une sorte de nom verbal. C'est au contraire à cette série-ci qu'il convient de rattacher la forme abrégée , *ḥar*, pour , *ḥar zadou*, dans , *oukhdou ḥar nafarou-f* «le sot dit (litt. : «le sot à») : C'est bon», p. 4 l. 2 [cfr. p. 17 l. 2 = S^2 p. 12 l. 3 et, pour la restitution du texte, l'*Introduction*, p. XL]. Les scribes ramessides ont inséré , *ḥar*, dans des endroits où le texte primitif ne le comportait pas : , *ané-sazamou-na-î shandîtou ḥar saouazît-î-na-k* «je n'avais pas appris que les courtisans m'avaient livré à toi», p. 12 l. 10 = S^2 p. 11 l. 3, où les autres manuscrits n'ont pas , *ḥar*, sauf OB^2 l. 1 = p. 26 l. 10 – p. 27 l. 3 dont la leçon prouve que le copiste avait mal compris le passage; , *ané-aou pá-né-ḥiámouîtou ḥar tâîsou sakîou* «est-ce que les femmes avaient rangé les armées?», p. 28 l. 1 = OB^2 l. 3-4, où les autres textes n'ont pas, *ḥar,* à cette place, ou ne l'ont pas du tout; , *dḥâ-kou-î ḥar zarouou ḥar-mââ-na-î,* p. 14 l. 10–p. 15 l. 1 = S[2] p. 11 l. 7, où , *na-î,* est de mauvaise grammaire; le scribe y a été influencé par le souvenir d'un texte où on lisait , *ḥar-î,* comme dans la leçon citée p. 102, et, croyant sans doute que le -*î,* était fautif, a combiné maladroitement la forme prépositive , *har mââ,* avec la forme directe , *mââ-na-î;* , *sazirou-kou-î* [*ḥar ḫ*]*ounkâouîtou parou-î ḥar bâgâî-î* «je me couchai sur un lit de mon palais *pour* me laisser aller à la fatigue», p. 24 l. 4-7 = OB[1] l. 13, où, comme dans l'exemple précédent, la leçon , *ḥar bâgaî-î,* résulte de la contamination fâcheuse d'une leçon en , *ḥar,* avec le texte correct , *bâgâou-na-î.* L'introduction de ces formes en , *ḥar,* dans les propositions directes est une conséquence de la tendance que la langue eut, sous le second empire thébain, à substituer les conjugaisons composées avec l'auxiliaire , *aou,* + pronom suffixe + + racine verbale, à la vieille conjugaison par pronoms suffixes seuls, sans auxiliaire : la force d'analogie entraîna les scribes à insérer machinalement des , *ḥar* dans des textes anciens qui ne les exigeaient pas.

La préposition , *ḥar,* avait déjà perdu son , *ra,* final dans la prononciation du second empire thébain, comme le prouve la transcription en cunéiforme *kouikhkou* du mot , qui désigne une espèce de vase. Elle s'est conservée en copte dans ϩⲓ *T. M. B. Akhm. super, supra, in, ad, pro, præ, cum,* par chute de , *ra,* final, et subsidiairement dans ϩⲁ *T. Akhm. M. B. in, super, ad,* où elle se confond avec les dérivés de la préposition antique , *khari,* *q. v.* p. 111.

2. , , **ḥaraou, ḥarou, ḥorou,** subst. masc. : «face, visage», n'est employé par notre auteur que dans la locution , *ḥounaî-ra-ḥar,* litt. : «frapper au visage», *q. v.* p. 99, *s. v.* , *ḥounaî,* et dans le passage , *shâou-mé-ḥara-k* «il est vide de ta face», en d'autres termes «il est privé de ta faveur», p. 4 l. 3 [cfr. p. 17 l. 3-5 = S[2] p. 12 l. 3 et l. 4-6 = M p. 3 l. 7]. — Le mot avait déjà perdu son , *ra,* final au VIIe siècle av. J.-C., comme le prouve la transcription assyrienne *Ṣikhâ* du nom propre , en grec Ταχὼς, Τεῶς. Il s'est conservé en copte dans ϩⲱ *Akhm.* ϩⲟ *T. Akhm. M.*, ϩⲁ *B.* ⲡ, *vultus, facies.*

* **ḥarou, ḥarouî,** verbe neutre : «s'effrayer, avoir peur, faire peur», , *khapar tamamît râdâou-iâbou mé-sá ḥarou ḥar-sît* «il arrive que le peuple devient confiant après avoir eu peur pour cela», p. 1 l. 5 [cfr. p. 6 l. 7 = S² p. 10 l. 3 et l. 8 = M p. 1 l. 3-4 avec la variante , *mé-sá ḥarou-s* «après qu'il a eu peur», p. 20 l. 12–p. 21 l. 1 = OL l. 3 et p. 20 l. 13 – p. 21 l. 2 = OB¹ l. 5]; , *ḥar sakh-parou ḥarou ḥar-sît* «il produit qu'on craint, il répand la crainte par là», p. 1 l. 11 [cfr. p. 8 l. 3 = S² p. 10 l. 6 et l. 4 = M p. 1 l. 7 avec la variante , *amé* «par là», au lieu de , *ḥar-sît*, p. 22 l. 5 = OB¹ l. 8]; , *ḥar-nîtît ané-ḥarou-î ḥar-sît* «parce que je n'en ai pas peur», p. 2 l. 15 [cfr. p. 12 l. 13–p. 14 l. 1 = S² p. 11 l. 4 et p. 12 l. 14–p. 14 l. 2 = M p. 2 l. 6, p. 27 l. 6 = OL l. 15, l. 7 = OB¹ l. 19 et l. 7 = OB² l. 2]; , *ḥarou ḥaḥou ḥar-sît* «le temps en a peur», p. 3 l. 16 [cfr. p. 16 l. 11-13 = S² p. 12 l. 2, p. 33 l. 1 = OP³ l. 8]. — Le mot ne s'est conservé en copte que dans la forme substantive dérivée de , *ḥarît*, ϩⲉⲗⲓ *M.*, ϩⲏⲗⲏ *T.* ⲧ *terror.*

ḥaḥou, subst. masc. : «la durée, le temps», par opposition à , *zatáou* «l'éternité», *q. v.* p. 138, p. 3 l. 16 [cfr. p. 16 l. 11 = S² p. 12 l. 2, p. 33 l. 1 = OP³ l. 8]. — L'on tend aujourd'hui à lire toujours ce groupe *naḥaḥou* : il me paraît jusqu'à nouvel ordre qu'il possède deux formes distinctes, l'une nue , *ḥaḥou*, l'autre en , *na*, préfixe, , , *nâḥaḥou*, qui, toutes les deux, ont le même sens. La seconde seule s'est conservée en copte dans la locution ⲉⲛ̄ϩ *T. B.* ⲉⲛⲉϩ *T. M. B.* ⲡ *sæculum, æternitas.*

* , **ḥasî,** et à l'infinitif féminin **ḥasît,** ou, par confusion avec le suivant, verbe neutre : «s'approcher (en courant) de...», p. 3 l. 5 [cfr. p. 14 l. 7 = S² p. 11 l. 7 et l. 8 = M p. 2 l. 10, p. 30 l. 10 = OP² l. 4, l. 13 = OC² l. 4, p. 31 l. 1 = OC³ l. 1]. — Le mot ne s'est pas retrouvé en copte jusqu'à présent.

ḥasîou, subst. masc. plur. : «les loués, les honorés, les honorables», p. 18 l. 11 = S² p. 12 l. 8. — Le thème ne s'est conservé en copte que sous la forme verbale ϩⲱⲥ *T. M. canere, laudare, celebrare*, et dans le substantif ϩⲁⲥⲓⲉ *T. submersio*, ce dernier apparenté à l'épithète [hiéroglyphes], *ḥasîî, ḥasî* «l'honorable», qui était attribuée aux noyés par allusion mythologique : Osiris le *louable* avait été en effet jeté au fleuve dans un coffre par Typhon et il avait péri dans les eaux.

[hiéroglyphes], [hiéroglyphes], **ḥasmanou**, subst. masc. dans l'expression [hiéroglyphes], *ḥasmanou iârît* «bronze fabriqué, bronze», p. 3 l. 15 [cfr. p. 16 l. 11 = S[2] p. 12 l. 2, p. 33 l. 1 = OP[2] l. 8]. — Le mot est d'origine étrangère et il est venu en Égypte avec l'alliage qu'il servait à désigner : il reparaît, légèrement altéré, dans l'hébreu חַשְׁמַל, *æs*.

[hiéroglyphes], ([hiéroglyphes]), [hiéroglyphes] **ḥaqî, ḥaqou**, verbe actif : «être chef de..., gouverner, dominer, régner», p. 1 l. 3 [cfr. p. 6 l. 3 = S[2] p. 10 l. 2, l. 4 = M p. 1 l. 2 et note 3 = S[1] l. 2, p. 20 l. 8 = OL l. 2 et l. 9 = OB[1] l. 4]. — Le mot ne s'est pas retrouvé en copte : comme nom, il se rencontre en transcription grecque *ὑκ-ḥouk* au singulier, *ὑκου-ḥoukou* au pluriel, «prince», dans les fragments de Manéthon (Josèphe, *C. Ap.*, I, 14).

* [hiéroglyphes], [hiéroglyphes] **ḥatapou, ḥatpou**, subst. masc. : «paix», ne se rencontre chez notre auteur que dans la formule finale [hiéroglyphes], *îou-s-pou nafar mé-ḥatpou* «*explicit feliciter*», p. 4 l. 11 [cfr. p. 18 l. 11 = S[2] p. 12 l. 7-8]. — Le mot s'est conservé en copte dans ϩⲱⲧⲡ *T. M.* ⲡⲉ *reconciliatio, conjunctio.* Les transcriptions assyriennes nous fournissent pour le second âge thébain la vocalisation *ḥatpé, ḥatpi*, et les grecques pour l'époque saïte *-ώθης, -οὐθης*, plus rarement *-έφθης* et *-ῶπις, -ῶφις* : cette dernière forme répond régulièrement au nom de la ville de Thèbes [hiéroglyphes], *apît, aoupît, ôpît*, et avec chute du [hiéroglyphe]-*t* féminin, *ôpî*.

[hiéroglyphe]

*[hiéroglyphes], [hiéroglyphes], [hiéroglyphes], [hiéroglyphes], [hiéroglyphes], **khâouî**, subst. masc. : «le soir», p. 2 l. 4 [cfr. p. 10 l. 1 = S[2] p. 10 l. 9, l. 2 = M p. 1 l. 11 et l. 3 = B l. 2, p. 23 l. 13 = OL l. 10, l. 14 = OB[1] l. 12 et l. 15 = OP[1] l. 6, p. 24 l. 1 = OQ[3] l. 1, l. 2 = OQ[4] l. 1 et note 2 = OQ[5] l. 1, p. 33 l. 9 = TC[5] l. 4]. — Le mot ne s'est pas conservé en copte.

* , **khâà**, verbe neutre : «se lever, se montrer, paraître», , *khâá mé-natar* «Te levant comme dieu», p. 1 l. 2 [cfr. p. 6 l. 1 = S^{2} p. 10 l. 2 et l. 2 = M p. 1 l. 2, p. 20 l. 6 = OB^{1} l. 3 et l. 7 = OC^{1} l. 4]. — Le mot s'est conservé en copte dans ϣⲁ *T.* ϣⲁⲓ *M. oriri, nasci.*

* , **khââou**, subst. masc. plur. : «outils, armes», p. 2 l. 9-10 [cfr. p. 11 l. 7 = S^{2} p. 11 l. 2, l. 8 = M p. 2 l. 3 et l. 9 = B l. 4, p. 25 l. 14 = OB^{1} l. 16], et dans l'expression , *khââou-nou-nazou-ra*, litt. : «des outils, des armes de discuter, de comploter», probablement «des propos ou des bruits séditieux», p. 2 l. 7 [cfr. p. 10 l. 10 = S^{2} p. 10 l. 10 avec la variante , *ra*, pour , *nou*, l. 11 = M p. 2 l. 1 où , *nou*, est omis, et l. 12 = B l. 3 où , *na*, remplace , *nou*, p. 24 l. 12–p. 25 l. 4 = OB^{1} l. 14, p. 33 l. 12 = TC^{5} l. 6 où le scribe a introduit , *mé*, au lieu de , *nou*], qui est formée sur le modèle des locutions fréquentes , *khââou-nou-ra-â* «outils», , *khââou-nou-âhâou* «outils de combat, armes». — Aucune de ces expressions ne s'est conservée en copte.

, **khoubâ**, verbe actif, litt. : «dépiquer le sol à la houe, houer», d'où «creuser, retrancher, soustraire, diminuer», ne se trouve ici qu'en variante du mot , *oubâou*, *q. v.* p. 63, dans plusieurs des manuscrits ramessides, p. 13 l. 10 = S^{2} p. 11 l. 5, p. 28 l. 14 = OP^{2} l. 3, p. 29 l. 3 = OQ^{6} l. 2. Cfr. sur ce passage l'*Introduction*, p. XXX, où les variantes sont indiquées.

, **khaparou, khapar, khoper, khopir,** verbe neutre : «être, exister, se produire, devenir», p. 1 l. 5 [cfr. p. 6 l. 7 = S^{2} p. 10 l. 3 et l. 8 = M p. 1 l. 3, p. 20 l. 13 = OB^{1} l. 5], p. 2 l. 4 [cfr. p. 10 l. 1 = S^{2} p. 10 l. 9, l. 2 = M p. 1 l. 11, et l. 3 = B l. 2, p. 23 l. 13 = OL l. 10, p. 24 l. 1 = OQ^{3} l. 1 et l. 2 = OQ^{4} l. 1, p. 33 l. 9 = TC^{5} l. 4], p. 2 l. 13 [cfr. p. 12 l. 7 = S^{2} p. 11 l. 3 et l. 8 = M p. 2 l. 5, p. 26 l. 5 = OL l. 14, l. 6 = OB^{1} l. 18, l. 7 = OB^{2} l. 1 et l. 8 = OP^{2} l. 1], p. 3 l. 4 [cfr. p. 14 l. 4 = S^{2} p. 11 l. 6 et l. 5 = M p. 2 l. 9, p. 30 l. 1 = OB^{2} l. 3] et p. 4 l. 9, dans un passage altéré dont j'ai essayé de rétablir le texte par comparaison avec celui de la p. 3 l. 4; cfr. *Introduction*, p. XLIII-XLIV. La racine , *khapárou*, a été employée par notre auteur sous deux de ses formes dérivées :

1° [hiéroglyphes], khouprou, khouprîou, subst. masc. plur. : «formes, apparences», p. 3 l. 7 [cfr. p. 15 l. 4 = S[2] p. 11 l. 8 et l. 5 = M p. 2 l. 11, p. 31 l. 10 = OB[2] l. 5, p. 32 l. 1 = OC[3] l. 3] où Griffith (*the Millingen Papyrus*, dans la *Zeitschrift*, 1896, t. XXXIV, p. 46, note 4) prête au mot le sens «feats, hauts faits»; il ajoute que le mot se rencontre avec cette valeur dans l'inscription d'Amenemhabî, à la ligne 17. Là, comme dans notre passage, il me paraît que Griffith, avant de proposer un sens nouveau, aurait dû tenir compte de l'idée religieuse, et rechercher dans les représentations figurées les images matérielles propres à confirmer les sens anciens. Il y aurait vu que le roi, parti en guerre, revêt les «formes» de tous les dieux belliqueux afin de mettre les ennemis en fuite plus sûrement, *Har-tami*, l'Horus piquier, *Har-noubouîtî*, l'Horus doré, Amon, Montou, le fils de Nouît qui n'est autre que Sît, plus tard Baal. Cest en m'inspirant de l'esprit qui animait les Égyptiens lorsqu'ils composèrent ces tableaux, que je me permets d'écarter l'interprétation de Griffith et de retenir le sens habituel «formes, figures, apparences». Le rapprochement dans notre phrase de [hiéroglyphes], *khapeshou-î* «mes harpés», et de [hiéroglyphes], *khouprouou-î* «mes formes», correspond à l'idée mystique d'après laquelle le dieu, au moment où Pharaon se congédiait de lui avant d'entrer en campagne, remettait à celui-ci de sa propre main la harpé qui devait lui procurer la victoire : c'est grâce aux «harpés» ainsi reçues de ses pères les dieux, et aux «formes divines» assumées par lui dans les combats, qu'Amenemhaît se vante d'avoir réussi à reculer les bornes de la vaillance.

2° [hiéroglyphes], *sakhparou*, forme factitive : «faire être, produire, créer, engendrer», [hiéroglyphes], *mé-sakhparou-na-k âqdou* «ne fais pas être pour toi, ne te crée pas des familiers», p. 1 l. 7 [cfr. p. 7 l. 1 = S[2] p. 10 l. 3-4 et l. 2 = M p. 1 l. 4-5, p. 21 l. 3 = OL l. 4 et l. 5 = OB[1] l. 6 avec [hiéroglyphe], *ané*, pour [hiéroglyphe], *mé*]; [hiéroglyphes], *sakhparou-na-î namahou* «j'ai fait devenir le pauvre, j'ai fait quelqu'un du pauvre», p. 1 l. 9 [cfr. p. 7 l. 7-9 = S[2] p. 10 l. 5 et l. 8 = M p. 1 l. 6, p. 21 l. 11 = OL l. 5, l. 12 = OB[1] l. 7 et l. 13 = OQ[2] l. 3]; [hiéroglyphes], *ané-sakhparou sapou-mârou* «on ne produit pas d'occasion favorable, on ne crée pas le succès», p. 2 l. 12 [cfr. p. 12 l. 4 = S[2] p. 11 l. 2, l. 5 = M p. 2 l. 4 et l. 6 = B l. 5, p. 26 l. 4 = OB[1] l. 17]; [hiéroglyphes], *nasouîtî-k sakhparou khari-hâît* «tu régis ce qui fut créé, ce qui existait auparavant», p. 4 l. 9 [cfr. p. 18 l. 5 = S[2] p. 12 l. 6 où M p. 3 l. 11 = p. 18 l. 6 porte [hiéroglyphes], *nasouîtît khaparou*, avec la forme simple au lieu de la factitive].

Le verbe [hiéroglyphes], *khaparou*, se rencontre aux tablettes d'El-Amarna sous les formes *khpir*, ou plutôt *khpi*, dans le prénom *Manakhpirîya* [hiéroglyphes] de Thoutmôsis III pour le singulier, et *khourou*, *khouri*, *khour*, avec vocalisation ou assimilation du *p-b* [hiéroglyphe] à *r* dans le prénom *Nabkhoubrourîya* [hiéroglyphes] d'Aménôthès IV; les transcriptions grecques donnent Χεβρῶν pour [hiéroglyphes], et Χπῆρις dans le nom de [hiéroglyphes], Σαχπῆρις. Le verbe s'est conservé en copte, avec chute de [hiéroglyphe], *ra* final dans ϩⲱⲡⲉ ϩⲟⲟⲡ *Akhm.*, ϣⲱⲡⲉ *T. B.* ϣⲱⲡⲓ *M. B.*, ϣⲟⲡ *T. M.*, ϣⲟⲟⲡ *T. B.*, ϣⲁⲁⲡ *B.*, ϣⲱⲡ *esse, existere, contingere;* [hiéroglyphes], *sakhparou*, a donné, par chute de [hiéroglyphe], *ra*, et par contraction de [hiéroglyphe], *s*, et [hiéroglyphes], *kh-sh*, en ϫ, les thèmes ϫⲡⲟ, ϫⲡⲉ, ϫⲡⲉⲓ, *T.*, ϫⲫⲟ *M.*, ϫⲡⲁ *B.*, *gignere, generare, comparare, acquirere, possidere;* l'akhmimique ne possède pour ce sens que le factitif en ⲧ initial, ⲧϩⲡⲟ, *gignere*, mais ϫⲡⲁ comme substantif.

* [hiéroglyphes], [hiéroglyphes], [hiéroglyphes] **khapeshou**, subst. masc. plur. : «les harpés, les armes en forme de faucille», que les Égyptiens avaient reçues des peuples de l'Afrique équatoriale, p. 3 l. 7 [cfr. p. 15 l. 4 = S[2] p. 11 l. 8, l. 5 = M p. 2 l. 11 et l. 6 = B l. 9, p. 31 l. 10 = OB[2] R l. 5 et l. 12 = OP[3] l. 4]; le sens du passage est indiqué p. 108, *s. v.* [hiéroglyphes], *khouprouou*. — Le mot ne s'est pas conservé en copte en ce sens, non plus que le suivant qui en dérive.

* [hiéroglyphes], [hiéroglyphes], [hiéroglyphes], *khapshouîtou*, subst. fém. plur., litt. : «les coups de harpé», et par suite : «les hauts faits, les vaillantises», p. 3 l. 7 [cfr. p. 15 l. 1-4 = S[2] p. 11 l. 8, l. 2-5 = M p. 2 l. 11 et l. 3-6 = B l. 9, p. 31 l. 12 = OP[3] l. 4]; cfr. pour les variantes du texte, l'*Introduction*, p. XXXIII.

[hiéroglyphes] **khamou**, et par erreur à l'époque ramesside [hiéroglyphes] **khamît**, verbe actif : «ignorer, ne pas savoir», [hiéroglyphes], *ané-khamou-î sît* «je ne l'ignorais pas», p. 2 l. 15 [p. 13 l. 2 = M p. 2 l. 6, avec la variante [hiéroglyphes]; S[2] p. 11 l. 4 = p. 13 l. 1 donne en variante la locution [hiéroglyphes], *mé-khamît*, et les Ostraca présentent en cet endroit des lacunes qui ne nous permettent pas de dire quelle leçon ils avaient adoptée, p. 27 l. 6 = OL l. 15, l. 9 = OP[2] l. 2 et l. 10 = OT l. 3]. Notre auteur, en dehors de ce passage, n'emploie notre mot que dans la locution [hiéroglyphes], *mé-khamou* que les scribes ramessides écrivent [hiéroglyphes], *mé-khamît*, à la forme de l'infinitif féminin : [hiéroglyphes], *ané-sakhparou sapou-mârou mé-khamou-kou-î* «il n'y avait pas moyen de produire le succès dans mon ignorance», de ce qui s'était passé, litt. : «à l'état de j'ignorais», p. 2 l. 12 [cfr. p. 12 l. 4 = S[2] p. 11

l. 2-3, l. 5 = M p. 2 l. 4 et l. 6 = B l. 5, p. 26 l. 4-6 = OB[1] l. 17]; [hiéroglyphes], *má-k satáouou-í khaparou aou-í mé-khamou-kou-í* «or mes abjections, mes malheurs se produisirent sans que j'en eusse conscience», litt. : «et j'étais en j'ignorais», p. 2 l. 12-13 [cfr. p. 12 l. 7 = S² p. 11 l. 3 et l. 8 = M p. 2 l. 5 avec la variante ramesside [hiéroglyphe] pour [hiéroglyphes], *kou-í*, p. 26 l. 5-9 = OL l. 14, l. 6-10 = OB[1] l. 18. l. 7-11 = OB[2] l. 1 et l. 8-12 = OP[2] l. 1]. — La racine [hiéroglyphes], *khamou*, se retrouve chez notre auteur sous deux de ses formes dérivées :

1° [hiéroglyphes], *khamou*, subst. masc. : «l'ignorant», p. 2 l. 3-4 [cfr. p. 9 l. 10 = S² p. 10 l. 8-9, l. 11 = M p. 1 l. 11 et l. 12 = B l. 2, p. 23 l. 11 = OB[1] l. 12, p. 33 l. 9 = TC[5] l. 4] :

2° [hiéroglyphes], [hiéroglyphes], *sakhamou, samakhou*, forme factitive : «faire oublier, ignorer, oublier», p. 2 l. 3 [cfr. p. 9 l. 7 = S² p. 10 l. 8, l. 8 = M p. 2 l. 10 et l. 9 = B l. 2, p. 23 l. 7-10 = OL l. 9 et l. 8-11 = OB[1] l. 11, p. 33 l. 8 = TC[5] l. 2-3]. La constance de l'orthographe [hiéroglyphes], sous le second empire thébain, prouve que le peuple prononçait *samakhou* au lieu de *sakhamou;* pour un exemple caractéristique de ce genre d'inversion, voir p. 82, *s. v.* [hiéroglyphes], *masaḥou.*

[hiéroglyphes], [hiéroglyphes], [hiéroglyphes] **khounou**, subst. masc. : «l'intérieur», [hiéroglyphes], *mé-khonou-né-parou* «à l'intérieur du palais», p. 3 l. 1-2 [cfr. p. 13 l. 10 = S² p. 11 l. 5 et l. 11 = M p. 2 l. 7-8, p. 28 l. 7 = OB² l. 5, l. 11 = OQ[8] l. 2 et l. 12 = OC² l. 1, p. 34 l. 4 = TC[5] l. 9, ces trois derniers exemples sans [hiéroglyphe], *né*]. — Le mot s'est conservé en copte dans ϩⲟⲩⲛ *Akhm.* ϩⲟⲩⲛ *T. B.* ϧⲟⲩⲛ *M.* ⲡ, *pars interna.*

[hiéroglyphes], [hiéroglyphes], [hiéroglyphes] **khounamasou, khounmasou**, subst. masc. : «ami, associé», p. 1 l. 6-7 [cfr. p. 7 l. 1 = S² p. 10 l. 3 et l. 2 = M p. 1 l. 4, p. 21 l. 3 = OL l. 4 et l. 4 = OB[1] l. 6]. — Le mot ne s'est pas encore retrouvé en copte.

[hiéroglyphes], [hiéroglyphes] **khánanou, khánounou**, subst. masc. plur. : «agitateurs, révoltés, rebelles», p. 3 l. 1 [cfr. p. 13 l. 7-10 = S² p. 11 l. 5, l. 8-11 = M p. 2 l. 7, et l. 9-12 = B l. 7, p. 28 l. 7 = OB² l. 5 et l. 12 = OC² l. 1]. — Le mot ne s'est pas conservé en copte.

* , **kharou, kharî**, préposition : «sous, avec, en, à», dans l'expression adverbiale , *kharî-ḥâît* «avant, devant», p. 4 l. 5-6 [cfr. p. 17 l. 11 = S[2] p. 12 l. 5]. On le rencontre sous la forme adjective en , *î*, final , *kharaî, kharî* «ce qui est sous, en dessous», , *mâou kharaî* «l'eau de dessous, l'eau d'en bas», probablement «l'urine», p. 1 l. 13 [cfr. p. 8 l. 8-10 = M p. 1 l. 9, mais p. 8 l. 7-9 = S[2] p. 10 l. 7 et p. 22 l. 11 = OB[1] l. 10 les scribes ramessides, ne comprenant plus le texte, ont substitué à , *kharoû*, le mot , *mââkharî* «magasin», ou peut-être , *mââ-kharî parou-î* «de dessous ma maison»; cfr. *Introduction*, p. XVIII]; , *kharaî-ḥâît* «celui ou ce qui est avant, devant», p. 4 l. 9 [cfr. p. 18 l. 5 = S[2] p. 12 l. 6]. — Le mot s'est conservé en copte sous la forme ⳉⲁ *Akhm.*, ϧⲁ *M.*, ϩⲁ *T. M. B.*, *sub, erga, apud, de*, et , sous la forme ⳉⲁ-ⲧⲁϩⲓ, ⳉⲁⲧϩⲓ *Akhm.*, ϧⲁ-ⲧϩⲏ *M.*, ϩⲁ-ⲧϩⲏ, ϩⲁ-ⲑⲏ *T. M. B.*, *ante, coram.*

* , **khasboudou**, subst. masc. : «le lapis-lazuli» et, par suite, «l'outremer», la couleur bleue fabriquée avec le lapis-lazuli, p. 3 l. 14 [cfr. p. 16 l. 7 = S[2] p. 12 l. 1 et l. 8 = M p. 3 l. 4]. — Le mot ne s'est pas conservé en copte.

khakarou, khakîrou, verbe actif : «orner, décorer», ne se rencontre ici que dans un passage douteux de Sallier II, p. 12 l. 10 = p. 16 l. 7, où le texte hiératique semble porter , *né-parou khakarou*, mais le signe rouge que je transcris ici ı, se termine par le haut en un crochet qui le fait ressembler à un , *s* de petite taille. Il est probable que le scribe, ayant oublié le que son exemplaire-type portait en cet endroit, a retouché le trait ı qui suit le signe , de manière à le transformer en un . J'ai donc admis dans le texte la forme factitive de ce verbe :

* , , *sakhakarou* «orner, décorer», p. 3 l. 13 [cfr. p. 16 l. 7 = S[2] p. 12 l. 10, p. 32 l. 12 = OP[2] l. 7].

Le thème simple s'est conservé en copte, avec chute du , *ra*, final, sous les formes ϧⲱⲕ *M.* ϩⲱⲕ *T.*, et au dérivé de l'infinitif féminin ϩⲱⲱⲕⲉ *T.*, *scalpere, armare.*

1. **khaît**, et par erreur **nakhaît**, verbe neutre : «tourner dos, retourner, rebrousser», p. 2 l. 10 [cfr. p. 11 l. 10 = S[2] p. 11 l. 2, l. 11 = M p. 2 l. 3 et l. 12 = B l. 4, p. 25 l. 14 = OB[1] l. 16].

2. khaît, verbe actif : «être derrière..., suivre, poursuivre», ne se rencontre ici que dans une variante , *daî-na-î mé-khaît hamou* «je [me] mis à la poursuite de ce misérable», p. 25 l. 13 — p. 26 l. 1 = OL l. 13, pour , *daî-na-î khaît* «je fis tourner dos à ce misérable», leçon admise dans le texte p. 2 l. 10.

khatamou, khatmou, et à l'infinitif féminin **khatamît**, verbe actif : «sceller, cacheter», p. 4 l. 7 [cfr. p. 18 l. 1 = S[2] p. 12 l. 6]. — Le mot s'est conservé en copte dans ϣⲱⲧⲙ, ϣⲧⲁⲙ *T.*, ϣⲧⲉⲙ *T. Akhm.* ϣⲱⲧⲉⲙ, ϣⲑⲁⲙ, *M. claudere, obsignare;* il se retrouve dans l'hébreu חָתַם, *obsignare, claudere.*

, —

Les deux caractères et — sont employés presque indifféremment l'un pour l'autre, dès le premier âge thébain, même dans les formes grammaticales telles que le pronom féminin de la troisième personne du singulier, *-sî, -s,* et que les verbes factitifs en *-sa.*

-sî, -s, **-sît,** forme atone du pronom féminin à la troisième personne du singulier : «elle», employée aussi pour le neutre : «lui, ceci, cela» : , *îou-s-pou* «cela va, cela se termine, *explicit*», p. 4 l. 11 [cfr. p. 18 l. 11 = S[2] p. 12 l. 7]; , *harou har-sît* «avoir peur pour cela», p. 1 l. 5 [cfr. p. 6 l. 7 = S[2] p. 10 l. 3 où M p. 1 l. 4 = p. 6 l. 8 donne la variante , *harou-s,* p. 20 l. 12 — p. 21 l. 1 = OL l. 3 et p. 20 l. 13 — p. 21 l. 2 = OB[1] l. 5], p. 1 l. 11 [cfr. p. 8 l. 3 = S[2] p. 10 l. 6 où M p. 1 l. 7 = p. 8 l. 4 porte , *harou amé*] et p. 2 l. 15 [cfr. p. 12 l. 13 — p. 13 l. 1 = S[2] p. 11 l. 4 et p. 12 l. 14 — p. 13 l. 2 = M p. 2 l. 6 qui écrit , *harou-î-sît*]; , *matît-sît,* «quelque chose de semblable à cela, le pareil de cela, son pareil», p. 3 l. 4 [cfr. p. 14 l. 4 = S[2] p. 11 l. 6 et l. 6 = B l. 8 où M p. 2 l. 9 = p. 11 l. 5 a , *matît,* tout court, de même que OB[2] R l. 3 = p. 30 l. 1] et p. 4 l. 9 où c'est une correction suggérée par le passage précédent au texte de S[2] p. 12 l. 6-7 = p. 18 l. 7 ainsi qu'il est dit dans l'*Introduction*, p. XLIII-XLIV. — Le mot s'est maintenu sous la forme -ⲥ dans tous les dialectes coptes.

sá, subst. masc. : «individu, personne», p. 1 l. 8 [cfr. p. 7 l. 5 = S[2] p. 10 l. 4 et l. 6 = M p. 1 l. 5, p. 21 l. 8 = OL l. 5, l. 9 = OB[1] l. 7 et l. 10 = OQ[2] l. 2]. —

Le mot s'est conservé en copte dans les composés tels que ca-na-ϣik *M. pistor*, ca-na-aq *M. lanio*, ca-na-oⲧ *M. olerum venditor*; ca-ne-ϣaϫe *T. garrulus, loquax*, ca-n-kaп *M. textor lintearius, qui chordas conficit.*

sa, subst. masc. : «fils», p. 1 l. 1 [cfr. p. 5 l. 3 = S² p. 10 l. 1 et l. 4 = M p. 1 l. 1, p. 20 l. 2 = OB¹ l. 2 et l. 4 = OC¹ l. 2]; p. 1 l. 2 [cfr. p. 6 l. 1 = S² p. 10 l. 1 et l. 2 = M p. 1 l. 2, p. 20 l. 6 = OB¹ l. 3 et l. 7 = OC¹ l. 3]. — Le mot ne s'est conservé qu'en transcription assyrienne, grecque ou copte *Har-siya-éshou*, Ἁρσιῆσις, ϩωpcihci, , Σιφθᾶς , Σιρῖος , etc.

sá, subst. masc. : «dos», n'est employé par notre auteur que dans les locutions prépositives , *mé-sá* «après», p. 1 l. 5 [cfr. p. 6 l. 7 = S² p. 10 l. 3 et l. 8 = M p. 1 l. 3-4, p. 20 l. 12 = OL l. 3 et l. 13 = OB¹ l. 5] et , *ra-sá* «derrière, à la suite de..., après», p. 2 l. 4 [cfr. p. 9 l. 10 = S² p. 10 l. 9, l. 11 = M p. 1 l. 11 et l. 12 = B l. 2, p. 23 l. 13 = OL l. 10, l. 14 = OB¹ l. 12 et l. 15 = OP¹ l. 5, p. 24 l. 2 = OQ⁴ l. 1, p. 33 l. 9 = TC⁵ l. 4]. — Le mot s'est conservé en copte dans coï *T. M.* cωï *T.*, caï *B.* п, *dorsum* et dans les prépositions ⲛ̄-ca *T. M. B.* ⲛ̄-ce *Akhm. post, contra*, ca-boa *T. M.* ca-baa *Akhm. extra*, etc.

* **sáou**, verbe actif : «garder, conserver, se garder de...», , *sazîrou-k sáouna-k ídbou-k zasou-k* «te couchant, garde pour toi ton cœur toi-même», en d'autres termes «même au harem, ne livre pas ton cœur», p. 1 l. 7-8 [cfr. p. 7 l. 3-5 = S² p. 10 l. 4 et l. 4-6 = M p. 1 l. 5, p. 21 l. 6 = OB¹ l. 6-7 et l. 7 = OQ² l. 1]. — Le mot ne s'est pas conservé en copte.

* **sárouîtou**, subst. fém. pluriel : «murs, murailles», p. 3 l. 14 [cfr. p. 16 l. 9 = S² p. 12 l. 1-2]. — Le mot ne s'est pas conservé en copte.

* **sákîou**, subst. masc. plur. : «soldats, troupes», p. 3 l. 1 [cfr. p. 13 l. 7 = S² p. 11 l. 5 et l. 8 = M p. 2 l. 7, p. 28 l. 1 = OB² l. 4, l. 4 = OT l. 4, l. 5 =

OQ[8] l. 1 et l. 6 = OC[2] l. 1, p. 34 l. 4 = TC[5] l. 8]. — Le mot ne s'est pas conservé en copte.

* [hiéroglyphes], [hiéroglyphes], [hiéroglyphes] **sâqâou, sâqou**, verbe actif : «unir, réunir, s'unir, rester uni avec...», [hiéroglyphes], *sâqdou-tou ra-samadouîtou ra-f tamaît* «tiens-toi uni à ta clientèle, mais entière», p. 1 l. 4-5 [cfr. p. 6 l. 5-7 = S[2] p. 10 l. 2 et l. 6-8 = M p. 1 l. 3, p. 20 l. 11-13 = OB[1] l. 4 et pour le sens du passage, voir l'*Introduction*, p. XV-XVII]. — Le mot ne s'est pas encore retrouvé en copte.

[hiéroglyphes], [hiéroglyphes] **sâtâou, sânitâou**, subst. masc. sing. : «céraste», [hiéroglyphes], *îdrî-kou-î maî sabsabou ni-âzâît* «si bien que je deviens comme la dépouille vide du céraste du sol», p. 2 l. 7-8 [cfr. p. 10 l. 11 — p. 11 l. 2 = M p. 2 l. 1, p. 25 l. 5-9 = OQ[3] l. 5 et l. 6-10 = OQ[4] l. 4 avec des variantes telles que celles de S[2] p. 10 l. 10 — p. 11 l. 1 = p. 10 l. 10 — p. 11 l. 1, qui donne [hiéroglyphes], avec [hiéroglyphe], *sâ*, passé, le [hiéroglyphes], *sânitâouni* de OQ[3] l. 5 = p. 25 l. 5-9 et le [hiéroglyphes], *pâ-tâou* de OL l. 12 = p. 25 l. 3, où le scribe a confondu [hiéroglyphe], *sâ* avec [hiéroglyphe], *pâ*]. — Le mot s'est conservé en copte dans ⲥⲓⲧ *T.* ⲟⲩ *serpens, basiliscus.*

* [hiéroglyphes], [hiéroglyphes] **sâouîtou**, subst. masc. plur. : «sol, plancher», p. 3 l. 14 [cfr. p. 16 l. 9 = S[2] p. 12 l. 2]. — Le mot est devenu en copte, par préfixion d'un ⲉ à la forme du singulier, ⲉⲥⲏⲧ *T. Akhm. B. M.* ⲡ *pars inferior.*

[hiéroglyphes] **saâhâou**, forme factitive du verbe [hiéroglyphes], *âhâou*, *q. v.* p. 60.

[hiéroglyphes], [hiéroglyphes] **sou**, pronom masculin de la troisième personne du singulier, sujet et régime : «il, lui, le, cela», p. 4 l. 2 [cfr. p. 17 l. 3 = S[2] p. 12 l. 3 où M p. 3 l. 7 = p. 17 l. 4 donne [hiéroglyphes], *sît*, en variante de [hiéroglyphes], *sou*] et p. 4 l. 11 [cfr. p. 18 l. 11 = S[2] p. 12 l. 7]. — [hiéroglyphes], *sou*, devenu atone et réduit à un simple [hiéroglyphe], —, *-s*, s'est confondu dans la *κοινή* ramesside avec le [hiéroglyphe], —, *-sî*, *-s*, du féminin (*q. v.* p. 112); il ne s'est conservé en copte que dans ϫⲟⲟ-ⲥ *T. Akhm.*, ϫⲟ-ⲥ *M.* ϫⲁ-ⲥ, ϫⲁⲁ-ⲥ *B.*, [hiéroglyphes], *zâd-sou, zâ-s*, de ϫⲱ, ϫⲉ *T. M. B.* ϫⲟⲩ *Akhm. dicere, loqui*, et dans quelques complexes du même genre.

* saouákháou, soukháou, soukhá, forme factitive de , *ouákháou, ouákhá*, *q. v.* p. 65.

soukharou, mauvaise orthographe de , *sakharou* (*q. v.* p. 119), qui se rencontre p. 12 l. 13 = S² p. 11 l. 4.

sout, adverbe enclitique : «ainsi, mais», p. 2 l. 11 [cfr. p. 12 l. 1 = S² p. 11 l. 2, l. 2 = M p. 2 l. 4 et l. 3 = B l. 4, p. 26 l. 1 = OL l. 13]. — Le mot ne s'est pas conservé en copte sous cette forme.

saouzouît, souzouît, factitif de , *ouzou*, *q. v.* p. 66, avec sens actif : «transmettre, léguer», ici probablement «livrer», p. 2 l. 14 où je l'ai rétabli au lieu de , *sdouázou, souázou* que donnent les textes ramessides; cfr. pour l'interprétation du passage, l'*Introduction*, p. XXVI-XXVIII.

saouázou, souázou, et à l'infinitif féminin souázouît, souzauît, forme factitive de , *ouázou*, avec le sens premier : «faire verdir, rendre prospère», et le sens second : «attribuer à..., allouer à..., léguer», se rencontre dans nos textes ramessides, p. 12 l. 10 = S² p. 11 l. 3, l. 11 = M p. 2 l. 5 et l. 12 = B l. 6, p. 27 l. 2 = OB¹ l. 18, au lieu de la forme la plus ancienne , *saouzouît*, de l'article précédent.

sabâît, subst. fém. : «Enseignement, instruction, doctrine», p. 1 l. 1 [cfr. p. 5 l. 1 = S² p. 10 l. 1, l. 2 = M p. 1 l. 1 et note 1 = S¹ l. 1, p. 19 l. 3 = OL l. 1, l. 4 = OB¹ l. 1, l. 5 = OQ¹ l. 1 et l. 6 = OC¹ l. 1]. — Le mot s'est conservé en copte dans ⲥⲃⲟⲩ *Akhm.* ⲥⲃⲱ *T. M. B.* ⲧ *doctrina, eruditio, disciplina*, en transcription grecque σϐῶ (Horapollon, *Hieroglyphica*, I, § 36); le pluriel est ⲥⲃⲁⲩⲉ *Akhm.* ⲥⲃⲟⲟⲩⲉ *T.* et ⲥⲃⲱⲟⲩⲓ *M.*

sabîsabî, sabsabî, subst. masc. : «la dépouille, la peau morte du serpent (?)», , *îdrî-kou-î maî sabsabî nî sâtâou-ni-âzâît* «si bien que je devins comme la dépouille du céraste du sol», p. 2 l. 7-8 [cfr. p. 10 l. 10 — p. 11 l. 1 = S[2] p. 10 l. 10 — p. 11 l. 1, p. 25 l. 3 = OL l. 12, l. 4 = OB[1] l. 14, l. 5-9 = OQ[3] l. 5 et l. 6-10 = OQ[4] l. 3-4]. — Le mot ne devait pas être un terme d'usage courant, car le scribe de M p. 2 l. 1-2 = p. 10 l. 11 — p. 11 l. 2, qui semble avoir écrit avec plus de soin que les autres, l'omet, probablement comme inutile : la leçon «afin que je devinsse comme le céraste du sol», lui a paru offrir un sens suffisamment clair pour qu'il crût préférable de supprimer , *sabsabî*, dont la signification lui échappait. Le mot est-il masculin ou féminin ? Tous les textes qui l'ont gardé lui prêtent la forme masculine , *sabsabî*, à l'exception de OQ[3] l. 5 = p. 25 l. 5, qui le met au féminin , *sabsabît*, et d'autre part deux des Ostraca sur quatre OL l. 12 = p. 25 l. 3 et OB[1] l. 14 = p. 25 l. 4, emploient derrière lui la particule de relation féminine , *nît*, où les autres se servent du masculin , *nî*; si l'on songe qu'à cette époque le *t* féminin, amui dans la prononciation, disparaissait souvent dans l'écriture et que le langage ramesside use de , *nîtî*, aux deux genres, où le langage antérieur observait d'ordinaire la distinction du masculin et du féminin, on en arrivera à penser que la présence de , *nît*, dans les *Ostraca*, est la substitution machinale d'une forme plus moderne à une forme qui sentait déjà l'archaïsme, par suite que le mot est masculin et que , *sabsabî*, est la leçon originale. Comme c'est un ἅπαξ λεγόμενον jusqu'à présent, le sens ne peut pas en être déterminé avec certitude. Tenant compte de l'ensemble du passage, on en vient à penser qu'il peut désigner la peau morte du serpent, celle qu'il dépouille pour faire peau neuve : les ennemis font circuler des bruits mauvais et complotent contre le Pharaon, si bien qu'il devient aussi impuissant et aussi méprisable que l'est la dépouille vide du céraste. Comme la peau morte a l'apparence du serpent sans en avoir la force, il n'avait plus que l'apparence d'un roi sans la réalité.

sapou, sap, subst. masc. : «fois, vicissitude, cas, occasion, condition», , *sapou-sanou* «deux fois, *bis*», employé, comme dans le mot , *q. v. supra*, pour marquer la réduplication du thème , *sabî*, *sabou*, le tout devant se prononcer *sabsabî* et non *sabî sapou-sanou*. Suivi d'un adjectif, il forme des composés de sens abstrait, , *sapou-mârou* «condition prospère, chance, succès», p. 2 l. 12 [cfr. p. 12 l. 4 = S[2] p. 11 l. 2, l. 5 = M p. 2 l. 4 et l. 6 = B l. 5, p. 26 l. 4 = OB[1] l. 17]. Enfin il se rencontre chez notre auteur, dans la phrase , *ané-khaparou maîtît-sît sapou nî-îârît îâr-qânânou* «rien de pareil ne se produisit au cas de jouer les héros, dans le temps où agissaient les héros, au temps des héros», p. 3 l. 4-5 [cfr. p. 14 l. 4-7

= S² p. 11 l. 6, l. 5-8 = M p. 2 l. 9 et l. 6-9 = B l. 8, p. 30 l. 1 = OB² R l. 3], que j'ai rétablie p. 4 l. 9-10 dans un endroit où le texte de S² p. 12 l. 6-7 = p. 18 l. 7 est certainement corrompu, cfr. *Introduction*, p. XLIII-XLIV. — Le mot s'est conservé en copte sous la forme ⲥⲁⲡ *Akhm. B.* ⲥⲟⲡ *T. M. vices.*

*, , **sapakhrourou**, verbe factitif dérivé de , *pakhrourou*, «faire circuler, répandre», p. 2 l. 6 [cfr. p. 10 l. 7-10 = S² p. 10 l. 10, l. 8-11 = M p. 2 l. 1 et l. 9-12 = B l. 3, p. 24 l. 11 = OL l. 11 et l. 12 = OB¹ l. 14, p. 25 l. 1 = OQ³ l. 4 et l. 2 = OQ⁴ l. 3, p. 33 l. 12 = TC⁵ l. 6]. — Le mot ne s'est pas conservé en copte. Il est employé pour les circulaires administratives, ainsi dans le décret d'Ouazkarîya publié par Weill , *târî-na-k sapakhrourou ouzou poun* «fais circuler, répandre ce décret».

saf, subst. masc. : «hier», p. 2 l. 3 [cfr. p. 9 l. 7 = S² p. 10 l. 8, l. 8 = M p. 1 l. 11 et l. 9 = B l. 2, p. 23 l. 11 = OB¹ l. 11 et l. 12 = OP¹ l. 4, p. 33 l. 8 = TC⁵ l. 3]. — Le mot s'est conservé en copte dans ⲥⲁϥ *M.*, ⲛ̄-ⲥⲁϥ *T. M.*, ⲛ̄-ⲥⲁⲃ *T.*, ⲛ̄-ⲥⲉϥ *B. heri.*

, **samankhou**, et à l'infinitif féminin **samankhit**, forme factitive du verbe , *mankhou* «perfectionner, achever, restaurer, rétablir», p. 4 l. 10 [cfr. p. 18 l. 7 = S² p. 12 l. 7 et l. 8 = M p. 3 l. 12]. — Le mot ne s'est pas encore rencontré dans le copte.

samakhou, samkhou, forme factitive, avec inversion des deux radicales, du verbe , *khamou, khomou*, *q. v.* p. 109-110.

, , **samadîtî, samadouîtou**, subst. fém. : «la mesnée, la clientèle» du pharaon ou des riches particuliers, tant à la ville qu'à la campagne, p. 1 l. 4 [cfr. p. 6 l. 5 = S² p. 10 l. 2 et l. 6 = M p. 1 l. 3, p. 20 l. 11 = OB¹ l. 4, et pour le sens technique, l'*Introduction*, p. XVI-XVII]. — Le mot ne s'est pas conservé en copte.

sanou, san, son, subst. masc. : «frère», p. 1 l. 6 [cfr. p. 6 l. 9 = S² p. 10 l. 3 et l. 10 = M p. 1 l. 4, p. 21 l. 2 = OB¹ l. 5]. — Le mot s'est conservé en copte dans ⲥⲁⲛ *Akhm. B.* ⲥⲟⲛ *T. M.* ⲡ *frater*, au féminin ⲥⲱⲛⲉ *T.* ⲧ, ⲥⲱⲛⲓ *M. B.*, ϯ, au pluriel ⲥⲛⲁⲩ *T.* ⲥⲛⲏⲩ *T. B. Akhm.*, ⲥⲛⲏⲟⲩ *M. B.*

[hieroglyphs] **sounou, soun, sen**, et à partir du second âge thébain, *sẽ, sé*, pronom suffixe de la troisième personne du pluriel : «eux, elles», p. 1 l. 6 [cfr. p. 6 l. 9 = S² p. 10 l. 3, l. 10 = M p. 1 l. 4 et note 7 = S¹ l. 3, p. 21 l. 2 = OB¹ l. 5], p. 3 l. 3 [cfr. p. 14 l. 1 = S² p. 11 l. 6, l. 2 = M p. 2 l. 9 et l. 3 = B l. 8, p. 29 l. 10 = OC² l. 2] et p. 4 l. 5 [cfr. p. 17 l. 9 = S² p. 12 l. 4 et l. 10 = M p. 3 l. 8-9]. — Le mot ne s'est pas conservé en copte comme pronom suffixe.

II **sanaou, snaou**, nom et adjectif numéral : «deux, second, deuxième», n'est employé ici que dans l'expression [hieroglyphs], *sapou sanaou* «deux fois, *bis*», *q. v.* p. 116-117, *s. v.* [hieroglyphs], *sapou*. — Le mot s'est conservé en copte dans ⲥⲛⲁⲩ *T. M.*, ⲥⲛⲉⲩ *Akhm.*, ⲥⲛⲟ *T. Akhm.*, au féminin ⲥ̄ⲛ̄ⲧⲉ, ⲥⲉⲛⲧⲉ *T.* ⲥⲛⲟⲩϯ *M. duo.*

[hieroglyphs], [hieroglyphs] [hieroglyphs] **Sanouásrît**, ici le premier des Pharaons de la XIIe dynastie qui porte ce nom, p. 4 l. 3 [cfr. p. 17 l. 5 = S² p. 12 l. 3, et pour le rôle historique du personnage, l'*Introduction*, p. XLV-XLVII].

[hieroglyphs] **sanabou**, adjectif : «sain, en bon état», ne se rencontre ici que sous sa forme abrégée [hieroglyphs], dans le titre [hieroglyphs], *ânakhou, ouzâou, sanabou*, des Pharaons, *q. v.* p. 59, *s. v.* [hieroglyphs], *ânakhou*.

* [hieroglyphs], [hieroglyphs], [hieroglyphs], [hieroglyphs], [hieroglyphs], [hieroglyphs] **sananou, sanounou**, subst. masc. plur. : «image, portrait, statue», et par suite «copie, transcription, rescrit», p. 1 l. 13 [cfr. p. 8 l. 9 = S² p. 10 l. 7 et l. 10 = M p. 1 l. 9, p. 22 l. 10 = OL l. 8, l. 11 = OB¹ l. 10 et l. 12 = OP¹ l. 1, p. 33 l. 6 = TC⁵ l. 1, et, pour le sens possible du passage où le mot se rencontre, l'*Introduction*, p. XIX-XX]. — Le mot ne s'est pas encore rencontré dans le copte.

* [hieroglyphs], [hieroglyphs] [hieroglyphs], [hieroglyphs] **Sahatpîâbourîya**, prénom du premier des Amenemhaît de la XIIe dynastie, p. 1 l. 1 [cfr. p. 5 l. 1 = S² p. 10

l. 1 et l. 2 = M p. 1 l. 1, p. 19 l. 4 = OB[1] l. 1 et l. 6 = OC[1] l. 2, et, pour le rôle historique du personnage, l'*Introduction*, p. XLV-XLVII]. — Le verbe , *saḥatpou*, que ce nom renferme, est le factitif du verbe *ḥatpou*, *ḥotpou*, *q. v.*, p. XLV-XLIX.

sakhou, subst. masc. : «scribe», ne se rencontre ici que dans l'*explicit* de S[2] p. 12 l. 8 = p. 19 l. 1-2, dans les titres des personnages auxquels la copie de ces *Enseignements* appartenait; cfr. *Introduction*, p. II. — Le mot s'est conservé en copte dans cⲁϩ *T.* ⲡ, cⲁϧ *M.* ⲡⲓ *scriba, doctor, magister.*

, peut se lire *sakhdou*, et l'on pourrait alors songer au verbe qui signifie «se rappeler, rappeler», p. 13 l. 13 = S[2] p. 11 l. 6, p. 29 l. 5 = OB[2] R l. 1, l. 6 = OP[2] l. 3 et l. 7 = OP[3] l. 2 et l. 9 = OQ[8] l. 3], mais le contexte et les variantes des autres manuscrits rendent plus probable que c'est ici une forme condensée de , *soukhdou*, *q. v.* p. 65, *s. v.* , *oukhdou*. L'*ou* , qui suit le , *sa*, factitif a été supprimé dans l'écriture, selon un usage fréquent aux temps memphites et sous le premier empire thébain; serait donc une écriture défective pour , comme , pour , *souâskhou*, , pour , *souzdou*, et ainsi de suite. Il est probable que le déterminatif a été substitué à par l'erreur de scribes qui, trouvant dans de vieux manuscrits l'orthographe et ne la comprenant plus, ont pensé qu'il s'agissait ici du verbe , *sakhdou* «se rappeler».

sakhparou, verbe actif : «faire être, produire, créer», forme factitive de , *khaparou* «exister, être», *q. v.* p. 107-109.

, **sakharou, soukharou**, subst. masc. plur. : «plans, desseins, affaires, condition, état», p. 2 l. 14-15 [cfr. p. 12 l. 13 = S[2] p. 11 l. 4, l. 14 = M p. 2 l. 6 et l. 15 = B l. 6, p. 27 l. 7 = OB[1] l. 19 et l. 8 = OB[2] l. 2]. — Le mot ne s'est pas retrouvé en copte.

, **sakhakarou**, verbe actif : «orner, décorer», forme factitive de , *khakarou*, *q. v.* p. 111.

sît «lui, elle», forme atone du pronom féminin de la troisième personne du singulier, *q. v.* p. 112, *s. v.* -*s*, -*sî*.

* **sátou**, et à l'infinitif féminin **sâtît**, verbe actif : «lancer une flèche, darder, lancer», et ici «lancer de l'eau, arroser», p. 1 l. 13 [cfr. p. 8 l. 7 = S² p. 10 l. 7 et l. 8 = M p. 1 l. 8-9]. — Le mot s'est conservé en copte, dans ⲥⲁⲧ, ⲥⲉⲧ *M. B.* et au dérivé de l'infinitif féminin, ⲥⲓⲧⲉ *T.* ⲥⲓϯ *M. jacere, projicere.*

* **sátâou**, subst. masc. plur. : «saletés, ordures», pris ici en métaphore pour exprimer l'état d'«humiliation» et de «détresse» où la révolte avait réduit le Pharaon, , *mâ-k sátâou-î khaparou aou-î mé-khamou-kou-î* «or mes saletés, ma détresse honteuse survint, sans que j'en eusse conscience», p. 2 l. 12-13 [cfr. p. 12 l. 7 = S² p. 11 l. 3 et l. 8 = M p. 2 l. 5, p. 26 l. 5-9 = OL l. 14, l. 6-10 = OB¹ l. 18 et l. 7-11 = OB² l. 1]. — Le mot s'est conservé en copte dans ⲥⲁⲧ *T. M.* ⲥⲏⲧ, ⲥⲟⲧ *T.* ⲡⲉ *stercus, fimus.*

Satâtîou, Saâtîou, subst. masc. plur. : «les Bédouins», litt. : «les archers», p. 3 l. 12-13 [cfr. p. 16 l. 5 = S² p. 12 l. 1 et l. 6 = M p. 3 l. 3, p. 32 l. 11 = OP² l. 7]. — Le mot dérive de la racine , *sâtou*, *q. v.* au haut de cette page.

sazamou, sadamou, satamou, verbe actif : «écouter, entendre», p. 1 l. 3 [cfr. p. 6 l. 1-3 = S² p. 10 l. 2 et l. 2 = M p. 1 l. 2, p. 20 l. 5 = OL l. 2 et l. 6 = OB¹ l. 3], p. 2 l. 1 [cfr. p. 9 l. 4 = S² p. 10 l. 8 et l. 5 = M p. 1 l. 10, p. 23 l. 6 = OP¹ l. 2, avec les variantes qui sont notées dans l'*Introduction*, p. xx-xxi] et p. 2 l. 13 [cfr. p. 12 l. 10 = S² p. 11 l. 3, l. 11 = M p. 2 l. 5 et l. 12 = B l. 5, p. 26 l. 9 = OL l. 14, l. 10 = OB¹ l. 18, l. 11 = OB² l. 1 et l. 12 = OP² l. 1]. Ainsi qu'il a été dit plus haut p. 88 B *s. v.* , *na- né- ni 3*, , *sazamou*, peut introduire son régime direct par l'entremise de la particule , *na*, comme c'est le cas avec la plupart des verbes qui expriment une action des sens. — Le mot s'est conservé en copte à la forme ⲥⲱⲧⲙⲉ *Akhm.*, dérivée de l'infinitif féminin, *satamît, satmî, sôtmî*, et à la forme simple ⲥⲱⲧⲙ *T. B.* ⲥⲱⲧⲉⲙ *M.* ⲥⲁⲧⲉⲙ *B. audire, obedire, exaudire.*

sazarou, sazîrou, verbe neutre : «se coucher, passer la nuit, dormir», p. 1 l. 7 [cfr. p. 7 l. 3 = S[2] p. 10 l. 4 et l. 4 = M p. 1 l. 5, p. 21 l. 5 = OL l. 4, l. 6 = OB[1] l. 6 et l. 7 = OQ[2] l. 1] et p. 2 l. 5 [cfr. p. 10 l. 4 = S[2] p. 10 l. 9, l. 5 = M p. 1 l. 11 et l. 6 = B l. 2, p. 24 l. 4 = OB[1] l. 13 et l. 5 = OQ[3] l. 1]. — Le mot s'est conservé en copte, avec chute de, *ra*, final et chuintement de, *sá*, initial à la rencontre de *t*, dans ϣⲧⲟ, ϣⲧⲉ *M. cubare, procumbere facere.*

sazâdou, verbe actif, forme factitive en, *sa*, initial de, *zâdou* «dire», *q. v.* p. 137-138.

shââ, verbe actif : «commencer», p. 2 l. 6 [cfr. p. 10 l. 7 = S[2] p. 10 l. 10, l. 8 = M p. 1 l. 12 et l. 9 = B l. 3] et p. 4 l. 8 [cfr. p. 18 l. 3 = S[2] p. 12 l. 6]. — Le mot s'est conservé en copte dans le ϣⲁ- des mots ⲡ-ϣⲁ-ⲙⲓⲥⲓ *M.* ⲡ-ϣⲁ-ⲙⲓⲥⲉ *T. primogenitus,* ⲡ-ϣⲁ-ⲥⲱⲛⲧ *T. primordialis.*

shâou, shôou, shou, verbe neutre : «être vide de..., être privé de...», , *sout shâou mé-ḥara-k* «lui, il est vide, privé de ta face», en d'autres termes «il est privé de tes faveurs», p. 4 l. 3 [cfr. p. 17 l. 3-5 = S[2] p. 12 l. 3 et l. 4-6 = M p. 3 l. 7]. — Le mot s'est conservé en copte sous les formes ϣⲟⲩⲱ *M.* ϣⲟⲩⲟ *T. evacuare se, vacuum reddere,* et ϣⲟⲩⲉⲓⲧ *T. M.*, ϣⲟⲩⲓⲧ *Akhm. M. vanus esse, vacuus esse, inanis esse,* cette dernière dérivée de, *shâouîtî.*

* , , , **shouâou,** subst. masc. : «pauvre, malheureux», p. 1 l. 9 [cfr. p. 7 l. 7 = S[2] p. 10 l. 5, l. 8 = M p. 1 l. 6 et note 7 = S[1] l. 4, p. 21 l. 11 = OL l. 5, l. 12 = OB[1] l. 7 et l. 13 = OQ[2] l. 2-3; cfr. *Glossaire*, p. 36, pour l'interprétation de l'orthographe, *shâouou-na-î*]. — Le mot ne s'est pas conservé en copte.

sháouîou, shouîou, subst. masc. plur. : nom d'une plante indéterminée, qui, d'après le contexte, devait avoir une apparence sale et grossière; je l'ai rendu d'une manière générale par «mauvaise herbe», «halfah», faute de pouvoir en déterminer l'espèce de façon plus précise, p. 1 l. 12 [cfr. p. 8 l. 5 = S[2] p. 10 l. 6, l. 6 = M p. 1 l. 8 et note 7 = S[1] l. 5, p. 22 l. 8 = OL l. 7 et l. 9 = OB[1] l. 9]. — Le mot ne s'est pas encore rencontré en copte.

shamasou, shamsou, shomsou, et à l'infinitif féminin **shamasît, shamsît**, verbe actif : «suivre», p. 2 l. 6 [cfr. p. 10 l. 7 = S[2] p. 10 l. 10, l. 8 = M p. 2 l. 1, et l. 9 = B l. 3, p. 24 l. 11 = OL l. 11 et l. 12 = OB[1] l. 13, mais mutilé dans les deux cas, p. 33 l. 11 = TC[5] l. 5]. — Le mot s'est conservé en copte au sens secondaire de «servir», dans ϣⲙ̄ϣⲉ *T. Akhm.* ϣⲉⲙϣⲉ *T.*, ϣⲉⲙϣⲓ *M.* ϣⲏⲙϣⲓ *B.* ⲉ̄ⲙⲉⲉ *Akhm.*, *ministrare, servire.*

shamît, shemît, infinitif féminin de , *shemou*, verbe neutre : «aller, marcher», p. 3 l. 13 [cfr. p. 16 l. 5 = S[2] p. 12 l. 1, p. 32 l. 11 = OP[2] l. 7] et p. 4 l. 3 [cfr. p. 17 l. 5 = S[2] p. 12 l. 4]. — Le mot s'est conservé en copte dans ϣⲉ *M.*, ϣⲉⲓ *T.*, ϣⲏ *B.*, *ire, venire*, dérivé de la forme , *shâî*, sans , *mé*, final.

shanouîtou, subst. fém. plur. : , *shanâtîou*, subst. masc. plur. : «les courtisans, la cour», litt. : «les gens du cercle», ceux qui font cercle autour d'un haut personnage, p. 2 l. 13-14 [cfr. p. 12 l. 10 = S[2] p. 11 l. 3, l. 11 = M p. 2 l. 5 et l. 12 = B l. 5-6, p. 26 l. 10-p. 27 l. 2 = OB[1] l. 18, p. 26 l. 11-p. 27 l. 3 = OB[2] l. 1 et p. 26 l. 12-p. 27 l. 4 = OP[2] l. 1, p. 34 l. 9 = TC[5]. — Le mot ne s'est pas conservé en copte.

* **shasapou, shsapou, shsopou**, verbe actif : «saisir, prendre», et par suite «recevoir», , *shsapou-na-î ounouît nît nafar-îâbou* «j'ai pris une heure de délassement», p. 2 l. 4-5 [cfr. p. 10 l. 1 = S[2] p. 10 l. 9, l. 2 = M p. 1 l. 11-12 et l. 3 = B l. 2, p. 23 l. 13-p. 24 l. 3 = OL l. 10, p. 23 l. 14-p. 24 l. 4 = OB[1] l. 12, p. 24 l. 1-5 = OQ[3] l. 1-2,

p. 33 l. 10 = TC[5] l. 5]; [hieroglyphes], *aré shsapou-na-î ásou khâdouou mé-douît-î* «si j'avais pris aussitôt les armes dans ma main», p. 2 l. 9-10 [cfr. p. 11 l. 7-10 = S[2] p. 11 l. 1-2, l. 8-11 = M p. 2 l. 3 et l. 9-12 = B l. 4]. — Le mot se rencontre en copte sous la forme ϣⲱⲡ *T. Akhm. M. B.* ϣⲁⲡ *B.* ϣⲉⲡ *T. M. accipere, sumere, recipere.*

* [hieroglyphes], [hieroglyphes], [hieroglyphes] **shadou, shodou,** verbe actif: «enlever, tirer de..., extraire», ici «opérer, susciter», [hieroglyphes], *ané-aou shadou-tou khânanou* «est-ce qu'ont été opérés, suscités des rebelles?», p. 3 l. 1 [cfr. p. 13 l. 7-10 = S[2] p. 11 l. 5, l. 8-11 = M p. 2 l. 7 et l. 9-12 = B l. 7, p. 28 l. 1-7 = OB[2] l. 4-5, l. 5-11 = OQ[8] l. 1 et l. 6-12 = OC[2] l. 1, p. 34 l. 4 = TC[5] l. 9]. — Le mot s'est conservé en copte dans un de ses sens secondaires ϣⲓⲧⲉ *T.* ϣⲓϯ *M. exigere, repetere pretium,* dérivé de l'infinitif féminin [hieroglyphes].

[hieroglyphe]

[hieroglyphes] **gâbouît,** subst. fém.: «bras», ne se rencontre ici que dans le nom du scribe de la double maison blanche [hieroglyphes], *Qâgâbouît,* litt.: «Haut-en-bras, Haut-bras», p. 19 l. 1-2 = S[2] p. 12, l. 8. — Le mot s'est conservé en copte dans ϭⲃⲁϭⲓ, ϭⲃⲁï *Akhm.,* ϭⲃⲟⲓ ⲡ, ϭⲃⲟⲉ ⲥ̄ⲛ *T.* ϫⲫⲟⲓ *M.* ⲡⲓ *brachium, brachia.*

* [hieroglyphes], [hieroglyphes] **gâmou, gimou,** verbe actif: «trouver»: [hieroglyphes], *gâmou-na-î hounî-ra-harou pou* «je trouvai que c'était un combat», p. 2 l. 8-9 [cfr. p. 11 l. 4 = S[2] p. 11 l. 1, l. 5 = M p. 2 l. 2 et l. 6 = B l. 4, p. 25 l. 12 = OB[1] l. 15]. — Le mot s'est conservé en copte dans ϭⲓⲙⲓ *B.,* ϫⲓⲙⲓ *M.* et dans ϭ̄ⲛ, ϭⲓⲛⲉ *T. Akhm., invenire,* dérivant ϭ̄ⲛ de la forme nue [hieroglyphes], *gâmou* et ϭⲓⲙⲓ, ϫⲓⲙⲉ de la forme féminine [hieroglyphes], *gâmît;* comme il paraît difficile d'expliquer le changement de [hieroglyphe] *m* en [hieroglyphe] *n* dans cette position, il faut peut-être supposer qu'une forme [hieroglyphes], *gânou* «trouver», exista à côté de *gâmou.*

[hieroglyphes], [hieroglyphes] **gâmâhou, gâmhou,** verbe actif: «apercevoir, voir, contempler», [hieroglyphes], *marâîti-î har gamhou-na-k* «mes yeux t'aperçoivent, te contemplent», p. 4 l. 4 [cfr. p. 17 l. 7 = S[2] p. 12 l. 4 et l. 8

= M p. 3 l. 8 avec des variantes qui ont été indiquées dans l'*Introduction*, p. XLI-XLII]. — Le mot ne s'est pas retrouvé en copte.

[hieroglyphes], **gárâḥou, gárâḥ**, subst. masc. : «la nuit», p. 2 l. 11 [cfr. p. 12 l. 1 = S[2] p. 11 l. 2, l. 2 = M p. 2 l. 4 et l. 3 = B l. 5, p. 26 l. 2-4 = OB[1] l. 17]. — Le mot s'est conservé en copte dans ϭⲱⲣϩ, ϭⲱⲣⲁϩ *T.* ⲟⲩϭϫⲱⲣϩ ϫⲱⲣϩ (dans ⲛ̄ϫⲱⲣϩ *noctu*) *M.* ⲡⲓ, *nox*.

[hieroglyphes], **gâsou**, subst. masc. : «côté», dans la locution [hieroglyphes], *ra-gâsou* «à côté de..., près de...», [hieroglyphes], *ra-gâsou ḥounamamît dâît-sounou-na-k íâou* «à côté du peuple qui t'acclame», p. 4 l. 5 [cfr. p. 17 l. 9-11 = S[2] p. 12 l. 4-5 avec des fautes qui ont été corrigées dans l'*Introduction*, p. XLII]; [hieroglyphes], *ra-gâsou ḥamou-f* «auprès de Sa Majesté», «en comparaison de Sa Majesté», p. 4 l. 11 [cfr. p. 18 l. 11 = S[2] p. 12 l. 7; cfr. *Introduction*, p. XLV]. — Le mot s'est peut-être conservé en copte dans ϭⲟⲥ, ϭⲓⲥ *T.* ϫⲟⲥ, ϫⲉⲥ *M. dimidium*, le *côté* d'une chose qui se divise en deux *côtés* égaux.

[hieroglyphe]

[hieroglyphe] **-ek**, [hieroglyphe] **-kî**, pronom de la seconde personne du singulier masculin : «tu, te, toi» :

1° Avec les noms : [hieroglyphes], *íâbou-k* «ton cœur», p. 1 l. 6 [cfr. p. 6 l. 9 = S[2] p. 10 l. 3 et l. 10 = M p. 1 l. 4, p. 21 l. 2 = OB[1] l. 5] et p. 4 l. 7 [cfr. p. 17 l. 13 = S[2] p. 12 l. 5]; [hieroglyphes], *íâbou-k zasou-k* «ton cœur, toi-même», p. 1 l. 8 [cfr. p. 7 l. 3-5 = S[2] p. 10 l. 4 et l. 4-6 = M p. 1 l. 5, p. 21 l. 6 = OB[1] l. 6-7 et l. 7 = OQ[2] l. 1]; [hieroglyphes], *sakharou-k* «tes desseins», p. 2 l. 14-15 [cfr. p. 12 l. 14 = M p. 2 l. 6 et l. 15 = B l. 6, p. 27 l. 7 = OB[1] l. 19 et l. 8 = OB[2] l. 2]; [hieroglyphes], *ḥarou-k* «ta face», p. 4 l. 3 [cfr. p. 17 l. 3-5 = S[2] p. 12 l. 3]; [hieroglyphes], *radî-k* «tes deux pieds», p. 4 l. 3 [cfr. p. 17 l. 5 = S[2] p. 12 l. 4]; [hieroglyphes], *parou-k* «ta maison», p. 4 l. 10 [cfr. p. 18 l. 10 = M p. 3 l. 12]. En plus de ces exemples qui figuraient authentiquement dans l'archétype, les manuscrits ramessides nous fournissent des exemples du pronom [hieroglyphe]-*k*, inséré dans le texte à la place d'autres pronoms, et dans des endroits où il n'était pas nécessaire : [hieroglyphes], *qâsanouît-k* «tes infortunes», p. 7 l. 5 = S[2] p. 10 l. 4-5 et note 6 = S[1] l. 4, p. 21 l. 10 = OQ[2] l. 2; [hieroglyphes], *nazasouîtou-k* «tes vassaux»,

p. 13 l. 13 = S² p. 11 l. 6; , *mardîti-ki* «tes deux yeux», p. 17 l. 7 = S² p. 12 l. 4. Pour les échanges de -*k*, -*ki*, avec - *kou-i*, voir p. 127-128, *s. v.* -*kou-i*.

2° Avec les verbes : A. Comme sujet : *a.* — directement, , *nasouiti-k* «tu règnes», p. 1 l. 3 [cfr. p. 6 l. 3 = S² p. 10 l. 2, l. 4 = M p. 1 l. 2 et note 2 = S¹ l. 2, p. 20 l. 8 = OL l. 2 et l. 9 = OB¹ l. 3] et p. 4 l. 9 [cfr. p. 18 l. 5 = S² p. 12 l. 6, avec des corrections indiquées dans l'*Introduction*, p. XLIII]; , *ḥaqoui-k* «tu régentes», p. 1 l. 3 [cfr. p. 6 l. 3 = S² p. 10 l. 2, l. 4 = M p. 1 l. 2 et note 3 = S¹ l. 2, p. 20 l. 8 = OL l. 2 et l. 9 = OB¹ l. 4]; , *idrou-k* «tu fais, tu agis», p. 1 l. 3 [cfr. p. 6 l. 3 = S² p. 10 l. 2 et l. 4 = M p. 1 l. 3, p. 20 l. 9 = OB¹ l. 4]; , *sazirou-k* «te couchant», p. 1 l. 7 [cfr. p. 7 l. 4 = M p. 1 l. 5]; , *âḥdou-k* «tu combats», p. 4 l. 10 [cfr. p. 18 l. 9 = S² p. 12 l. 7 dont le texte a été corrigé dans l'*Introduction*, p. XLIV]; , *rakhou-k* «tu connais», p. 4 l. 10 [cfr. p. 18 l. 9 = S² p. 12 l. 7 dont le texte a été corrigé dans l'*Introduction*, p. XLIV]; *b.* — au passé, avec , *na, né,* intercalé , *ouâou-na-k* «tu as été seul», p. 1 l. 6 [cfr. p. 6 l. 9 = S² p. 10 l. 3, p. 21 l. 2 = OB¹ l. 5]; — B. Comme régime indirect avec , *na, né,* , *na-k* «à toi», , *zadîti-na-k* «ce qui t'est dit», p. 1 l. 3 [cfr. p. 6 l. 3 = S² p. 10 l. 2 et l. 4 = M p. 1 l. 2, p. 20 l. 6-8 = OL l. 2 et l. 7-9 = OB¹ l. 3]; , *mé-sakhparou-na-k* «ne te crée pas», p. 1 l. 7 [cfr. p. 7 l. 1 = S² p. 10 l. 3-4 et l. 2 = M p. 1 l. 4-5, p. 21 l. 3 = OL l. 4 et l. 4 = OB¹ l. 6]; , *sdou-na-k idbou-k zasou-k* «garde-toi ton cœur, toi-même», p. 1 l. 8 [cfr. p. 7 l. 3-5 = S² p. 10 l. 4 et l. 4-6 = M p. 1 l. 5, p. 21 l. 6 = OB¹ l. 6-7 et l. 7 = OQ² l. 1]; , *saouazou-tou-i-na-k* «je t'étais livré», p. 2 l. 14 [cfr. p. 12 l. 10 = S² p. 11 l. 3, l. 11 = M p. 2 l. 5 et l. 12 = B l. 6]; , *daït-sounou-na-k idou* «qui t'acclament», p. 4 l. 5 [cfr. p. 17 l. 9-11 = S² p. 12 l. 4-5 et l. 10-12 = M p. 3 l. 9]; , *tâisou-i-na-k* «je le règle pour toi», p. 4 l. 6 [cfr. p. 17 l. 11 = S² p. 12 l. 5]; , *shââ-na-k hânou* «les adorations ont commencé pour toi», p. 4 l. 8 [cfr. p. 18 l. 3 = S² p. 12 l. 6]. Les scribes de l'âge ramesside ont introduit cette forme dans un passage au moins qui ne la comportait pas : , *ané ouânmou-kdou iâri-tâisouit-na-k* «c'est le serviteur qui fut le fauteur de rébellion contre toi», p. 8 l. 1 = S² p. 10 l. 5. — C. Comme régime indirect avec , *na,* des verbes qui expriment une action des sens : , *mardîti-i ḥar gamḥou-na-k* «mes deux yeux te voient», p. 4 l. 4 [cfr. p. 17 l. 7 = S² p. 12 l. 4, avec des corrections qui ont été indiquées dans l'*Introduction*, p. XLI-XLII].

3° Avec les prépositions : [hiéroglyphes], *ḥenâ-î* «avec moi», p. 27 l. 5 = OT l. 3 en variante de [hiéroglyphes], *ḥenâ-k* «avec toi», p. 2 l. 14 [cfr. p. 12 l. 13 = S² p. 11 l. 3, l. 14 = M p. 2 l. 5 et l. 15 = B l. 6, p. 27 l. 3 = OB² l. 2].

Ce pronom s'est conservé en copte dans -ĸ *T. Akhm. M. B.* et parfois -ɾ surtout derrière -ɴ, *tu, te, tibi*.

[hiéroglyphes] **ká, kaî**, et au pluriel [hiéroglyphes] **káou**, subst. masc. : «le double, les doubles», qui n'ont rien de commun avec le *genius* des Latins et le *δαίμων* des Grecs, p. 18 l. 11 = S² p. 12 l. 8. — Le mot s'est conservé en copte dans ĸω *T.* ⲍⲛ, *statuæ, idola*, à l'origine les *statues de double*, divines ou humaines.

[hiéroglyphes], [hiéroglyphes], [hiéroglyphes] **káou**, subst. masc. plur. : «provisions de bouche, aliments, nourriture», dans le composé [hiéroglyphes], [hiéroglyphes], *oudnmou-ká*, litt. : «celui qui mange la nourriture» du maître, «le domestique, le serviteur, le vassal», p. 1 l. 10 [cfr. p. 8 l. 1 = S² p. 10 l. 5 et l. 2 = M p. 1 l. 7, p. 22 l. 1 = OL l. 6 et l. 2 = OB¹ l. 8]. — Le mot ne s'est pas rencontré en copte.

[hiéroglyphes], [hiéroglyphes] **kou-î, kou**, pronom de la première personne du singulier masculin, réservé exclusivement pour la conjugaison : «je»; il s'emploie tantôt seul, tantôt en combinaison avec l'auxiliaire [hiéroglyphes], *aou*, conjugué ou non. Notre auteur l'emploie seul le plus souvent, et en général, pour marquer la subordination du membre de phrase où il se rencontre à un membre de phrase dont le verbe est au temps en [hiéroglyphe], *na, né* : [hiéroglyphes], *sazîrou-kou-î ḥar ḥounkaît parou-î bágâou-na-î* «je me couchai sur un lit de mon palais, me couchant sur un lit de mon palais, je me laissai aller, *membra solvi*», p. 2 l. 5-6 [cfr. p. 10 l. 4-7 = S² p. 10 l. 9-10, l. 5-8 = M p. 1 l. 12 et l. 6-9 = B l. 2-3, p. 24 l. 4-7 = OB¹ l. 13, l. 5-9 = OQ³ l. 2-3 et l. 6-10 = OQ⁴ l. 1-2]; [hiéroglyphes], *îásoutou sapakhrourou khââou-nou-nazou-ra-ḥar-î — îdrî-kou-î mâî sabsabî-nî-satâou* «mais on avait répandu des bruits séditieux (litt. : «des armes de se concerter») à mon propos, si bien que je devins comme la peau vide d'un céraste», p. 2 l. 6-8 [cfr. p. 10 l. 7-10 et p. 11 l. 1 = S² p. 10 l. 10 — p. 11 l. 1, p. 10 l. 8-11 et p. 11 l. 2 = M p. 2 l. 1, p. 10 l. 9-12

= B l. 3, p. 24 l. 12–p. 25 l. 4 = OB[1] l. 14]; , *ané-sakhparou sapou-maârou mé-khamou-kou-î* «on ne remporte pas la chance quand on ignore ce qui se passe (litt. : «à l'état de j'ignore)», p. 2 l. 12 [cfr. p. 12 l. 4 = S[2] p. 11 l. 2-3, et l. 6 = B l. 5]; , *satâou-î khaparou aou-î mé-khamou-kou-î* «mes misères se produisirent, tandis que j'étais à l'état de j'ignore, parce que j'ignorais ce qui se passait», p. 21. 12-13 [cfr. p. 12 l. 7 = S[2] p. 11 l. 3 et l. 8 = M p. 2 l. 5, p. 26 l. 5-9 = OL l. 14, l. 6-10 = OB[1] l. 18, l. 7-11 = OB[2] l. 1 et l. 8-12 = OP[2] l. 1]; , *âhâou-kou-î ḥar zarouou tâou mââ-na-î qâbou-f* «je me tiens debout sur les frontières de l'Égypte, me tenant aux frontières de l'Égypte, j'ai vu ce qu'elle contient», p. 3 l. 6 [cfr. p. 14 l. 10–p. 15 l. 1 = S[2] p. 11 l. 7, p. 14 l. 11–p. 15 l. 2 = M p. 2 l. 10-11, p. 14 l. 12–p. 15 l. 3 = B l. 9, p. 30 l. 9–p. 31 l. 4 = OB[2] R l. 4]; , *îdrou ni-zatâou ḥarou ḥaḥou ḥar-sît — aou-î rakh-kou-î zartît nabît nabou-razarou* «(mon palais et ses parties) sont faites pour l'éternité et le temps s'effraie d'eux, — car je connais toutes les vertus (?) du Maître de tout», p. 3 l. 16–p. 4 l. 1 [cfr. p. 16 l. 11-13 = S[2] p. 12 l. 2 avec des fautes de copiste qui ont été corrigées dans l'*Introduction*, p. XXXVII-XXXIX]. — Les scribes de l'âge ramesside ont introduit cette forme dans des endroits où elle n'avait que faire : , *aou-î rakh-kou-î ḥar tîoutou* «Je sais dire «oui», p. 17 l. 1-3 = S[2] p. 11 l. 3, où le texte ancien portait : , *aou rakhou ḥar tîou* «l'avisé dit «oui», p. 4 l. 1-2 (cfr. l'*Introduction*, p. XL); le copiste a pris le déterminatif pour le pronom -*î* de la première personne, et il a rétabli au lieu de , *aou rakh-kou-î*, qu'il croyait lire la forme emphatique , *aou-î rakh-kou-î.* Les mêmes scribes ont confondu souvent, en recopiant les textes anciens ou récents, le pronom de la seconde personne du singulier masculin avec ce pronom de la première, soit que les deux eussent une vocalisation terminale identique, *ké* par exemple, soit que leur vocalisation terminale eût entièrement disparu alors, et qu'ils fussent l'un et l'autre réduits à leur consonne constitutive -*k*, prononcée sur la voyelle finale du mot auquel ils étaient adjoints. Les exemples de -*kou-î* pour -*k* sont les plus nombreux dans nos manuscrits : , *mé-takounou amé-sounou mé-ouâou-kou-î* «ne te mêle pas à eux, toi étant seul», p. 6 l. 10 = M p. 1 l. 4; , *sazirou-kou-î ḥar sâou-î-na-k îâbou-k*, p. 7 l. 3-5 = S[2] p. 10 l. 4, où la présence du pronom -*î* derrière le second verbe prouve que le scribe de Sallier II n'a pas compris le passage, trompé qu'il était lui-même par l'orthographe [hiéroglyphes]-*kou-î*, et qu'il a traduit «je me couchai pour que je te gardasse ton cœur», au lieu de : [hiéroglyphes], *sazirou-k* «quand tu t'es couché, garde ton cœur», tandis que les scribes des Ostraca, tout en admettant l'orthographe [hiéroglyphes]-*kou-î*, y ont reconnu l'équivalent graphique de [hiéroglyphe]-*k*, p. 21 l. 5 = OL l. 4, l. 6 = OB[1] l. 6 et l. 7 = OQ[2] l. 1; [hiéroglyphes] (sic) [hiéroglyphes], *âḥdou-kou-î ḥar rakhou-tou ḥar rakh-kou-î* «je me bats pour qui te connaît, pour qui je connais», p. 18 l. 9 = S[2] p. 12 l. 7, au lieu de [hiéroglyphes], *âḥdou-k ḥar rakhou-tou ḥar rakhou-k* «tu te bats pour qui te connaît et pour qui tu connais», p. 4 l. 10; cfr. l'*Introduction*, p. XLIV-XLV pour les corrections à introduire dans le texte. Le passage [hiéroglyphes], *mé-khamîte-k* «à l'état de *tu* ignores», p. 12 l. 8 = M p. 2 l. 5 et l. 9 = B l. 5 pour [hiéroglyphes], *mé-khamou-kou-î* «à l'état de *j*'ignore», p. 2 l. 13 est un bon exemple de la substitution graphique de [hiéroglyphe]-*k* à [hiéroglyphes]-*kou-î*, pendant le second âge thébain.

Le pronom ne s'est pas conservé en copte. Il forme dans la langue ancienne la première personne d'un temps analogue au permansif de l'assyrien, celui pour lequel Erman a proposé l'étiquette de pseudo-participe. Ce nom ne lui convient pas plus qu'il ne conviendrait au temps copte en ⲉ =, que les grammairiens ont qualifié tantôt d'indicatif présent tantôt de participe présent, selon le rôle qu'il joue dans la phrase. J'aurai bientôt, je l'espère, l'occasion d'exprimer ma pensée sur ce point.

[hiéroglyphes] **kamou**, subst. masc. : «achèvement, perfection, durée», [hiéroglyphes], *âqouou ané-kamou-érâ* «des familiers point perfection d'eux, non éprouvés», p. 1 l. 7 [cfr. p. 7 l. 1-3 = S[2] p. 10 l. 4 et l. 2-4 = M p. 1 l. 5, p. 21 l. 3-5 = OL l. 4 et l. 4-6 = OB[1] l. 6]; [hiéroglyphes], *ané-kamou ni-bou-nafar* «point de parachèvement de bonheur, point de bonheur complet», p. 2 l. 3 [cfr. p. 9 l. 10 = S[2] p. 10 l. 8, l. 11 = M p. 1 l. 11 et l. 12 = B l. 2, p. 23 l. 11 = OB[1] l. 11 et l. 12 = OP[1] l. 4, p. 33 l. 8-9 = TC[5] l. 3]. — Le mot ne s'est pas conservé en copte.

[hiéroglyphe]

* [hiéroglyphes], [hiéroglyphes] **qâbou**, subst. masc. : «repli, pourtour, enceinte», p. 3 l. 6 [cfr. p. 15 l. 1 = S[2] p. 11 l. 7, l. 2 = M p. 2 l. 11 et l. 3 = B l. 9, p. 31 l. 7 = OC[3] l. 2, où Sallier II et Berlin donnent en variante la locution

[hieroglyphs], *mé-qâbou* «dans les replis de..., dans l'enceinte de..., au dedans de...»]. — Le mot ne s'est pas conservé en copte dans ce sens.

[hieroglyphs], **qababou, qabobou, qbobou,** subst. masc. «levée de terre, digue», p. 3 l. 2 [cfr. p. 13 l. 13 = S[2] p. 11 l. 5, l. 14 = M p. 2 l. 8 et l. 15 = B l. 7, p. 28 l. 13 = OB[2] R l. 1 et l. 14 = OP[2] l. 2]. — Le mot dont je ne connais qu'un autre exemple dans l'inscription de Paênékhi, l. 54, ne s'est pas conservé en copte.

* [hieroglyphs], **qamâdouît,** subst. fém. : «chant de deuil, deuil», p. 2 l. 1 [cfr. p. 9 l. 1 = S[2] p. 10 l. 7, l. 2 = M p. 1 l. 9 et l. 3 = B l. 1, p. 23 l. 1 = OL l. 8, l. 2 = OB[1] l. 10 et l. 3 = OP[1] l. 2, p. 33 l. 7 = TC[5] l. 2]. — Le mot ne s'est pas retrouvé en copte.

* [hieroglyphs], **qânabou, qânbou,** verbe actif : «serrer dans un angle, acculer, traquer» [hieroglyphs], *aou-qânabou-na-î mâîouou* «comme j'ai traqué les lions», p. 3 l. 11 [cfr. p. 15 l. 13–p. 16 l. 1 = S[2] p. 11 l. 10, p. 32 l. 7-9 = OP[2] l. 6 et l. 8 = OQ[10] l. 3, et pour l'explication des variantes ramessides, cfr. *Introduction*, p. XXXV]. — Le mot ne s'est pas retrouvé en copte.

* [hieroglyphs], **qânânou, qânounou,** employé par notre auteur comme verbe et comme substantif :

1° Verbe neutre : «être vaillant d'habitude, agir sans cesse vaillamment», [hieroglyphs], *ané-sout qânanou mé-garahou* «on ne reste pas brave dans la nuit», p. 2 l. 11 [cfr. p. 12 l. 1 = S[2] p. 11 l. 2, l. 2 = M p. 2 l. 4 et l. 3 = B l. 4-5, p. 26 l. 1 = OL l. 13].

2° Subst. masc. : «fort, vaillant, brave, héroïque», ne se rencontre chez notre auteur qu'en composition avec le verbe [hieroglyph], *îârî* «faire», [hieroglyphs], *îarî-qânanou*, litt. : «celui qui fait vaillant, le héros», p. 3 l. 5 [cfr. p. 14 l. 4-7 = S[2] p. 11 l. 6, l. 5-8 = M p. 2 l. 9 et l. 6-9 = B l. 8, p. 30 l. 1 = OB[2] l. 3, l. 5 = OQ[8] l. 5 et l. 6 = OC[2] l. 4];

p. 4 l. 9-10 [cfr. p. 18 l. 7 = S^2 p. 12 l. 7, avec des fautes qui sont indiquées dans l'*Introduction*, p. XLIII-XLIV].

C'est la forme intensive, à seconde radicale redoublée, du mot , *qánou* «être fort, être brave», qui ne s'est pas encore retrouvé en copte. La forme quadrilitère , *qánqanou*, a été introduite par OB^2 l. 4 = p. 31 l. 4 dans un passage où elle n'a que faire.

* , , subst. fém. : «verrou, serrure», p. 3 l. 15 [cfr. p. 16 l. 11 = S^2 p. 12 l. 2 et l. 12 = M p. 3 l. 5, p. 33 l. 1 = OP^2 l. 8]. — Le mot s'est conservé en copte dans ⲕⲁⲗⲉ *T.* ⲧ, ⲕⲏⲗⲓ, ⲕⲉⲗⲓ, ⲕⲉⲗⲗⲓ *M.* ⲕⲏⲗⲗⲓ *M. B.* ⲟⲩ *repagulum, vectis, sera.*

* , , , **qásanît, qásanî,** subst. fém. : «malheur, infortune, chagrin», p. 1 l. 9 [cfr. p. 7 l. 5 = S^2 p. 10 l. 4-5 et l. 6 = M p. 1 l. 6, p. 21 l. 8 = OL l. 5, l. 9 = OB^1 l. 7 et l. 10 = OQ^2 l. 2]. — Le mot ne s'est pas conservé en copte.

* , , , **qádou, qodou,** subst. masc. : «sommeil», , *sháâ-né-haîtî-î har shamsou qádou-î* «mon cœur commença à suivre mon sommeil, à se livrer à mon sommeil» accoutumé, p. 2 l. 6 [cfr. p. 10 l. 7 = S^2 p. 10 l. 10, l. 8 = M p. 1 l. 12 – p. 2 l. 1 et l. 9 = B l. 3, p. 24 l. 7-11 = OL l. 11, l. 8-12 = OB^1 l. 13-14, p. 24 l. 9 – p. 25 l. 1 = OQ^5 l. 3-4, p. 24 l. 10 – p. 25 l. 2 = OQ^4 l. 2-3, p. 33 l. 11 = TC^5 l. 5 avec des variantes qui sont indiquées dans l'*Introduction*, p. XXI]. — L'orthographe semble indiquer pour ce mot, à l'âge ramesside, une forme secondaire *aqdoun, aqdou*, qui ne s'est pas retrouvée dans le copte. Elle provenait probablement d'un déplacement d'accent analogue à celui qui dériva de , *qádou* «tourner, retourner», ⲕⲧⲟ *T. M.* ⲕⲧⲉ *T.* ⲕⲧⲁ *B.*; le , *a-e*, prothétique se produisit naturellement pour faciliter la prononciation rapide. Le copte n'a plus pour , *qádou* «dormir» qu'une forme en , *na, ne*, préfixe, avec ou sans première radicale redoublée en troisième, ⲛ̄ⲕⲟⲧ, ⲉⲛⲕⲟⲧ *M.* ⲡⲓ, ⲛ̄ⲕⲁⲧⲉ *Akhm.*, ⲛ̄ⲕⲟⲧ̄ⲕ *T.* ⲡⲉ *decubitus, requies, dormitio, somnus* comme substantif et comme verbe, *jacere in lecto, cubare, dormire.* Carl Schmidt conjecture pourtant ⲕⲁⲧⲉ *Akhm. somnus*, dans un passage mutilé des *Actes apocryphes de saint Paul*, p. 28, l. 11; cfr. C. SCHMIDT, *Acta Pauli*, p. 19*, 52, 60*.

Au temps du premier empire thébain, les scribes ne semblent pas distinguer entre le son du et celui du : la différence entre les deux signes paraît être surtout une différence graphique, s'étant stéréotypé dans certains groupes où il carrait mieux que . J'ai réuni dans un même chapitre, selon l'ordre alphabétique de la seconde lettre, indifféremment les mots qui commencent par un et ceux qui commencent par un .

, **táou, tou, to,** subst. masc. : «la terre» en général, puis «une terre, un pays», plus spécialement l'Égypte, , *nasoutti-k táou — houqáî-k adábouou* «tu règnes sur la terre — tu régis les plaines cultivées», p. **1** l. **3** [cfr. p. **6** l. **3** = S[2] p. 10 l. 2, l. **4** = M p. 1 l. 2-3 et notes **2-3** = S[1] l. 2, p. **20** l. **8** = OL l. 2 et l. **9** = OB[1] l. 3-4]; , *âhâou-kou-î har-zarouou-táou* «me tenant sur les frontières du pays», p. **3** l. **6** [cfr. p. **14** l. **11** = M p. 2 l. 10, p. **31** l. **1-7** = OC[3] l. 2 où les autres textes omettent , *táou*]. — Le mot se rencontre en transcription assyrienne sous la forme *-tou,* au duel *toû,* et en transcription grecque sous les formes *θου, θω, του;* il s'est conservé en copte dans ⲧⲟ *T.* ⲟⲑ *M.* ⲡⲓ *orbis terrarum.*

, **-îtî, -tî,** désinence verbale qu'on ajoute à la racine pour constituer une forme analogue pour le sens et pour l'emploi à notre participe présent. Notre auteur s'est servi d'elle d'une façon assez particulière dans la phrase : , *sazamou-né-zadîtî-î-na-k* «écoute-moi qui te parle», p. **1** l. **3** [cfr. p. **6** l. **1-3** = S[2] p. 10 l. 2 et l. **2-4** = M p. 1 l. 2, p. **20** l. **5-8** = OL l. 2, et l. **6-9** = OB[1] l. 3]. La locution, dont la correction est attestée par l'accord des manuscrits, est construite sur la première personne du singulier, de la même manière que les noms verbaux en *fi* sont établis sur la troisième : , *zadîtî-fi* «il dit», , *satmîtî-fi,* le «il entend», ici : «Écoute le je parle-à-toi, — Écoute-moi qui te parle». — Cette désinence s'est conservée à l'état sporadique en copte sous les formes -ⲓⲧ-ⲉⲓⲧ de certains qualitatifs, ϩⲕⲁⲉⲓⲧ *T.* de , *hakáratti-hakdéti-hakdétt.*

, **tîou, tîoutou,** verbe neutre : «dire oui, approuver», , *aou rakhou har-tîou* «l'avisé approuve», p. **4** l. **1-2** [cfr. p. **17** l. **1-3** = S[2] p. 12 l. 3 dont les fautes ont été corrigées dans l'*Introduction,* p. xxxix-xl]. — Le mot ne s'est pas conservé en copte.

1. , , -outou, -tou, -out, suffixe qui s'attache indifféremment aux verbes ou aux noms :

1° Attaché aux verbes, il leur prête le sens du participe passé ou du passif : , *ané-sazamou-ni-tou-f* «il n'a pas été entendu», p. 2 l. 1-2 [cfr. p. 9 l. 4 = S² p. 10 l. 7-8, l. 5 = M p. 1 l. 9-10 sans , *ni*, et l. 6 = B l. 1]; , *ané-mââ-ni-tou-f* «il n'a pas été vu», p. 2 l. 2 [cfr. p. 9 l. 4-7 = S² p. 10 l. 8, l. 5-8 = M p. 1 l. 10 et l. 6-9 = B l. 1, p. 23 l. 7 = OL l. 9, l. 8 = OB¹ l. 11 et l. 9 = OP¹ l. 3]; , *âḥâou-tou* «il a été combattu», p. 2 l. 2-3 [cfr. p. 9 l. 7 = S² p. 10 l. 8, l. 8 = M p. 1 l. 10, p. 23 l. 7 = OL l. 9, l. 8 = OB¹ l. 11 et l. 9 = OP¹ l. 3]; , *mââ bâbâou-tou* «par être frappé à coups redoublés» de hache, p. 2 l. 10-11 [cfr. p. 11 l. 10 – p. 12 l. 1 = S² p. 11 l. 2, p. 11 l. 11 – p. 12 l. 2 = M p. 2 l. 2 et p. 11 l. 12 – p. 12 l. 3 = B l. 4]; , *shadou-tou* «il a été opéré, suscité», p. 3 l. 1 [cfr. p. 13 l. 7 = S² p. 11 l. 5 et l. 8 = M p. 2 l. 7, p. 28 l. 12 = OC² l. 1]; , *oubâou-tou* «il a été percé», p. 3 l. 2 [cfr. p. 13 l. 11 = M p. 2 l. 8, p. 28 l. 13 = OB² l. 6, p. 34 l. 5 = TC⁵ l. 9, avec la variante : , *khabâou-tou* «il a été tranché, retranché», p. 13 l. 10 = S² p. 11 l. 5, p. 28 l. 14 = OP² l. 8]; , *saoukhâou-tou* «ils ont été rendus ignorants», p. 3 l. 3 [cfr. p. 13 l. 13 = S² p. 11 l. 6, l. 14 = M p. 2 l. 8 et l. 15 = B l. 8, p. 29 l. 5 = OB² R l. 1, l. 6 = OP² l. 3, l. 7 = OP³ l. 2, l. 9 = OQ⁸ l. 3 et l. 10 = OC² l. 2, avec des fautes qui ont été expliquées, p. 119, *s. v.* , *sakhâou* et p. 65 *s. v.* , *saoukhâou*]; , *ané-ḥaqarou-tou* «on n'a pas eu faim», p. 3 l. 9 [cfr. p. 15 l. 9 = S² p. 11 l. 9 et l. 10 = M p. 2 l. 12]; , *ané-abou-tou* «on n'a pas eu soif», p. 3 l. 9 [cfr. p. 15 l. 9 = S² p. 11 l. 9 et l. 10 = M p. 2 l. 12 – p. 3 l. 1]; , *ḥamasou-tou* «on s'assit, on s'occupa», p. 3 l. 9-10 [cfr. p. 15 l. 11 = S² p. 11 l. 9 et l. 12 = M p. 3 l. 1, p. 32 l. 6 = OQ¹⁰ l. 2]; , *sazadou-tou* «il a été proclamé», p. 3 l. 10 [cfr. p. 15 l. 11 = S² p. 11 l. 9]. Les scribes de l'âge ramesside ont introduit quelquefois cette désinence où l'archétype ne l'avait pas : , *âḥâou-tou* «il a été combattu», p. 12 l. 1 = S² p. 11 l. 2 au lieu de , *âḥâou* que comporte le texte; , *aou ḥamasou-tou* «on s'était assis», p. 12 l. 10-13 = S² p. 11 l. 3 et l. 12-14 = B l. 5, au lieu de , *ané-ḥamasît-î* «tandis que je ne siégeais pas», p. 2 l. 14; , *khapashou-tou* «on a été brave», p. 15 l. 1-4 = S² p. 11 l. 8 et l. 3-7 = B l. 9, p. 31 l. 12 = OP³ l. 4 au lieu de , *khapashouîtou* «les vaillances»; , *âdadou-tou* «il a été tranché, il a été coupé», p. 28 l. 14 = OP² l. 3.

Ce suffixe s'est conservé en copte dans la terminaison -ⲟⲩⲧ, -ⲩⲧ, des qualitatifs.

2. -**tou**, pronom régime de la seconde personne du masculin singulier : «toi, te», , *sâqoutou ra-samadîtou* «tiens-toi bien uni à ta clientèle», p. 1 l. 4 [cfr. p. 6 l. 5 = S[2] p. 10 l. 2 et l. 6 = M p. 1 l. 3]. — Ce pronom ne s'est pas conservé en copte.

* , **taouâtî, touâtou,** au pluriel **touâtîou,** subst. masc. : «image, statue, *simulacre*», ici statue royale, p. 4 l. 7 [cfr. p. 17 l. 13–p. 18 l. 1 = S[2] p. 12 l. 5]. — Le mot s'est conservé en copte dans ⲧⲱⲟⲩⲧ *T.* ⲑⲱⲟⲩⲧ *M.* ⲟⲩ *statua, idolum, simulacrum.*

, **tamît, tamî,** adjectif féminin : «entière, complète», p. 1 l. 5 [cfr. p. 6 l. 7 = S[2] p. 10 l. 2, l. 8 = M p. 1 l. 3 et note 5 = S[1] l. 2], p. 20 l. 11-13 = OB[1] l. 4. La même racine qui a fourni ce mot, élevée à l'état trilitère par réduplication de la seconde radicale, devient :

, , , *tamamît, tamamî,* subst. fém. : «l'universalité des hommes, la population, le peuple, l'humanité», p. 1 l. 5 [cfr. p. 6 l. 7 = S[2] p. 10 l. 3, l. 8 = M p. 1 l. 3 et note 6 = S[1] l. 2, p. 20 l. 12 = OL l. 3 et l. 13 = OB[1] l. 5].

Aucun de ces deux mots ne s'est conservé en copte.

* , , **taraî, tarî,** verbe actif : «interpeller, supplier, incanter, bénir», , *tarî-n-ou-î Hâdpi* «le Nil m'a béni», p. 3 l. 8 [cfr. p. 15 l. 7 = S[2] p. 11 l. 8 et l. 8 = M p. 2 l. 12, p. 32 l. 3 = OP[2] l. 5]. — Le mot s'est conservé en copte sous la forme ⲧⲱⲣⲉ *T. canere, instrumentis concinere,* dérivée de l'infinitif féminin, , *tarît.*

1. , , **taîsou, tasou,** verbe actif : «disposer, ordonner, arranger», , *taîsou sâkîou* «ranger les combattants, régler la bataille», p. 2 l. 16–p. 3 l. 1 [cfr. p. 13 l. 4-7 = S[2] p. 11 l. 4-5, l. 5-8 = M p. 2 l. 7 et l. 6-9 = B l. 7, p. 28 l. 1 = OB[2] l. 4, l. 3 = OP[3] l. 1 et l. 6 = OC[2] l. 1]; , *îdrît-na-î khart-hdît tai-*

sou-î-na-k mé-pahouî «ce que j'avais fait auparavant, je l'arrange pour toi dans la suite», p. 4 l. 5-6 [cfr. p. 17 l. 11-12 = S[2] p. 12 l. 5 avec des corrections qui sont indiquées dans l'*Introduction*, p. XLII]. — Le mot s'est conservé en copte dans ϭωc, ϭнc *M. compingi, coagulari.*

2. **táîsou**, et à l'infinitif féminin **táîsouît, táîsît**, verbe neutre : «se soulever» au propre et au figuré, «se lever, monter», et au sens actif «soulever, lever, porter». Il n'est employé par notre auteur que dans le composé , *târî-tâîsît* «celui qui fait soulèvement, le révolté, le rebelle», , *ané-oudnmou-ká-î târî-tâîsît* «ce fut celui qui mangeait mon pain qui se souleva», p. 1 l. 10-11 [cfr. p. 8 l. 1 = S[2] p. 10 l. 5 et l. 2 = M p. 1 l. 7, p. 22 l. 1-4 = OL l. 6 et l. 2-5 = OB[1] l. 8]. — Le mot s'est conservé en copte à la forme nue dans ϭєc *M.* ϫⲁc *T. elevare, extollere, exaltare,* et à la forme dérivée de l'infinitif féminin ϭιcι *M.* ϫⲁcι *B.* ϫⲁcє *Akhm.* ϫιcє *Akhm. T.* ϫocє *T.* ϫιcι *B.* et comme substantif ϭιcι *M.* πι, ϫιcє *T.* π, ϫιcι *B.* π, *altitudo, elevatio, sublimitas.*

* **tasamou, tasmou**, subst. masc. plur. : «chiens», plus particulièrement «les sloughis, les lévriers» d'Afrique, , *Satâtîou har shamît mé-tasamou* «les Satatiou viennent comme des chiens», p. 3 l. 12-13 [cfr. p. 16 l. 5 = S[2] p. 12 l. 1, p. 32 l. 11-12 = OP[2] l. 7]. — Le mot ne s'est pas conservé en copte.

takanou, verbe neutre : «s'approcher de..., se mêler à...», , *mé-takanou amé-sounou mé-oudou-na-k* «ne te mêle pas à eux, étant toi tout seul», p. 1 l. 6 [cfr. p. 6 l. 9 = S[2] p. 10 l. 3 et l. 10 = M p. 1 l. 4, p. 21 l. 1 = OL l. 3 et l. 2 = OB[1] l. 5]. — Le mot ne s'est pas conservé en copte.

dâî, dâou, et à l'infinitif féminin **dâît**, verbe actif : «donner, octroyer, accorder», et devant un autre verbe «faire», , *aou dâî-na-î ni-shoudou* «comme j'ai donné au pauvre», p. 1 l. 9

[cfr. p. 7 l. 7 = S² p. 10 l. 5 et l. 8 = M p. 1 l. 6, p. 21 l. 8-11 = OL l. 5, l. 9-12 = OB¹ l. 7 et l. 10-13 = OQ² l. 2]; [hiéroglyphes], *dâi-na-î pahou anîtî-fi mâî nîtî-oudnou* «j'ai fait arriver celui qui n'était rien comme celui qui était déjà quelque chose», p. 1 l. 10 [cfr. p. 7 l. 9 = S² p. 10 l. 5 et l. 10 = M p. 1 l. 6-7, p. 21 l. 12—p. 22 l. 2 = OB¹ l. 7-8 et p. 21 l. 13—p. 22 l. 3 = OQ² l. 3]; [hiéroglyphes], *dâî-na-î idrî-î har Satâtiou har shamît mé-tasamou* «j'ai fait mon faire pour les Satatiou à venir comme des chiens», moins littéralement : «je me suis arrangé pour faire que les Satatiou vinssent comme des chiens», p. 3 l. 12-13 [cfr. p. 16 l. 3-5 = S² p. 12 l. 1 et l. 4-6 = M p. 3 l. 3]; [hiéroglyphes], *dâît-sounou-na-k idou* «qui te donnent des adorations, qui t'adorent, qui te glorifient», p. 4 l. 5 [cfr. p. 17 l. 9-11 = S² p. 12 l. 4-5, avec des fautes de copiste qui ont été corrigées dans l'*Introduction*, p. XLII]. Le mot [hiéroglyphe], *dâî* se rencontre encore dans un passage de S² p. 11 l. 10 = p. 16 l. 1-3 [hiéroglyphes], *aou dâî-na-î Oudoudîou*, que j'ai cru pouvoir corriger (*Introduction*, p. XXXV-XXXVI) en : [hiéroglyphes], *oudou-na-î Oudoudîou* «j'ai frappé les Ouaouaiou», p. 3 l. 11-12.

Le verbe s'est conservé en copte dans ϯ *T. Akhm. M. B.*, ⲧⲉⲓ *T. B.* et avec les suffixes ⲧⲁⲁ- *T.* ⲧⲉⲉ- *Akhm.* ⲧⲁⲁⲓ *B.*, ⲧⲏⲓ- *M.*, puis avec obscurcissement d'*a* en *o* ⲧⲟ *T.* ⲧⲟⲓ *M.* *dare, tradere, pugnare.*

[hiéroglyphes], [hiéroglyphes] **dâouît, dôouît,** subst. fém. : «main», p. 2 l. 10 [cfr. p. 11 l. 7 = S² p. 11 l. 2, l. 8 = M p. 2 l. 2 et l. 9 = B l. 4, p. 25 l. 14 = OB¹ l. 16]. — Le mot s'est conservé en copte, avec chute de [hiéroglyphe] *-t* pour le ⲧⲉ-, ⲧ-, qui entre dans la composition de certaines prépositions ϩⲓ-ⲧⲉ-ⲛ *M.*, ϩⲓ-ⲧ-ⲛ̄ *T. Akhm. per, propter,* ϩⲁ-ⲧ-ⲛ *T. B.*, ϩⲁ-ⲧ-ⲛ *Akhm.*, ϧⲁ-ⲧ-ⲉⲛ *M. sub, apud,* et avec le [hiéroglyphe] *-t* conservé par agglutination du suffixe [hiéroglyphe], *-outou, -tou,* dans ⲧⲟⲟⲧ *T. Akhm.*, ⲧⲁⲁⲧ *B.*, ⲧⲟⲧ *M. manus.*

[hiéroglyphe]

[hiéroglyphe] forme abrégée de [hiéroglyphes], *ouzdou*, dans la locution [hiéroglyphes], *ânakhou, ouzdou, sanabou, q. v.* p. 59, *s. v.* [hiéroglyphes], *ânakhou.*

1. [hiéroglyphes], [hiéroglyphe] **zarou, zar,** préposition : «depuis, dès, à partir de...», [hiéroglyphes], *zar masouît-î* «depuis ma naissance», p. 3 l. 4 [cfr. p. 14 l. 1-4 = S² p. 11 l. 6, où le scribe ramesside a préfixé [hiéroglyphe], *na, né,* [hiéroglyphes], *né-zarou*

l. 2-5 = M p. 2 l. 9 et l. 3-6 = B l. 8, p. 29 l. 11 = OB² R l. 3 et 16 = OC² l. 2 avec préfixe comme dans S², p. 34 l. 7 = TC⁵ l. 10]. — Le mot s'est peut-être conservé en copte, avec chute de *ra* final, dans l'élément ϫι, ϫ de la préposition ϫιν- *T. B.* ϫⲉⲛ *M.*, ϫ̄ⲛ *Akhm.*, *a*, *ex*.

2. **zárou, dárou,** subst. masc. : «totalité, tout», dans l'expression , [], , *nabou-ra-zárou*, *nab-érâ-zárou* «le maître qui est pour tout, le Seigneur de tout», titre d'Osiris, considéré comme dieu des Morts, et de plusieurs dieux assimilés à Osiris dans ce même rôle, p. **1** l. **2** [cfr. p. **6** l. **1** = S² p. 10 l. 1 et l. **2** = M p. 1 l. 2, p. **20** l. **6** = OB¹ l. 3] et p. **3** l. **16**–p. **4** l. **1** [cfr. p. **16** l. **13** = S² p. 12 l. 2 et l. **14** = M p. 3 l. 6]. — Le mot dérive peut-être du même thème que , *zárouou* «limites, frontières»; il s'est conservé en copte dans ⲧⲏⲣ *T. M. B. Akhm.* ⲧⲏⲗ *B. omnis, totus*.

* , , , , **zárouou, zárou,** subst. masc. plur. : «bornes, limites, frontières», p. **3** l. **6** [cfr. p. **14** l. **10** = S² p. 11 l. 7, l. **11** = M p. 2 l. 10 et l. **12** = B l. 9, p. **31** l. **4** = OB² R l. 2, l. **7** = OC³ l. 2 et l. **8** = OC⁴ l. 2]. — Le mot s'est peut-être conservé en copte, avec chute de *ra* médial, dans ϭιη, ϭιηⲟⲩ *M.* ϩⲁⲛ, *fines, termini*.

, **zartît, zartî,** subst. fém. : «propriétés, qualités, attributs?». Ce mot, qui a été rétabli par conjecture dans un passage altéré, p. **3** l. **16** d'après la leçon , *zarîti*, *zarti*, de Sallier II (cfr. p. 12 l. 2 = p. **16** l. **13**) ne se rencontre pas ailleurs à ma connaissance. Autant qu'il est permis de le préjuger, d'après l'orthographe assez flottante de Sallier II, il était du féminin, , *nabît* qui se rapporte à lui, étant régulièrement la forme féminine de , *nabou* «tout» : j'ai donc admis que la leçon représentait ici une variante d'un , *zarîtît-zartît*, dont la flexion finale *-t*, tombée dans la prononciation courante, aurait été omise par le scribe, ainsi que c'est souvent le cas dans les manuscrits de l'âge ramesside. Le sens «propriétés, éléments constitutifs, qualités» que j'ai déduit de l'intention générale du passage pour le mot ainsi rétabli, n'est qu'un essai sans prétention à la précision définitive. J'avais songé un moment à restituer , *zaraîtî*, «les deux pleureuses du Maître de tout». Isis et Nephthys sont en effet les grandes magiciennes qui, par leurs charmes, procurent à Osiris la vie dans le temps et dans l'éternité; Amenemhaît, connaissant leurs fonctions, aurait procuré à son tombeau ou à son palais la durée sans fin. La présence de [hiéroglyphes], *nabît*, derrière [hiéroglyphes], *zarîti*, ne permet pas d'admettre cette hypothèse : *deux* pleureuses ne sont jamais dites *toutes* [hiéroglyphes] les pleureuses, dans l'usage grammatical de l'égyptien. Je maintiens donc jusqu'à nouvel ordre, faute de mieux, la correction [hiéroglyphes], *zarîtît nabît* et le sens que j'ai indiqués dans l'*Introduction*, p. XXXVII-XXXIX.

* [hiéroglyphes], [hiéroglyphes] **zasou, zas-**, adjectif indéfini : «même», qui est toujours suivi de l'un des pronoms suffixes des personnes, masculin ou féminin, singulier ou pluriel, — 1° à la première personne du singulier masculin * [hiéroglyphes], [hiéroglyphes], *zas-î* «moi-même» [hiéroglyphes], *nitouk îdbou-î zas-î* «toi, tu es mon cœur à moi-même», p. 4 l. 3-4 [cfr. p. 17 l. 5-7 = S² p. 12 l. 4 avec la variante [hiéroglyphes], *îdbou-k zasou-k* qui a été écartée dans l'*Introduction*, p. XLI, puis p. 17 l. 8 = M p. 3 l. 8 qui donne la leçon que j'ai introduite dans le texte de l'édition]; — 2° à la seconde personne du masculin singulier * [hiéroglyphes], [hiéroglyphes], *zasou-k* «toi-même» [hiéroglyphes], *sdou-na-k îdbou-k zasou-k* «garde ton cœur à toi-même», p. 1 l. 8 [cfr. p. 7 l. 3-5 = S² p. 10 l. 4 et l. 4-6 = M p. 1 l. 5, p. 21 l. 6 = OB¹ l. 6-7 et l. 7 = OQ² l. 1] et p. 17 l. 5-7 = S² p. 12 l. 4, dans le passage fautif cité sous le n° 1, ici-même. — Le mot ne s'est pas conservé en copte.

[hiéroglyphes] **zadou, zodou,** et à l'infinitif féminin [hiéroglyphes] **zadît, zodît,** verbe actif et neutre : «dire, parler» [hiéroglyphes], *zadou-f* «il dit», répété deux fois, p. 1 l. 2 [cfr. p. 5 l. 3 = S² p. 10 l. 1 et l. 4 = M p. 1 l. 1, p. 20 l. 2 = OB¹ l. 2 et l. 4 = OC¹ l. 3, puis p. 6 l. 1 = S² p. 10 l. 2 et l. 2 = M p. 1 l. 2, p. 20 l. 6 = OB¹ l. 3 et l. 7 = OC¹ l. 4]; [hiéroglyphes], *sazamou-ni-zadouîtî-î-na-k* «écoute-moi qui te parles», p. 1 l. 3 [cfr. p. 6 l. 1-3 = S² p. 10 l. 2 et l. 2-4 = M p. 1 l. 2, p. 20 l. 5-8 = OL l. 2, avec une variante qui me paraît être erronée ainsi que je l'ai dit plus haut, p. 40 B, puis l. 6-9 = OB¹ l. 3]. Notre auteur a de plus employé une fois la forme factitive en [hiéroglyphe] *sa-*, de ce mot :

[hiéroglyphes], *sazadou*, verbe actif : «dire, annoncer, proclamer», [hiéroglyphes], *aou ḥamasou-tou mé-îârît-na-î ḥar sazadou-tou amé-î* «car on s'occupait à agir pour moi», litt. : «on s'asseyait à l'état d'agir pour moi, selon ce que avait été proclamé par moi», p. 3 l. 9-10 [cfr. p. 15 l. 11 = S² p. 11 l. 9]. Ce factitif présente une nuance officielle et solennelle de la parole, le débit lent et cadencé du personnage qui parle en public, qui prononce un arrêt ou qui prie, le *carmen* des Romains.

Le mot [hiéroglyphe], *zadou*, qui devient par chute du [hiéroglyphe] *-d*, [hiéroglyphes], *zá* et *tá*, *zái*, *tái*, *té* dans l'orthographe des bas temps, et Τε-, Τα-, dans les transcriptions grecques, s'est conservé en copte sous la forme simple ϫⲱ, ϫⲉ, *T. M. B.*, ϫⲟⲩ *Akhm.* avec les suffixes ϫⲟⲟ- *Akhm. T.* ϫⲟ- *M.* ϫⲁ- *B. dicere, canere*, à l'impératif ⲁ-ϫⲓ-ⲥ de [hiéroglyphes], *a-zéi-s*[*ou*], puis avec les suffixes ϫⲟⲧ- *M.*, ϫⲁⲧ- *T.* de [hiéroglyphes], *zadou-tou*. On trouve le factitif sous les formes ⲥⲁϫⲓ *M.* ϣⲁϫⲉ *T.* ϣⲉϫⲉ *Akhm.* ϣⲉϫⲓ *B.*, *dicere, loqui, narrare*, avec un changement de [hiéroglyphe], *s-* en [hiéroglyphe], *sh-*, qui est difficile à expliquer, dans les dialectes du centre et du Midi de l'Égypte.

[hiéroglyphes], **zatáou, zato**, adverbe et subst. masc. : éternellement, éternité», [hiéroglyphes], *iárou-ni-zatáou ḥarou ḥaḥou ḥar-sít* «fait pour l'éternité, le temps s'effraie de lui», p. **31.16** [cfr. p. **161. 11-13** = S² p. 12 l. 2, p. **33 l. 1** = OP² l. 8]. Ce passage est un de ceux qui confirment la distinction que j'avais établie à mes débuts entre [hiéroglyphe], *zatáou, zato* et [hiéroglyphes], *ḥaḥou*. [hiéroglyphe], *zatáou, zato*, écrit avec le signe de la terre [hiéroglyphe], [hiéroglyphe], marque l'infinie durée, ce que nous rendons par «l'éternité» improprement, car les Égyptiens n'avaient point dégagé encore ce concept; au contraire, [hiéroglyphes], *ḥaḥou* (*q. v.* p. 105), déterminé par le disque ⊙, marque la durée que le soleil mesure et divise en jours, ce que nous appelons «le temps». — Le mot [hiéroglyphe], *zatáou*, ne s'est pas conservé en copte.

Le Caire, le 4 décembre 1913.

EN VENTE :

AU CAIRE : à l'Institut français d'archéologie orientale et chez H. Finck et Baylænder, ancienne librairie F. Marschner;

A PARIS : chez A. Fontemoing et Cie, 4, rue Le Goff;

A LEIPZIG : chez Otto Harrassowitz, 14, Querstrasse;

A LONDRES : chez Bernard Quaritch, 11, Grafton Street.

www.ingramcontent.com/pod-product-compliance
Ingram Content Group UK Ltd.
Pitfield, Milton Keynes, MK11 3LW, UK
UKHW012028240726
13965UKWH00002B/648